权威·前沿·原创

皮书系列为

“十二五”“十三五”“十四五”时期国家重点出版物出版专项规划项目

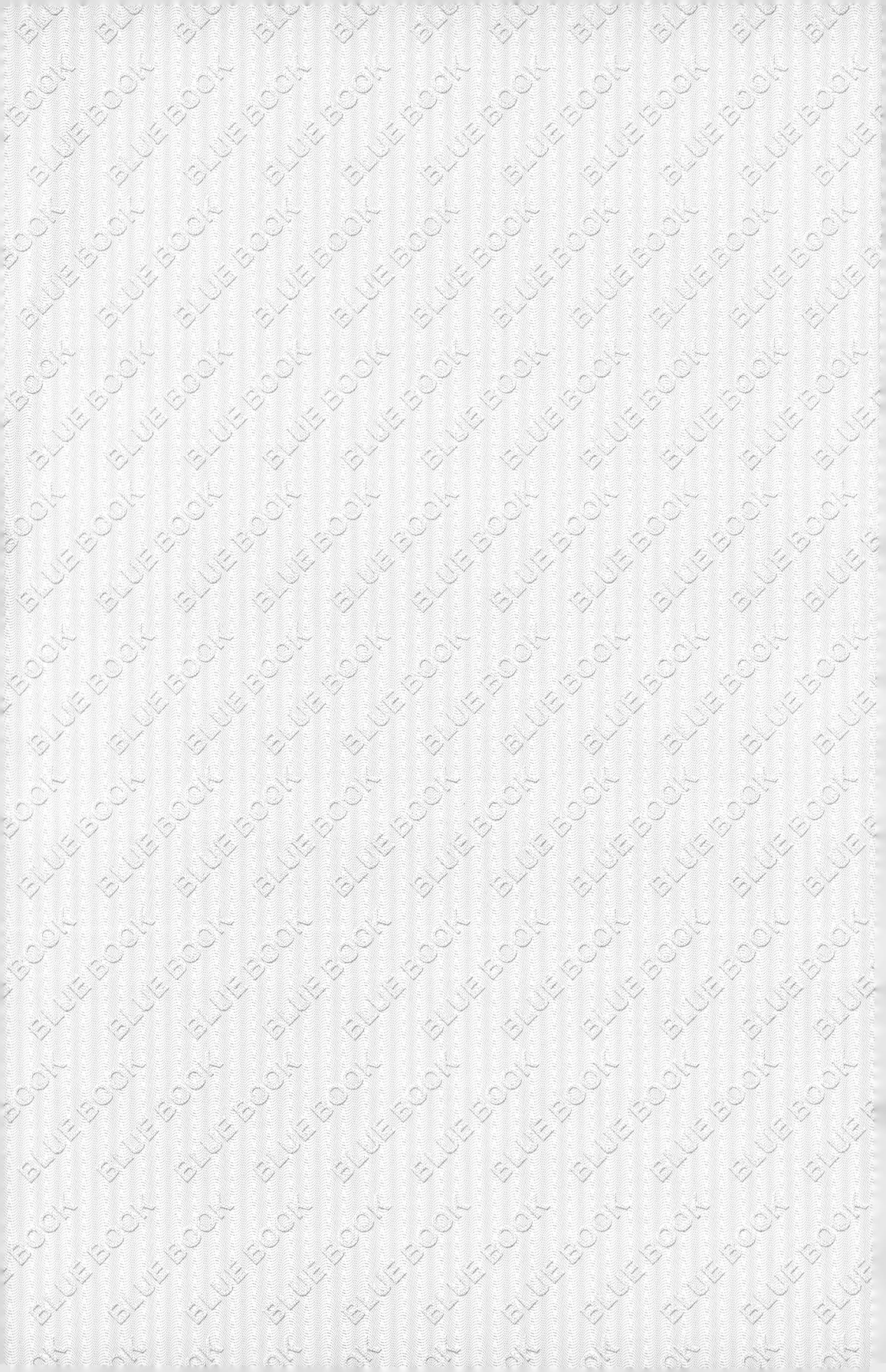

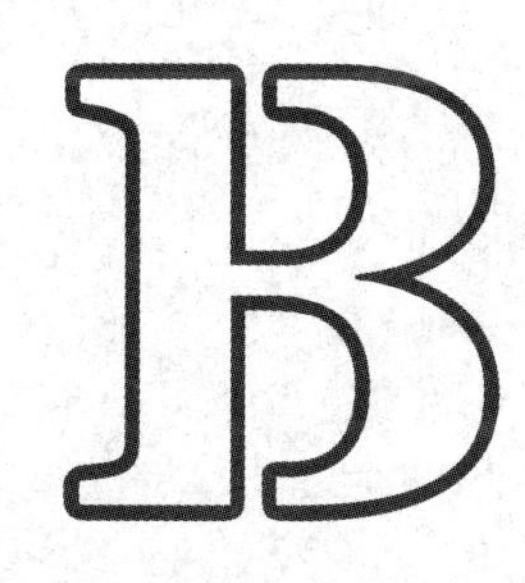

智库成果出版与传播平台

2024年北京社会建设分析报告

ANNUAL REPORT ON ANALYSIS OF BEIJING SOCIETY-BUILDING (2024)

主　编／李四平　唐　军
副主编／陈　锋　李君甫　胡建国

社会科学文献出版社
SOCIAL SCIENCES ACADEMIC PRESS (CHINA)

图书在版编目(CIP)数据

2024年北京社会建设分析报告 / 李四平，唐军主编；陈锋，李君甫，胡建国副主编. --北京：社会科学文献出版社，2024. 10. --（社会建设蓝皮书）. --ISBN 978-7-5228-3932-5

Ⅰ. D671

中国国家版本馆CIP数据核字第202435TF91号

社会建设蓝皮书

2024年北京社会建设分析报告

主　　编 / 李四平　唐　军

副 主 编 / 陈　锋　李君甫　胡建国

出 版 人 / 冀祥德

责任编辑 / 张　媛

责任印制 / 王京美

出　　版 / 社会科学文献出版社 · 皮书分社（010）59367127
　　　　　地址：北京市北三环中路甲29号院华龙大厦　邮编：100029
　　　　　网址：www.ssap.com.cn

发　　行 / 社会科学文献出版社（010）59367028

印　　装 / 天津千鹤文化传播有限公司

规　　格 / 开　本：787mm×1092mm　1/16
　　　　　印　张：22.75　字　数：338千字

版　　次 / 2024年10月第1版　2024年10月第1次印刷

书　　号 / ISBN 978-7-5228-3932-5

定　　价 / 158.00元

读者服务电话：4008918866

本书是北京市哲学社会科学北京社会管理研究基地研究成果

《2024年北京社会建设分析报告》
编　委　会

主要编撰者简介

李四平 博士，研究员，北京市哲学社会科学北京社会管理研究基地理事长，《北京工业大学学报》（社会科学版）主编，中国高等教育学会北京大学教育研究分会副理事长。

唐 军 博士，北京工业大学社会学院教授，博士生导师；北京市哲学社会科学北京社会管理研究基地首席专家；教育部高等学校社会学类专业教学指导委员会委员，中国社会学会常务理事、社会建设研究专业委员会主任委员，北京社会建设研究会会长，北京市社会学学会副会长；入选北京市新世纪社科理论人才百人工程、北京市宣传文化系统“四个一批”人才、首批北京市高层次创新创业人才支持计划“哲学社会科学和文化艺术领军人才”，获“北京市优秀教师”称号与“北京市高等学校教学名师奖”。

陈 锋 博士，北京工业大学社会学院教授，博士生导师，北京市哲学社会科学北京社会管理研究基地秘书长，中国社会学会理事、社会建设研究专业委员会秘书长。主要研究领域为城乡基层治理、三农问题与乡村振兴。主持国家社科基金重大项目子课题、一般项目、青年项目等十余项，出版专著《乡村治理的术与道——北镇的田野叙事与阐释》，在 CSSCI、SSCI 等期刊发表论文 40 多篇，咨政报告获党和国家领导人重要批示与厅局级决策部门采纳。曾获教育部博士研究生学术新人奖、北京市第十四届优秀调查研究成果优秀奖、北京市高等教育优秀成果奖二等奖、民政部全国民政政策理论研究二等奖、北京市哲学社会科学优秀成果奖一等奖、教育部第八届高等学校科学研究优秀成果奖青年成果奖等重要奖项。先后入选北京工业大学优秀人才、北京市青年拔尖人才、北京市国家治理青年人才、北京社科基金青年学术带头人。

李君甫 博士，北京工业大学社会学院教授、北京社会建设研究院执行院长，北京市哲学社会科学北京社会管理研究基地研究员；中国社会学会社会建设研究专业委员会委员，社会福利专业委员会委员，劳动社会学专业委员会委员，社会地理专业委员会委员；中国城市科学研究会城市治理专业委员会委员；中国教育发展战略学会乡村振兴专业委员会委员；主持国家社科基金项目重大项目子课题、一般项目及北京市社会科学基金项目等10余项，主要研究领域为城乡社会学、住房社会学、社会政策（住房政策、教育政策、养老政策、人口政策等）、社会建设与社会治理。

胡建国 博士，北京工业大学社会学院教授，北京市哲学社会科学北京社会管理研究基地研究员；中国社会学会理事、中国社会学会劳动社会学专业委员会副会长兼秘书长、网络社会学专业委员会副会长、青年社会学专业委员会副会长，北京市社会学学会常务理事；承担国家社科基金、北京市社科基金、北京市自然科学基金、北京教育科学规划项目等科研项目；入选北京市宣传文化系统“四个一批”人才（理论界）、北京市社科理论中青年优秀人才“百人工程”、北京市属高校人才强教青年教师“拔尖人才”。

摘　要

本书是北京市哲学社会科学北京社会管理研究基地、北京社会建设研究院“北京社会建设分析报告”课题组2023~2024年度的研究成果，分为总报告、特稿、社会治理篇、民生福祉篇、社会工作篇、养老服务篇六个部分。报告依据北京市委、市政府及相关部门发布的统计数据资料及课题组成员的观察和调研，分析2023年北京社会建设的主要成就和面临的挑战，对未来的社会建设提出政策建议。

2023年，北京市坚持首善标准，加强“四个中心”功能建设，提高“四个服务”水平，深化“五子”联动服务和融入新发展格局。在统筹发展和安全的基础上，北京市着力提信心、强创新、优功能、促协同、抓治理、惠民生，实现了经济回升向好和社会大局稳定。在就业、教育、医疗、养老、弱势群体保障、城市更新等方面不断提质增效，加强党建引领社会治理和社会工作人才队伍建设，数字化赋能智慧城市建设，推进科学民主依法决策。当前，北京市社会建设在就业、教育、养老等方面仍然面临一些难题和挑战，“大城市病”治理需久久为功，基层社会治理有待完善，公共安全风险依然存在。未来，北京市需要进一步做好民生事业，落实“七有”“五性”要求，聚焦公众诉求，加强基层社会治理，努力提升人民群众的获得感、幸福感、安全感。

关键词： 社会建设　社会治理　民生福祉　社会工作　养老服务

目 录

Ⅰ 总报告

Ⅱ 特 稿

Ⅲ 社会治理篇

Ⅳ　民生福祉篇

Ⅴ　社会工作篇

Ⅵ 养老服务篇

皮书数据库阅读**使用指南**

总报告

B.1

惠民生促有序，谱写社会建设新篇章

——2023~2024年北京社会建设分析报告

胡建国　柳鑫宇*

摘　要：　2023年，北京市坚持首善标准，在就业、教育、医疗、养老、弱势群体保障、城市更新、文化建设等领域不断提质增效，党建引领社会治理，加强社会工作人才队伍建设，数字化赋能智慧城市建设，推进科学民主依法决策，聚焦重点民生诉求。当前，北京市社会建设在就业、教育、养老等方面仍然面临一些难题和挑战，"大城市病"治理需久久为功，基层社会治理有待完善，公共安全风险依然存在。新时期北京市需要进一步做好民生事业，落实"七有""五性"要求，聚焦公众诉求，加强基层社会治理，努力提升人民群众的获得感、幸福感、安全感。

关键词：　社会建设　民生事业　社会治理　北京

* 胡建国，北京工业大学社会学院教授，北京社会管理研究基地研究员；柳鑫宇，北京工业大学北京社会管理研究基地研究人员。

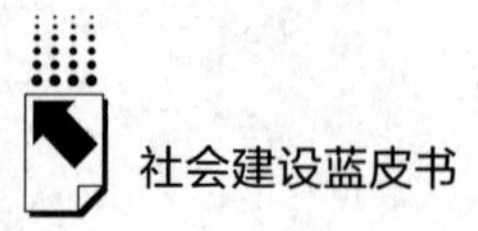

2023年是全面贯彻落实党的二十大精神的开局之年，同时也是北京市“十四五”规划实施的中期节点、京津冀协同发展十周年和三年新冠疫情防控转段后经济恢复发展的关键之年，北京市坚持以习近平新时代中国特色社会主义思想为指导，深入贯彻党的二十大精神和习近平总书记对北京一系列重要讲话精神，[①] 积极融入新发展格局，各项事业都取得了新进展、新成效。其中，主要工作包括持续推进京津冀协同发展，圆满完成第三届“一带一路”国际合作高峰论坛服务保障任务，全力抓好“23·7”极端强降雨抢险救灾和灾后恢复重建，持续优化提升首都功能，大力推动经济高质量发展，着力增进民生福祉，深入推动美丽北京建设，不断提高超大城市治理现代化水平，持续加强民主法治建设，切实维护首都安全稳定。[②] 2023年，全市地区生产总值增长5.2%，约4.4万亿元，一般公共预算收入增长8.2%，突破6000亿元，城镇调查失业率为4.4%，居民消费价格总体平稳，居民收入增长与经济增长同步，人均地区生产总值、全员劳动生产率、万元地区生产总值能耗水耗等多项指标保持全国省级地区最优水平。[③] 在此背景下，2023年北京市以民生事业和社会治理为抓手，始终贯彻以人民为中心的发展思想，努力提升人民群众的获得感、幸福感、安全感，努力营造和谐稳定的社会环境，积极稳妥推进社会建设，为经济社会持续健康发展奠定了坚实基础。

一　2023年北京社会建设主要成就

（一）民生事业不断取得进步

1. 凝聚合力稳就业，千方百计促就业

2023年，北京市坚持把“稳就业”提高到战略高度通盘考虑，将重点

---

① 《2024年政府工作报告》，北京市人民政府网站，https：//www.beijing.gov.cn/gongkai/jihua/zfgzbg/202401/t20240129_3547363.html，2024年1月29日。

② 《2024年政府工作报告》，北京市人民政府网站，https：//www.beijing.gov.cn/gongkai/jihua/zfgzbg/202401/t20240129_3547363.html，2024年1月29日。

③ 《2024年政府工作报告》，北京市人民政府网站，https：//www.beijing.gov.cn/gongkai/jihua/zfgzbg/202401/t20240129_3547363.html，2024年1月29日。

群体就业问题纳入接诉即办“每月一题”专项治理范畴，全市上下齐心协力、积极作为，有力保障了就业局势的总体稳定，实现了就业质量的有效提升与数量的合理增长，有效缓解了就业难问题，为经济持续健康发展提供了坚实支撑。在三年新冠疫情防控转段后经济恢复发展的第一年，北京市集中推出 15 项稳就业措施，全方位促进就业，加强重点群体和地区就业帮扶，帮扶困难人员就业 19.7 万人，城镇新增就业 28.1 万人，[①] 超额完成全年 26 万人的目标，城镇调查失业率持续回落，均值为 4.5%，全年实现保持在 5%以内的预期目标。

首先，优化调整稳就业政策。2023 年，北京市出台了一系列政策措施，包括一次性吸纳就业补贴等，同时优化调整了城市公共服务岗位补贴政策，持续实施岗位补贴、社保补贴、一次性扩岗补助等，全力推动首都人民高质量充分就业。针对高校毕业生就业问题，2023 年北京市特别出台了相关补贴政策，对于行政区域内的企业，吸纳高校毕业生等三类青年群体就业，签订 1 年以上劳动合同，并按规定为其缴纳社会保险费的，每招用 1 人可申请享受 1000 元补贴。[②] 鼓励企业吸纳高校毕业生就业，同时加大政策补贴、就业服务、技能培训等方面的支持力度，促进高校毕业生实现社会化市场化就业。

其次，加强重点群体就业支持，全力促进高校毕业生、城乡就业困难人员和农村劳动力就业。2023 年，北京市重点关注高校毕业生就业工作，落实就业创业行动计划，组织线上线下招聘活动 624 场、就业创业指导活动 209 场，大力开发政策性岗位、见习岗位，募集至少 6000 个就业见习岗位。全面实行“一生一策”帮扶，对有就业意愿的未就业毕业生有针对性地提供就业服务。为长期失业青年提供精细化服务 13.52 万人次，促进“4050

① 《2024 年政府工作报告》，北京市人民政府网站，https：//www. beijing. gov. cn/gongkai/jihua/zfgzbg/202401/t20240129_3547363. html，2024 年 1 月 29 日。

② 《北京企业招用高校毕业生等三类青年群体可享受一次性吸纳就业补贴》，北京市人民政府网站，https：//www. beijing. gov. cn/zhengce/zcjd/202312/t20231223_3508663. html，2023 年 9 月 25 日。

人员”“零就业家庭”等困难人员就业 19.7 万人，“零就业家庭”保持动态清零。①

再次，组织多层次职业技能培训。2023 年，北京市对接产业发展需求，针对失业人员、农村劳动力和在职职工等不同人群需求特点，实施首都技能人才“金蓝领”培育行动计划，组织各类职业技能培训 141.4 万人次，完成全年 70 万人次目标的 202%，有效缓解结构性就业矛盾。面向农村转移就业劳动力与在岗农村劳动力开展技能和创业培训、岗位技能提升培训 1.25 万人次，完成全年 1 万人次目标的 125%。对农村转移就业劳动力进行就业需求摸查，提供职业指导、岗位匹配推荐、跟踪回访等精细化公共就业服务，促进农村劳动力就业参保 5.7 万人，完成全年目标的 142.5%。②

最后，强化全方位就业服务。2023 年，北京市组织开展“春风行动”“百日千万”“仲夏之约”“金秋招聘月”等专项服务，举办招聘活动 3270 场，发布岗位信息 110.7 万个。持续推进创业带动就业三年行动计划，举办第六届“创业北京”创业创新大赛，1~11 月发放创业担保贷款 48.16 亿元，带动岗位 26.29 万个。此外，北京市支持和规范发展新就业形态，研究零工市场建设，印发实施《北京市人力资源服务业创新发展行动计划（2023—2025 年）》，出台促进重点群体就业若干措施。③ 通过以上举措，实现了全市城镇新增就业 28.1 万人，城镇调查失业率控制在 5%以内。

2. 高度重视教育事业，全面提升育人效果

2023 年，北京市高度重视教育事业，出台多种教育政策和教育方案，全面提升育人效果，努力办好人民满意的教育。

首先，为积极推进“十四五”时期北京市托育服务体系建设，满足人民群众对“幼有所育”的美好期盼，2023 年印发《北京市托育服务体系建

① 《市人力资源社会保障局 2023 年工作总结》，北京市人力资源和社会保障局网站，https://rsj.beijing.gov.cn/xxgk/zfxxgk/ghjh_1/202401/t20240105_3526684.html，2024 年 1 月 5 日。

② 《市人力资源社会保障局 2023 年工作总结》，北京市人力资源和社会保障局网站，https://rsj.beijing.gov.cn/xxgk/zfxxgk/ghjh_1/202401/t20240105_3526684.html，2024 年 1 月 5 日。

③ 《市人力资源社会保障局 2023 年工作总结》，北京市人力资源和社会保障局网站，https://rsj.beijing.gov.cn/xxgk/zfxxgk/ghjh_1/202401/t20240105_3526684.html，2024 年 1 月 5 日。

设三年行动方案（2023 年—2025 年）》，计划到 2025 年，每千人口拥有 3 岁以下婴幼儿托位数达到 4.5 个，其中普惠托位占比不少于 60%，实现中心城区普惠托育服务全覆盖，生态涵养区覆盖率不低于 85%。[①] 截至 2023 年底，北京市在托育服务体系建设方面已经取得显著的成效，统计数据显示，全市幼儿园新增托位已经超过 6000 个，普惠性幼儿园覆盖率达到 93%。[②]

其次，2023 年北京市新增中小学学位 3.8 万个，实现义务教育学校“手拉手”结对全覆盖，[③] 进一步扩大高中教育集团、教育联盟和学区的作用，从过去以单体学校为育人载体转变为更大规模的集团办学，并通过构建市、区、校三级教研体系为基础教育改革提供专业支撑。

最后，为推动学校、家庭、社会协同育人，2023 年北京市启动中小学幼儿园家长培训平台，为 300 万名学生家长提供课程资源。截至 2024 年 1 月，该平台所有课程已全部上线，包括 96 讲公益视频资源和 16 个导学片，形成覆盖所有年级的家长培训课程体系，课程点击量超 600 万次。[④] 家长培训平台是北京市推动学校、家庭、社会协同育人的创新举措之一，健全了学校家庭社会育人机制，全面提升育人效果，推动教育高质量发展。

3. 医疗保障服务持续优化，居民健康状况稳步改善

2023 年，北京市医疗保障服务持续优化，为广大市民提供了更加便捷、高效的医疗保障体验。在政策调整、医疗服务改进、保障居民健康等多方面取得了显著成果。

2023 年 1 月 1 日起，北京市医保局等 7 部门联合印发的《关于健全重

---

① 《北京市人民政府办公厅关于印发〈北京市托育服务体系建设三年行动方案（2023 年—2025 年）〉的通知》，北京市人民政府网站，https://www.beijing.gov.cn/zhengce/zhengcefagui/202303/t20230327_2945542.html，2023 年 3 月 27 日。

② 《2024 年政府工作报告》，北京市人民政府网站，https://www.beijing.gov.cn/gongkai/jihua/zfgzbg/202401/t20240129_3547363.html，2024 年 1 月 29 日。

③ 《2024 年政府工作报告》，北京市人民政府网站，https://www.beijing.gov.cn/gongkai/jihua/zfgzbg/202401/t20240129_3547363.html，2024 年 1 月 29 日。

④ 《覆盖本市 300 万中小学幼儿园家长　家校社协同育人平台上线百余个课程》，北京市教育委员会网站，https://jw.beijing.gov.cn/bsfw/syey/202402/t20240226_3570118.html，2024 年 1 月 19 日。

特大疾病医疗保险和救助制度的实施意见》正式实施，医疗救助不设起付标准，因病致贫家庭救助封顶线由8万元提升至15万元，救助比例不变，实现本市户籍人员全覆盖。[①] 同时，北京市不再设置职工医保门诊最高支付限额，预计每年将惠及参保人员17万人，为参保人员减负约10亿元。此外，2023年7月1日起，北京市将16项治疗性辅助生殖技术项目纳入医保、工伤保险支付范围，[②] 落实积极生育支持措施，确保北京市居民享受到更多的医疗保障。

此外，北京市全力保障居民健康，稳妥有序应对多轮疫情波动和秋冬季呼吸道传染病流行高峰，建设全市统一的预约挂号平台，推动上百家医院实现医保移动支付；加强冬奥场馆的赛后利用工作，新改、扩建一批体育健身场所和体育公园，开展各类全民健身赛事活动3.3万场次。[③] 居民健康状况稳步改善，北京市居民健康素养水平达到40.5%，居全国首位，国家卫生区覆盖率达87.5%，市级卫生街道（乡镇）覆盖率达82.6%；居民垃圾分类知晓率和参与率均在98.0%以上。[④]

4. 完善养老服务体系，加强养老福利保障

在完善养老服务体系方面，2023年北京市着力构建以街道（乡镇）区域养老服务中心为主体、社区养老服务驿站为延伸的养老服务网络，创新居家养老服务模式，新建各类养老护理床位6232张，新增农村邻里互助养老服务点232个、养老助餐点243个，老楼加装电梯822部，[⑤] 以满足老年人

---

① 《北京市医疗保障局等7部门关于健全重特大疾病医疗保险和救助制度的实施意见》，北京市人民政府网站，https://www.beijing.gov.cn/zhengce/zhengcefagui/202303/t20230328_2946600.html，2022年12月30日。

② 《北京市医疗保障局　北京市人力资源和社会保障局关于将16项治疗性辅助生殖技术项目纳入医保、工伤保险支付范围的通知》，北京市医疗保障局网站，https://ybj.beijing.gov.cn/zwgk/2020_zcwj/202306/t20230615_3135215.html，2023年6月15日。

③ 《2024年政府工作报告》，北京市人民政府网站，https://www.beijing.gov.cn/gongkai/jihua/zfgzbg/202401/t20240129_3547363.html，2024年1月29日。

④ 《40.5%！北京市居民健康素养水平全国第一》，北京市卫生健康委员会网站，https://wjw.beijing.gov.cn/xwzx_20031/mtjj/202304/t20230412_3025600.html，2023年4月11日。

⑤ 《2024年政府工作报告》，北京市人民政府网站，https://www.beijing.gov.cn/gongkai/jihua/zfgzbg/202401/t20240129_3547363.html，2024年1月29日。

多样化的养老需求。2023 年末累计建成养老助餐点 1772 家，其中养老服务机构 1246 家，社会餐饮企业 341 家，老年餐桌、单位食堂等 185 家，覆盖 4988 个城乡社区 280 余万人。[①] 同时，北京市已成功上线北京养老服务网及其配套小程序，通过集成海量信息，有效促进养老服务供需双方的对接，实现了养老服务、服务信息、政务服务和服务诉求的“一网通查”“一网展现”“一网通办”“一网通答”，极大地提升了养老服务的透明度和效率。为确保养老服务的安全与质量，北京市还开展了养老机构安全生产大排查大整治行动，建立了养老服务“6+4”综合监管工作模式，并深入开展“养老服务监管效能提升年”活动，这一系列举措进一步提升了北京市养老服务监管水平，确保老年居民享受到更加安全、优质的养老服务。

在养老保障方面，2023 年 1 月 1 日起北京市继续为企业和机关事业单位退休人员调整基本养老金，继续保持向退休时间早、连续工龄和缴费年限长的退休人员倾斜，定额调整部分，每名退休人员每人每月增加 36 元；新增领取城乡居民基本养老保障待遇的人员，基础养老金标准提升到每人每月 924 元；老年保障福利养老金标准提升到每人每月 839 元。[②]

5. 深入开展疏解整治，加快城市更新改造

2023 年，北京市加快城市更新改造，拆除违法建设 2315 万平方米，腾退土地 2282 公顷；同时，启动第二道绿化隔离地区减量提质规划和五年工作方案，使城乡建设用地减少约 8 平方公里。[③] 为了提升城市环境品质，北京市大力整治桥下空间 183 处，同时对城市家具进行全面提升，总计整治 1 万余处。此外，2023 年北京市规范拆除各类护栏 900 公里，精细化治理背街小巷 1730 条，为市民打造更加宜居的生活环境。在老旧小区改造方面，

---

① 《北京市统计局：截至 2023 年末累计建成养老助餐点 1772 家》，财经网，https://health.caijing.com.cn/2024/0321/4998338.shtml，2024 年 3 月 21 日。

② 《本市调整养老金发放标准　2023 年最低工资标准提高至每月 2420 元》，北京市人民政府网站，https://www.beijing.gov.cn/zhengce/zcjd/202307/t20230715_3163189.html，2023 年 7 月 15 日。

③ 《2024 年政府工作报告》，北京市人民政府网站，https://www.beijing.gov.cn/gongkai/jihua/zfgzbg/202401/t20240129_3547363.html，2024 年 1 月 29 日。

共完成183个小区的改造工程，启动危旧楼房改建和简易楼腾退20.4万平方米，让更多市民享受到城市更新的便利。①

在历史文化名城保护方面，北京市以中轴线申遗为驱动，全面推动老城整体保护，确保庆成宫整体院落腾退等48项重点任务全面完成，社稷坛等15处遗产点焕发生机，成为城市文化的新亮点；模式口历史文化街区活力显现，一批胡同按照原有肌理得到修复，使更多居住在四合院的老街坊享受到现代生活的便利。②

6. 着力健全社会保障体系，推动弱势群体帮扶

2023年，北京市持续加强社会保障工作，优化弱势群体发展环境，提高各类福利待遇标准。自2023年9月1日起，北京市失业保险金标准在现行基础上每档上调90元，提高了失业人员的收入水平，保障了他们的基本生活；同时，北京市月最低工资标准从2320元调整到2420元，增加100元；非全日制从业人员最低工资标准调整为26.4元/小时；非全日制从业人员法定节假日最低工资标准调整为62元/小时，保障了劳动者的基本生活，进一步提升社保待遇水平，惠及群众400余万人。③

2023年，北京市修订实施《北京市未成年人保护条例》，做好困境儿童和农村留守儿童关爱服务，建成未成年人保护工作站98家，困境儿童保障标准提高至每人每月2650元。制定完善殡葬服务体系提升服务保障能力工作方案，完成殡葬服务预约系统建设，实现遗体接运一网办理和资源统筹，建立殡仪服务跨部门一体化综合监管机制，严厉打击非法殡仪服务。

2023年，北京市全面落实残疾人“两项补贴”制度，累计补贴资金62亿元，惠及160多万人次，残疾人参加城乡居民社会保险实现“应保尽

---

① 《2024年政府工作报告》，北京市人民政府网站，https：//www.beijing.gov.cn/gongkai/jihua/zfgzbg/202401/t20240129_3547363.html，2024年1月29日。

② 《2024年政府工作报告》，北京市人民政府网站，https：//www.beijing.gov.cn/gongkai/jihua/zfgzbg/202401/t20240129_3547363.html，2024年1月29日。

③ 《本市调整养老金发放标准 2023年最低工资标准提高至每月2420元》，北京市人民政府网站，https：//www.beijing.gov.cn/zhengce/zcjd/202307/t20230715_3163189.html，2023年7月15日。

保”，7745户重残家庭享受公租房优先待遇，4159户农村困难残疾人家庭获住房专项补助。[①] 同时，北京市累计为5921名残疾学生发放助学补助2680余万元，残疾学生义务教育入学率达99%以上，673名残疾学生考取高校，录取率达80%以上，融合教育成效显现。此外，北京市残疾康复服务扩量提质，17家康复医院通过转型验收，新生儿遗传代谢疾病免费筛查病种扩增至12种。五年来，6854名儿童和2.45万成年残疾人享受了康复补贴，接受精准康复服务残疾人为50.3万人，康复服务覆盖率达98.88%。[②]

7. 推进全国文化中心建设，丰富群众文化生活

北京市作为全国文化中心，始终致力于推进文化事业的发展与繁荣。2023年，北京市大力推进三条文化带建设，大运河源头遗址公园一期面向社会开放，路县故城考古遗址公园建设加快推进，445公里“京畿长城”国家风景道主线亮相，“三山五园”国家文物保护利用示范区创建完成，融合历史人文、生态风景与现代设施的城市文脉呈现崭新面貌，丰富了北京市民的文化生活。[③]

在推进文化带建设的同时，北京市还深入开展文化惠民工程，让文化成果惠及更多群众，出台了《北京市建设“演艺之都”三年行动实施方案（2023年—2025年）》，鼓励和支持各类演艺活动的发展。2023年，北京市共举办首都市民系列文化活动1.7万场，营业性演出突破4万场，为市民提供了丰富多彩的文化盛宴；新增11家博物馆备案和27家“类博物馆”挂牌，为市民提供更多了解历史文化的场所。[④] 此外，北京市还改进旅游景区门票预约机制，让市民游客参观游览时更加方便快捷；成功举办“北京国

① 《北京全面落实残疾人“两项补贴”制度，累计补贴资金62亿元》，《北京日报》2023年7月25日。

② 《北京全面落实残疾人“两项补贴”制度，累计补贴资金62亿元》，《北京日报》2023年7月25日。

③ 《2024年政府工作报告》，北京市人民政府网站，https：//www.beijing.gov.cn/gongkai/jihua/zfgzbg/202401/t20240129_3547363.html，2024年1月29日。

④ 《2024年政府工作报告》，北京市人民政府网站，https：//www.beijing.gov.cn/gongkai/jihua/zfgzbg/202401/t20240129_3547363.html，2024年1月29日。

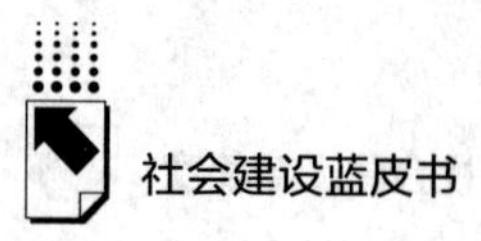

际非遗周”活动，为市民和游客提供了更多优质的文化产品和服务，推动首都文化事业繁荣发展。

在精神文明建设方面，北京市也取得了显著成果。2023 年北京市精心打造“北京榜样”品牌，通过评选表彰先进典型，引导市民树立正确的价值观。同时，2023 年北京市开展了“非法倒票乱象”专项整治行动和 12 类交通违法行为专项整治行动，为市民营造了一个更加文明、有序的文化环境。此外，北京市还注重发挥志愿者的作用，461 万志愿者奔波在大街小巷，他们用自己的实际行动践行社会主义核心价值观，为北京市的文化建设贡献力量。

（二）深入推进社会治理

1. 提质增效，党建引领社会治理

党的十八大以来，习近平总书记先后多次视察北京，对北京工作发表了一系列重要讲话，强调北京要探索构建超大城市治理体系，要坚持人民城市为人民，以群众最关心的问题为导向，提出解决问题的综合方略。北京市适应新时代要求，坚持党建引领和改革创新，以群众诉求为驱动，扎实推进接诉即办改革，全面回应群众诉求，着力解决城市治理难题，大力推进城市治理体系和治理能力现代化，形成了“中国之治”的首都样板。①

接诉即办改革是北京市以人民为中心、坚持党建引领的一整套改革创新举措，12345 市民服务热线是市民反映的主渠道。在“23·7”极端强降雨和暴雪寒潮期间，12345 热线电话接通率始终保持在 98%以上，对房屋漏雨、防汛救灾、路面积雪结冰、供暖、公交地铁运行等诉求第一时间接诉即办、提级处置，充分发挥“总客服”功能，在党委政府与人民群众之间架起了一座“连心桥”。2023 年，12345 热线共受理群众反映 12143.8 万件，受理诉求 21089.4 万件，直接答复 1054.4 万件，诉求解决率、群众满意率

---

① 《坚持人民至上　共创美好生活——北京党建引领接诉即办改革发展报告》，中国社会科学院政治学研究所网站，http://chinaps.cssn.cn/cgzs/202301/t20230131_5585168.shtml，2023 年 1 月 31 日。

分别达到95.5%和96.1%。[①]

此外，北京市统筹推进党建引领基层治理，推动社会治理重心向基层下移，为社会事业发展贡献更多的经验。2023年3月，中共中央、国务院印发《党和国家机构改革方案》，组建中央社会工作部，北京市各区按照部署成立社会工作部作为区委职能部门，统筹推进党建引领基层治理和基层政权建设，指导社区党建、社会组织和“两企三新”党建工作，深化党的社会工作机构职能体系改革。此外，北京市持续选派6批2000余名第一书记驻村帮扶，推动全市7.3万户低收入农户脱低、234个低收入村全面消除、598个集体经济薄弱村全部消薄。[②] 同时，北京市不断提升各领域基层党建工作质量和水平，全面加强党支部标准化规范化建设，推动建设5600余个党群服务中心（站点），打造教育党员、联系群众、服务基层的有效阵地。[③]

2.组织改善，加强社会工作人才队伍建设

2023年，北京市加强社会组织发展、社工队伍建设、社会志愿者队伍建设，实现了群众工作从“主动”到“互动”的跨越。发布首都社会工作专业人才队伍建设行动计划，完善社会工作人才培训体系，加强基层社会工作服务人才培养，储备高层次社会工作专业人才，提升社会工作人才专业化和职业化水平，搭建载体平台，畅通社会工作专业人才参与基层社会治理路径，强化激励保障，优化社会工作专业人才队伍建设环境。计划到2025年，全市社会工作专业人才达10万人，取得社会工作者职业水平证书的人数达6万人，实现街道（乡镇）社会工作服务平台全覆盖，全市社会工作服务机构达1200家。[④]

---

① 《2023年北京12345市民服务热线年度数据分析报告》，北京市人民政府网站，https：//www.beijing.gov.cn/hudong/jpzt/2023ndsjbg/index.html，2024年3月。

② 《北京低收入农户全部脱低，低收入村全面消除》，《新京报》2023年1月15日。

③ 《以高质量组织工作服务新时代首都发展——新时代北京组织工作综述》，中共北京市委组织部网站，https：//zt.bjdj.gov.cn/rdztarticle/3000192576.html，2023年7月29日。

④ 《关于印发〈首都社会工作专业人才队伍建设行动计划（2023年—2025年）〉的通知》，北京市民政局网站，https：//mzj.beijing.gov.cn/art/2023/5/23/art_9366_27246.html，2023年5月23日。

此外，北京市积极促进基层社会工作服务体系规范化发展，研究制定志愿服务信用信息管理办法，健全完善志愿服务管理机制。2023 年，统筹整合社会建设和民政领域基层服务站点，全市建成社会工作服务平台 2000 余个，共有社工机构 960 家、专业社工人才 7.96 万人，持证社工 3.91 万人，全市社工队伍不断扩大。①

3. 科技支撑，数字化赋能智慧城市建设

2023 年，北京市着力发挥“科技创新”的引领作用，用数字化赋能智慧城市建设。智慧城市“七通一平”取得阶段性进展，初步具备精准识别人、企、物等城市实体及城市地理空间的共性能力；千兆固网累计接入 156.7 万用户，5G 基站累计建成 8 万个，本地首个 5.5G 实验基站建设开通；完成经开区核心区 60 平方公里范围内专网建设。②

此外，北京市致力于精心打造全球数字经济标杆城市，成功建成全球性能领先的区块链基础设施，新增 5G 基站 3 万个，获准向公众开放的生成式人工智能大模型产品占全国近一半份额，开放自动驾驶测试道路 323 条，共计 1143 公里，高级别自动驾驶示范区实现 160 平方公里的连片运行。③ 同时，北京市快速升级和拓展“京通”“京办”“京智”3 个智慧城市应用终端，作为智慧城市的统一服务入口，为实现“一网通办”“一网统管”、推进社区治理信息化项目、持续加强智慧社区建设提供了强力支撑。此外，2023 年北京已经实现市、区两级 98% 以上政务服务事项全程网上办理，大幅提升政务服务办事效率，已经建设社保、公积金、交通出行等 28 个大类 760 余项市级服务和 17 个区级旗舰店，上线租房提取公积金、居住证申领、进京证办理、路侧停车缴费、通学公交车等一批便民、利企服务；推出健康服务、社保缴费、一件事等特色专题，切

---

① 《北京市已有专业社工近 8 万人　全市社工队伍不断扩大》，《北京日报》2023 年 3 月 22 日。

② 《新时代新使命：北京加快建设全球数字经济标杆城市——北京建设全球数字经济标杆城市 2023 系列报道》，新华网，http：//www.xinhuanet.com/info/20230704/3c25812ce5e14074bd1f22bac33b6ee3/c.html，2023 年 7 月 4 日。

③ 《2024 年政府工作报告》，北京市人民政府网站，https：//www.beijing.gov.cn/gongkai/jihua/zfgzbg/202401/t20240129_ 3547363.html，2024 年 1 月 29 日。

实优化了市民的使用体验，用科技支撑、数字化赋能智慧城市建设。[①]

4. 法治保障，推进科学民主依法决策

2023 年，北京市积极推进科学民主依法决策，落实重大行政决策程序机制和出台前向市人大常委会报告制度，加强行政执法规范与效能建设，推进严格规范公正文明执法，制定实施提升行政执法质量三年行动计划实施方案，落实轻微违法免罚和初次违法慎罚制度，创新非现场检查等执法手段。[②]

2023 年，北京市健全矛盾纠纷行政预防化解体系，首次发布行政复议、行政应诉工作白皮书和行政复议解决人民群众“急难愁盼”问题十大典型案例；北京市政府作为行政复议机关共收到复议申请 1916 件，其中已案前调解 342 件，审结 1190 件；办理以市政府为被告的诉讼案件 578 件。[③] 同时，北京市组织全市开展法治文艺大赛、宪法宣传周系列活动，出台律师、公证、司法鉴定三大法律服务行业制度规范，加强配套机制建设，推进信访工作法治化，及时发现和化解信访矛盾纠纷。[④]

此外，北京市印发《2023 年北京市人民政府重大行政决策事项目录》，包含调整 2023 年北京市最低生活保障标准、调整 2023 年北京市社会保险相关待遇标准；北京市政务服务现代化三年行动计划、2024 年重要民生实事项目、推进基本养老服务体系建设实施意见等 12 项重大行政决策事项，严格履行公众参与、专家论证、风险评估、合法性审查和集体讨论决定等法定程序，全力推进科学民主依法决策。

5. 民主监督，聚焦重点民生诉求

2023 年，北京市政协创新启动“各界委员齐参与　每月一题聚共识”

① 《北京将统一京通、京办、京智服务入口，推进“一网通办”见实效》，《新京报》2023 年 12 月 8 日。

② 《北京市 2023 年法治政府建设年度情况报告》，北京市人民政府网站，https://www.beijing.gov.cn/gongkai/fzzfjsbg/szf/202403/t20240328_3603714.html，2024 年 3 月 30 日。

③ 《北京市 2023 年法治政府建设年度情况报告》，北京市人民政府网站，https://www.beijing.gov.cn/gongkai/fzzfjsbg/szf/202403/t20240328_3603714.html，2024 年 3 月 30 日。

④ 《北京市 2023 年法治政府建设年度情况报告》，北京市人民政府网站，https://www.beijing.gov.cn/gongkai/fzzfjsbg/szf/202403/t20240328_3603714.html，2024 年 3 月 30 日。

民主监督工作，2023 年的 10 个民主监督重点议题包括养老机构监管、重点群体就业、民办义务教育规范管理、公交线路站点优化、直播带货虚假宣传、农村地区煤改清洁能源运行管护、全民健身设施建设与管理、社区卫生机构管理、供水保障、集中供热等问题，均为全市接诉即办“每月一题”推动解决的重点民生诉求。[①] 将政协民主监督嵌入首都治理实践，将政协制度优势更好转化为首都治理效能，把跟踪落实事关人民群众切身利益的实际问题的解决成效作为切入口，积极建言献策，探索形成市政协民主监督新模式，打造政协民主监督工作的北京品牌。

2023 年，10 个议题监督小组共开展各类监督活动 102 次，近 400 名委员 1200 多人次参加。市政协委员紧扣“每月一题”议题，实事求是反映问题，发挥专业优势建言献策，提出了许多创新性、建设性意见建议。据统计，各议题监督小组共报送社情民意信息 28 篇，提交提案 4 件。同时，以群众“急难愁盼”问题解决成效为切入点，邀请部门“一把手”与提案委员协商对话，共同回应群众关切，完成 5 期“市民对话一把手 · 提案办理面对面”全媒体访谈节目，直播节目累计收听收看超过 550 万人次，网络和移动客户端直播量近千万人次，更好地展现了全过程人民民主的制度优势。[②]

二　北京社会建设面临的难题与挑战

（一）民生领域

1. 重点关注群体面临的就业挑战

2023 年，北京市就业总量压力依然较大，北京高校的毕业生数量约为

① 《2023 年“每月一题”民主监督聚焦重点民生诉求》，北京市人民政府网站，https：//www. beijing. gov. cn/ywdt/gzdt/202304/t20230407_ 2991753. html，2023 年 4 月 7 日。

② 《市政协 2023 年提案立案 1248 件　市政府承办超八成　已全部按期办复　2024 年市政协将修订〈提案工作条例〉》，北京市人民政府网站，https：//www. beijing. gov. cn/ywdt/zwzt/2024bjlh/yw/202401/t20240119_ 3539832. html，2024 年 1 月 19 日。

28.5万人，增量创历史新高。受疫情影响，2020~2022年，北京高校毕业生的出国比例明显下降，留学生回国就业人数增加，加上一部分往届毕业的未就业人员，毕业季的就业形势仍然比较严峻。此外，2023年北京高校硕士研究生和博士研究生的毕业人数首次超过本科生，这一方面体现出北京高校的人才培养层次高，毕业生人力资源价值大；另一方面由于研究生具有相对较强的竞争力，其选择空间更大，就业进度也相对放缓。

2023年，北京市城镇调查失业率均值为4.4%，比上年下降0.3个百分点。高校毕业生是就业大局中被重点关注的群体，很多毕业生表示，毕业人数的不断增长加剧了就业竞争压力。2024年，北京地区高校毕业生预计有29.2万人，同比增加0.7万人，总体规模创历史新高。如何促进这部分重点群体高质量充分就业，是北京市面临的就业难点问题。

2. 人口变化对未来教育发展的影响

2023年以来，北京等地发布了义务教育学位预警。2017~2023年，北京已累计增加超过20万个中小学学位，这些学位压力源自2016年“全面二孩”政策实施当年出生人口的大幅增长。但是如今出生人口大幅波动，也使不同教育阶段产生了一系列连锁反应。国家统计局数据显示，2023年末全国人口为140967万人，比上年末减少208万人；全年出生人口为902万人，人口出生率为6.39‰；死亡人口为1110万人，人口死亡率为7.87‰；人口自然增长率为-1.48‰。[①] 我国在2016~2017年出现过短暂的出生人口高峰，随后出生人口断崖式下跌，2021年出生人口下降到1020万，2022年为956万，2023年为902万，这会对未来中小学的优化调整及发展方向产生重要的影响。出生人数下降首先会影响幼儿园，2022年全国幼儿园数量减少5610所，2023年北京幼儿园入园人数同比减少6.1%，首轮幼儿园关停潮已经出现，然后是中小学和大学，最终影响到整个教育阶段的学校发展。[②]

① 《国家统计局：2023年我国全年出生人口902万人》，中国网，http://news.china.com.cn/2024-02/29/content_117027737.shtml，2024年2月29日。

② 熊丙奇：《教育发展如何应对出生人口下降的挑战?》，《上海教育评估研究》2023年第2期。

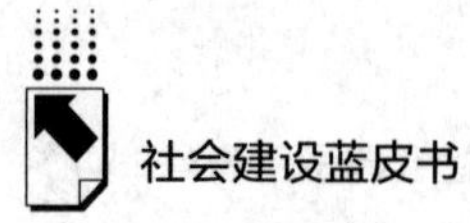

在学龄人口变动的大背景下，未来如何加强学位需求预测和预警、保障每一位适龄儿童就近就便上好学，怎样布局发展学前教育、小学教育、初中教育、高中教育和高等教育，如何适应人口变化形势、优化教育资源配置，对于北京市促进教育优质均衡发展、助力人口高质量发展都是至关重要的。

3. 养老事业存在供需不平衡等问题

2023 年，北京市老龄办、北京市老龄协会发布的《2022 年北京市老龄事业发展概况》显示，2022 年北京市老年人口总量持续增加，占总人口的比重不断提升，高龄老年人口继续增长，人口老龄化程度进一步加深；在北京市常住人口中，60 岁及以上人口为 465.1 万人，占总人口的 21.3%，比 2021 年增加 23.5 万人，增幅为 5.3%，是近五年增量最多、增长幅度最大的一年，高于同期常住人口增幅；百岁老年人共计 1629 人，比 2021 年增加 212 人；北京市老年抚养系数也持续上升，为近十年增幅最大。①

自 2021 年北京正式步入中度老龄化社会以来，北京的老龄化趋势及人口数据备受关注，北京平均每年新增 18 万名老年人，平均每天约有 500 人步入老年，2035 年将正式进入重度老龄化社会。随着北京老龄化程度的日益加深，用科技创新赋能养老服务，已成为超大城市破解养老难题的共识。目前，北京市民政局已上线北京养老服务门户网站及移动端，促进养老服务供需精准对接，同时北京市民政局还对养老服务信息统一管理平台进行升级改造，推动养老服务管理的智能化、智慧化。②

但是北京市养老事业、产业目前还存在统筹协调力度不够、市区内外供需不平衡、就近养老和周边养老资源有待整合、养老产业关联度不高等问题。截至 2023 年 1 月，北京市养老服务机构入住老人共有 4.8 万多人，床位数为 11.3 万张，养老机构入住率并不饱和；通过对比中心城区和郊区的养老供给与需求发现，中心城区存在养老床位缺口大、养老护理需求难以满足等问题，但是郊区存在养老床位入住率低、大量床位空置、资源服务浪费

① 《北京 60 岁及以上常住人口达 465.1 万》，人民网，http：//health.people.com.cn/n1/2023/0630/c14739-40024534.html，2023 年 6 月 30 日。

② 《日均 500 人步入老年，北京 2035 年进入重度老龄化社会》，《北京商报》2023 年 9 月 5 日。

等现象。[①] 可以看出，市区内外养老资源供需不平衡是北京市养老服务体系建设面临的难点问题。

（二）社会治理

1."大城市病"治理需久久为功

北京"大城市病"产生的根源是非首都功能超常规发展导致人口和经济增长与资源和环境之间的矛盾，"大城市病"一方面直接影响北京自身的可持续发展和市民生活，另一方面也直接影响首都功能的更好发挥，特别是近年来北京常住人口数量不断增加，加剧了首都资源和环境压力，"大城市病"问题愈加严重。[②] 京津冀协同发展十年来，北京非首都功能的疏解取得了突破性进展：雄安新区进入大规模建设和承接北京非首都功能疏解并重的阶段；北京城市副中心功能日趋完善，北京市四套班子以及 70 多个市级部门、3 万多名工作人员已经迁至副中心办公；重点区域高质量发展成效明显，包括通州和北三县、天津滨海新区和张家口"两区"建设等；交通、生态、产业等重点领域协同发展水平持续提升。[③]

但是，如何保障疏解单位和疏解人员的切身利益，解决疏解单位、疏解人员关心的焦点问题，保证疏解人员的创业条件、居住条件和工资收入总体不低于疏解前的水平，让疏解单位从架构和业务等方面大胆探索创新，实现效能提升和结构优化，是疏解非首都功能、促进京津冀协同发展、根除北京"大城市病"需要关注的重点问题。

2. 基层社会治理有待完善

基层治理是国家治理的基石，党的十八大以来，以习近平同志为核心的党中央高度重视基层治理，党的二十大提出"完善社会治理体系"并作出部署。习近平总书记指出，"基层强则国家强，基层安则天下安，必须抓好

---

① 《2023 北京两会特别报道丨高质量养老服务更要精细》，《北京日报》2023 年 1 月 18 日。

② 《疏解非首都功能：解决"大城市病"的中国方案》，《光明日报》2019 年 2 月 25 日。

③ 《国家发改委谈北京大城市病：此前通勤 90 分钟，现有明显改善》，《南方都市报》2024 年 2 月 27 日。

基层治理现代化这项基础性工作”，“要在加强基层基础工作、提高基层治理能力上下更大功夫”。在党中央的坚强领导下，北京市基层治理方式和手段不断创新，基层治理体系日益完善，基层治理能力不断增强，为成功防范化解各种风险挑战、统筹推进新冠疫情防控和经济社会发展、打赢脱贫攻坚战等提供了坚实支撑。①

对标现代化的社会治理体系，对标首都市民对社会生活的需求，总结新冠疫情防控暴露的问题，北京市基层社会治理还存在明显的不足。一方面，公众和各类社会主体社会责任观念、主动参与意识、参与空间还有不足，社会治理的层级优势还不明显，以人为本的工作理念有待增强；另一方面，物联网、区块链、人工智能在社会治理中的场景应用不多，对政策落实、个案解决、具体问题具体处理关注不够，社会风险防范和应对能力有待加强，社会治理预警机制不够健全，社会治理智能化水平有待提升，社会治理精细化程度有待提高。②为解决这些问题，需要在完善社会治理体系、提高社会治理能力上持续发力。

3. 公共安全风险依然存在

2023年，北京市公共安全风险依然存在，公共安全问题仍在暴露，公共安全事故给人民群众生命财产安全造成巨大的损失，令人痛心，教训深刻。

2023年4月，北京长峰医院发生重大火灾事故，造成29人死亡、42人受伤，直接经济损失达3831.82万元。经调查认定，这是一起因事发医院违法违规实施改造工程、施工安全管理不力、日常管理混乱、火灾隐患长期存在，施工单位违规作业、现场安全管理缺失、应急处置不力，地方党委政府和有关部门职责不落实而导致的重大生产安全责任事故。③

2023年12月，北京地铁昌平线两辆列车发生追尾事故，事故造成130

① 《既充满活力又拥有良好秩序　完善基层社会治理体系（治理之道）》，中国共产党新闻网，http：//theory.people.com.cn/n1/2023/1107/c40531-40112550.html，2023年11月7日。

② 《北京市“十四五”时期社会治理规划》，北京市发展和改革委员会网站，https：//fgw.beijing.gov.cn/fgwzwgk/zcgk/ghjhwb/wnjh/202205/t20220517_2711923.htm，2021年11月18日。

③ 《北京长峰医院重大火灾事故调查报告公布》，中华人民共和国应急管理部网站，https：//www.mem.gov.cn/xw/bndt/202310/t20231025_466750.shtml，2023年10月25日。

人骨折，导致 3 人重伤、70 人轻伤，直接经济损失约 950. 8 万元。经调查认定，北京地铁昌平线“12 · 14”列车追尾事故是一起造成多人受伤的生产安全责任事故，存在运营单位主体责任落实不到位，安全风险辨识和隐患排查治理存在盲区漏洞，未针对降雪天气制定区别于日常运营的行车间隔、限速降速等具体措施；组织开展安全隐患大排查大整治工作不深不细等问题。①

此外，随着北京骑行热度的提升，不少北京市民已将电动车、自行车作为主要出行工具。不过，在享受便利的同时，也存在忽视安全问题的情况，闯灯、逆行、人行道上骑行等交通违法行为有所增加。2023 年，北京电动自行车事故量增长 12%，经对电动自行车交通亡人事故成因的统计分析，超速行驶、醉酒驾驶、闯红灯交通违法行为占前三位，② 因此还需要进一步开展针对非机动车的路面违法整治行动。

公共安全是人民生存发展的刚需，是社会和谐稳定的底色，一头连着千家万户，另一头连着经济社会发展。确保公共安全，事关人民群众生命财产安全，事关改革发展稳定大局。因此，如何保障人民群众的公共安全，如何在事故中暴露问题、发现问题、解决问题，如何通过客观公正的调查吸取经验教训、举一反三、查缺补漏从而避免类似事件的再次发生，也是北京社会治理所面临的一大挑战。

三　进一步推进北京社会建设的政策建议

（一）进一步做好民生事业，落实“七有”“五性”要求

首先，健全就业促进机制，积极推动重点群体就业。通过实施积极的就业政策，鼓励创新创业，完善技能培训，提供“一对一”就业帮扶，扎实

① 《北京地铁昌平线列车追尾事故调查报告公布》，《北京日报》2024 年 2 月 5 日。

② 《今年北京电动自行车事故量增长 12%》，《新京报》2023 年 9 月 18 日。

做好高校毕业生的就业工作。同时，大力开发公益性岗位，激发市场活力，扩大就业规模，为城镇就业困难人员、农村劳动力等群体创造更多的就业机会，保障残疾人群体的就业，让每一位劳动者都能充分发挥自己的技能和才华，技有所施、才有所用、劳有所得。

其次，加快推进养老服务体系建设，进一步织密社会保障安全网。一方面，积极推进北京市养老服务驿站、养老服务中心建设，加强养老服务从业人员培训，提升其专业化水平，整合资源为失能、高龄老年人提供普惠性照护服务；同时，推进实施个人养老金制度，积极发展“银发经济”，让老年市民安享优质、便捷、幸福的晚年。另一方面，健全各类社会救助体系和社会保障资金监管体系，严厉打击挪用社会保障资金的违法行为，进一步提高社会保障管理精细化程度，积极推进儿童友好城市、无障碍城市建设，切实保障妇女儿童合法权益。

最后，促进城市更新，提升城市服务管理水平。推进老旧小区综合整治、老旧厂房改造提升，抓好区域更新项目，积极探索推进地上、地面、地下空间一体化改造提升推动老城焕新。同时，加强供水、供电、燃气、供热等安全检测和运行保障，突出加强城市精细化治理，科学把握超大城市发展规律，打造更加宜居的城市生活，焕发北京城市之美。

（二）聚焦公众诉求，加强基层社会治理

基层治理是国家治理的基石，习近平总书记指出：“基层强则国家强，基层安则天下安，必须抓好基层治理现代化这项基础性工作。”党的二十大提出“完善社会治理体系”并作出部署，未来北京市应继续深入贯彻落实党的二十大精神，完善基层社会治理体系，推动基层治理现代化，让社会既充满活力又拥有良好秩序。[1]

一是进一步推进基层党建引领，加强企业、农村、机关、事业单位、社

① 《既充满活力又拥有良好秩序　完善基层社会治理体系（治理之道）》，中国共产党新闻网，http：//theory. people. com. cn/n1/2023/1107/c40531-40112550. html，2023 年 11 月 7 日。

区等各领域党建工作，推动基层党建与基层治理有机衔接。同时，要建设智慧党群服务系统，建立党建网格化平台，积极借助现代信息技术手段推动基层党组织建设，加强与人民群众的密切联系。继续抓好接诉即办改革，扎实推进“每月一题”，深化主动治理、未诉先办。完善基层综合执法体制机制，加强基层执法队伍规范化建设。此外，要发挥基层党组织战斗堡垒作用，鼓励引导党员干部深入基层、深入群众，推动组织体系和工作力量下沉，不断充实基层一线力量，发挥党员在基层建设中的模范带头作用。

二是进一步坚持以人民为中心推进社会治理。习近平总书记指出：“要贯彻好党的群众路线，坚持社会治理为了人民。”在基层社会治理过程中要坚持全心全意为人民服务的根本宗旨，努力在推动高质量发展过程中办好各项民生事业、补齐民生领域短板。同时，要尊重人民群众首创精神，增强群众参与基层治理的积极性和主动性，提升群众的获得感和参与感。

三是进一步推动治理平台建设。习近平总书记指出：“完善网格化管理、精细化服务、信息化支撑的基层治理平台。”在基层社会治理过程中要强化网格化管理和服务，及时反映和协调人民群众各方面各层次利益诉求，把更多资源、服务、管理放到基层，同时提高基层治理数字化、智能化水平。此外，要紧紧抓住人民群众急难愁盼问题，健全基本公共服务体系，着力做好重点群体就业帮扶、收入分配调节、健全社会保障体系、强化“一老一幼”服务等工作，推动幼有所育、学有所教、劳有所得、病有所医、老有所养、住有所居、弱有所扶不断取得新进展。①

（三）做好“十四五”社会建设总结，积极谋划“十五五”社会建设蓝图

“十四五”是我国全面建成小康社会、实现第一个百年奋斗目标后，乘势而上开启全面建设社会主义现代化国家新征程、向第二个百年奋斗目标进

① 《不断把人民对美好生活的向往变成现实——从全国两会看民生新图景》，中华人民共和国中央人民政府网站，https：//www. gov. cn/xinwen/2023-03/09/content_ 5745523. htm，2023年3月9日。

军的第一个五年。[①] 2024~2025 年不仅是“十四五”社会建设的收官之年，也是积极谋划“十五五”社会建设蓝图的重要之年。对此，要结合首都城市战略定位，坚持贯彻新发展理念，完善超大城市有效治理体系，更高层次推动社会建设高质量发展，更大限度提升社会治理现代化水平，更多举措推进社会体制深层次改革，打造新时代共建共治共享的社会治理格局，紧扣“七有”要求和“五性”需求，构建人人有责、人人尽责、人人享有的社会治理共同体，做好承前启后的社会建设总结与规划工作，为加快实现社会治理现代化和建设国际一流的和谐宜居之都打下坚实基础，不断实现人民群众对美好生活的向往。

① 《开启全面建设社会主义现代化国家新征程》，《人民日报》2021 年 5 月 13 日，第 13 版。

特 稿

B.2

深入推动首都民政事业改革发展 扎实做好社会建设的兜底性基础性工作

邱维伟　张泽华　李娇娜*

摘　要：　2023年，北京民政工作坚持以习近平新时代中国特色社会主义思想为指导，深入贯彻落实党的二十大精神和市第十三次党代会精神，围绕服务新时代首都发展，主动担当、奋发有为，深化重点领域改革创新，各项工作迈上新台阶。新一轮机构改革后，民政部门将进一步回归传统职能，聚焦主责主业，扎实做好老龄工作及养老服务、儿童福利保护、社会救助、社会福利、社会组织、慈善事业等社会建设的兜底性、基础性工作。

关键词：　社会建设　民生保障　高质量发展

* 邱维伟，北京市民政局研究室主任；张泽华，北京市民政局研究室干部；李娇娜，北京市民政局研究室干部。

一　2023年主要工作成效

（一）社会建设统筹扎实推进，基层治理能力稳步提升

加大社会建设统筹协调力度，在更高层面推动解决社会建设领域的重大问题，有力提升社会建设水平。强化“七有”“五性”监测评价结果运用和街道（乡镇）“五性”大数据评价分析工作。开展“十四五”时期社会治理规划和民政事业发展规划中期评估。健全社区党建组织体系，做实社区党建工作协调委员会机制。制定社区和村级组织减负工作一揽子政策文件。推进3000户以上大型社区规模优化调整。完成30个街道（乡镇）协商试点、120个社区议事厅协商示范点和100个楼门院（村组）治理示范点建设，社区议事厅实现全覆盖。以“京民通”为基础，推进社区治理信息化项目，持续加强智慧社区建设。举办第五届“北京社区邻里节”系列活动4000余场，参与居民达300余万人次。加强社会工作人才队伍建设，促进基层社会工作服务体系规范化发展。研究制定志愿服务信用信息管理办法，健全完善志愿服务管理机制。统筹整合社会建设和民政领域基层服务站点，全市建成社会工作服务平台2000余个。科学谋划全市行政区划规划思路，率先组织开展行政区划调整历史文化专项评估研究，规范政府驻地迁移管理，扎实开展全市行政区域界线详图编制，开展界线界桩管理信息化试点，完成京冀线及部分区级界桩更换工作。

（二）居家养老服务创新取得新突破，养老服务体系改革全面推进

出台《关于完善北京市养老服务体系的实施意见》等“1+6”政策文件，全面改革完善养老服务体系，部署推进街道（乡镇）区域养老服务中心建设，系统重塑三级养老服务网络。按照“培育一类主体、构建两种模式、实现全面覆盖”的思路积极开展居家养老服务创新试点，通过“揭榜挂帅”形式在城六区进一步扩大试点。加快织密居家社区养老服务网络，

新建养老家庭照护床位5700余张、养老助餐点243个、农村邻里互助养老服务点232个。成功举办首届北京养老服务行业发展四季青论坛，引起社会广泛关注，全网阅读量超8000万。上线北京养老服务网及配套小程序，集成海量信息，促进供需对接，实现养老服务“一网通查”、服务信息“一网展现”、政务服务“一网通办”、服务诉求“一网通答”，累计访问量近1000万人次。牵头召开京津冀民政事业协同发展第七次联席会议，建立京津冀养老协同专题工作组机制，举办京津冀养老服务协同发展项目推介会和首次京津冀养老服务人才线上培训班，进一步深化京津冀养老服务政策、项目、人才、医养、区域、行业协同。开展养老机构安全生产大排查大整治，建立养老服务“6+4”综合监管工作模式，深入开展“养老服务监管效能提升年”活动。在全国率先推行养老服务合同网签。完善职业技能评价体系，高规格开展养老护理员职业技能大赛，营造暖心留人环境氛围。制定养老志愿服务“京彩时光”工作规范，加强养老志愿服务工作。

（三）民生兜底保障持续加强，基本社会服务不断完善

低保标准提高至每人每月1395元、低收入家庭认定标准提高至人均月收入2420元，城乡特困人员保障标准同步调整。开展低收入人口动态监测信息平台建设，做好受灾困难群众救助帮扶，有序推动社会救助审核确认权限下放街道（乡镇）。印发“社会救助+慈善”项目工作方案，畅通公益慈善力量参与救助渠道。深化流浪乞讨人员救助管理和照料服务。推动建立接济救助系统“平战结合”机制，圆满完成重要节点接济服务保障工作。修订实施《北京市未成年人保护条例》。做好困境儿童和农村留守儿童关爱服务。建成未成年人保护工作站98家，困境儿童保障标准提高至每人每月2650元。做好残疾人两项补贴发放工作并实现主动服务预警，出台全面推进康复辅助器具社区租赁服务工作方案，扎实推进“精康融合行动”。制定完善殡葬服务体系提升服务保障能力工作方案，从加强设施建设、推进生态安葬等方面全面补短板、强弱项。落实殡葬惠民政策和收费公开公示制度，

提供多层次惠民殡仪服务组合，建立经营性公墓墓位（格位）价格监测机制，强化殡葬服务公益属性。完成殡葬服务预约系统建设，实现遗体接运一网办理和资源统筹。建立殡仪服务跨部门一体化综合监管机制，严厉打击非法殡仪服务。圆满完成清明祭扫服务保障工作，实现连续 16 年“安全无事故、服务零投诉”。组织骨灰海葬活动 160 余次，生态殡葬理念日益深入人心。全力推进婚姻登记“跨省通办”试点工作，年内受理跨省业务超 2.8 万件，占比在全国领先。推动征地后超转人员社会保障制度和管理体制改革，依法确认见义勇为行为 24 人，积极做好社会心理服务研究和科普宣传工作。

（四）社会组织作用日益凸显，慈善事业影响力逐步攀升

研究制定《关于党建引领社会组织高质量发展的若干措施》，加强社会组织意识形态工作，实现社会组织党员全部属地化管理。印发《北京市社会组织业务主管单位工作指南》，出台《北京市社会组织信用监管办法（试行）》，创新社会组织监管方式。搭建市、区两级全覆盖的执法联动体系，严厉打击非法社会组织，严格依法查处清理“僵尸型”社会组织。实施全市社区社会组织能力提升“十百千”工程，社区社会组织增至 8.7 万余家。动员 129 家社会组织组团式参与密云区乡村振兴，引导社会组织助力扶贫协作地区持续巩固脱贫攻坚成果，组织开展社会组织助力稳岗就业“4+1+1”系列活动，开展市级行业协会商会服务首都高质量发展专项行动，积极引导社会组织支持防汛救灾和灾后重建。新增慈善信托 37 单，总规模达 8.58 亿元，累计备案单数、金额全国领先。归集推出“十大项目”和“五大行动”，打造创新性、示范性、联合性慈善公益品牌。开展第三届北京公益慈善创投大赛，举办第三届北京慈善文化创享会，组织第十届“慈善北京”成果展，有力提升慈善品牌影响力。新建 15 家街道（乡镇）慈善工作站，织密织牢基层慈善工作网络。规范福利彩票管理销售，全年彩票销售额创历年新高。

二　民政工作面临的新形势新任务

一是习近平总书记和党中央高度重视对民政工作提出了更高要求。党的十八大以来，以习近平同志为核心的党中央高度重视民政工作，习近平总书记对民政工作作出一系列重要论述，既有方向指引，又有具体要求，把党对民政工作的规律性认识提升到全新高度，为我们提供了根本遵循。党的二十大对民政工作作出明确部署，涉及养老服务、社会救助、儿童福利、慈善事业等各个方面。近年来，党中央国务院先后制定印发关于基本养老服务体系、“银发经济”、行政区划、分层分类社会救助等方面的一系列重大政策文件，民政在国家治理体系中的重要性日益凸显。必须强化政治意识、全面对标对表、加快改革创新、狠抓工作落实，切实把习近平总书记、党中央关于民政工作的新部署新要求落到实处，努力形成生动实践。

二是北京率先基本实现社会主义现代化对民政工作提出了更高要求。推进中国式现代化是最大的政治，高质量发展是新时代的硬道理。市委明确提出要率先基本实现社会主义现代化，这是北京首善之区的必然要求。民政工作关系民生、连着民心，是社会建设的兜底性、基础性工作。首都民政事业高质量发展事关北京率先基本实现社会主义现代化的底色和共同富裕的成色，使命光荣、任务艰巨。市委十三届四次全会特别强调要更加关注解决“老老人”“小小孩”问题，扩大多层次养老服务供给。民政工作是最传统、最基本的民生工作，新时代新征程，必须坚持深化改革、守正创新，更大力度强化战略性、前瞻性、基础性研究，更大力度强化系统思维、站位全局统筹推进工作，更大力度强化法治观念、加强制度建设，更大力度拓展服务对象、丰富服务内容，更大力度革新工作手段、提升信息化智能化水平，更大力度发挥政府、市场、社会各方作用，努力在首都治理能力和治理水平现代化建设的进程中走在前、做表率。

三是新一轮机构改革对民政工作提出了更高要求。新一轮机构改革后，民政工作向一老一小、社会福利、社会事务、社会救助、社会组织管理及慈善、区划等传统职能聚焦，主责主业更加突出、使命任务更加艰巨。特别是，中央、市委将牵头老龄工作职能赋予民政部门，明确民政继续承担养老服务职责，这是新的重大机遇和挑战，要求我们在积极应对人口老龄化国家战略中发挥更大作用。同时，改革后，民政部门不再直接联系街道，也不再牵头社区治理，而民政各项工作又与基层息息相关，必须转变思路、优化机制，更加注重加强与街道社区的联系，更加注重用治理的理念、方法优化和改进民政工作，切实解决好民政政策落地“最后一公里”的问题。

四是统筹发展和安全对民政工作提出了更高要求。以高质量发展促进高水平安全，以高水平安全保障高质量发展，是必须牢牢把握的重大原则。必须树立大安全观，强化底线思维、极限思维，增强应急处置能力，牢固树立“管行业必须管安全、管业务必须管安全、管生产经营必须管安全”的理念，以大概率思维应对小概率事件，注重抓早抓小抓苗头，把各类风险隐患消除在源头、解决在萌芽状态，坚决防止出现重大安全责任事故，坚决防止发生冲击社会道德底线的事件。

三　2024年工作思路及重点任务

2024 年，全市民政工作将坚持以习近平新时代中国特色社会主义思想为指导，坚持稳中求进、以进促稳、先立后破，以机构改革为新起点，深化改革创新，狠抓工作落实，强化“一切按规矩办”的鲜明导向，持续深化“两个规范化”建设，压紧压实“两个责任”，从严落实“两个细化”要求，全面提升工作水平，努力为群众提供更便捷、更精准、更多样、更有保障的服务。

（一）深入推进老龄工作及养老服务创新发展

紧紧扭住“1 号工程”定位，自觉担当老龄工作的牵头职能和养老服务重要职责，将老龄工作、养老服务工作放到更加优先、更加紧迫的位置加快推进。完善老龄工作顶层设计，健全老龄工作体制机制，推动银发经济发展，促进老年人社会参与，加强老年人权益保障和老龄化国情市情教育。全面落实《关于完善北京市养老服务体系的实施意见》等“1+6”政策文件，推动养老事业和养老产业协同发展，加快构建具有首都特色的养老服务供给体系。优先解决高龄及失能失智等“老老人”养老难题，下大力气解决好“老老人”吃饭、照护、医疗等最迫切需求。复制推广居家养老服务新模式，全面布局街道（乡镇）区域养老服务中心，优化调整社区养老服务驿站功能，完善全面覆盖的居家养老服务网络。积极探索“冬南夏北”候鸟式旅居康养机制，为首都老年人提供更多选择。加大群众身边的养老服务设施建设力度，新建2000张养老家庭照护床位。发展普惠性、多样化老年助餐服务，积极引导社会餐饮企业参与养老助餐服务。新增300个养老助餐点，新建240个农村邻里互助养老服务点。推动建立健全医养结合工作机制、体系、激励制度，促进医养结合工作高质量发展。加强养老服务人才队伍建设，制定并实施养老护理员综合评价标准。加强北京养老服务网及移动端运营管理，推进智慧养老应用场景建设工作，加快智慧养老院建设。强化养老服务综合监管，探索实行养老机构安全生产分级监管。

（二）兜住兜准兜好困难群众基本生活底线

顺应促进共同富裕的新要求和满足困难群众美好生活的新期待，加大各类困难群体保障工作力度，确保共同富裕道路上一个困难群众都不能少。科学确定分层分类救助标准，加快建设低收入人口动态监测平台，完善预警和帮扶机制。实施基层社会救助能力提升工程，深化困难人员救助“一件事”集成场景推广应用，进一步提高社会救助可及性、便捷性和实效性。加快发展服务类社会救助，积极探索社会力量参与救助帮扶新路径。调整完善未成年人救助保护工作体制机制，加强困境儿童分类保障，建立健全流动儿童权益保障机制。深化儿童福利机构“精细化管理年”活动，提高养、治、教、康等工作水平。推动残疾人两项补贴与居家助残服务补贴政策整合优化，推动制定残疾人托养机构安全管理地方标准。调整优化康复辅助器具产业发展模式，持续深化康复辅助器具社区租赁服务。

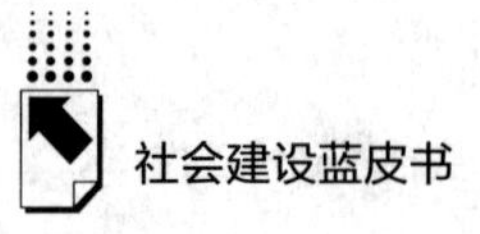

（三）不断优化基本社会服务供给

坚持便民、利民、惠民方向，持续改善服务供给，推动民政基本社会服务从“有没有”向“好不好”“优不优”转变。落实完善殡葬服务体系提升保障能力、强化殡葬综合监管等工作方案，建立健全殡葬管理议事协调机制，抓紧补齐殡葬服务短板。规划建设全市统一的殡葬服务信息化平台。实行殡葬服务全流程一体化监管，依法打击非法殡葬行为。推广惠民殡仪服务组合，规范提升殡仪服务形象，以市级殡葬机构改造提升为引领，推动殡葬服务机构规范管理、提质增效。持续推进公益性公墓建设和散坟专项治理。加大生态殡葬宣传力度，精心组织骨灰撒海活动。做好清明祭扫服务保障工作。优化婚姻登记“跨省通办”服务，加强婚姻登记系统信息化建设，启动婚姻登记规范修订工作。深化婚俗改革，打造婚姻家庭教育示范基地。提升见义勇为权益保护工作规范化水平，加强见义勇为人员关爱帮扶。

（四）着力提升民政社会治理效能

健全完善社会组织信用评价体系，健全以章程为核心的社会组织现代法人治理结构和运行机制。加强社会组织风险隐患排查，做好社会组织意识形态监管。加大社区社会组织培育发展力度。强化社会组织公益属性，积极引导社会组织在服务国家战略、推动首都发展、参与基层治理和民生保障等工作中发挥积极作用。发展慈善信托，做大慈善蛋糕。加强慈善品牌建设，开展“首善有我”社会捐赠活动，营造浓厚慈善氛围。推动落实“阳光慈善”工程，加强慈善活动全过程监管。不断提升福利彩票销量，强化福彩市场管理。研究提出行政区划优化方向和重点区域，制定规范政府驻地迁移管理工作规定。深入开展行政区域界线详图编制工作，提升界线管理服务水平。加强重点领域法规政策创制，推进执法检查提质增效。

（五）深化京津冀民政事业协同发展

落实《京津冀民政事业协同发展合作协议》，推动联席会议、专题工作组、行业交流等机制更加成熟定型、务实高效。坚持同质同标，加快推进京津冀地区养老项目、政策、人才、医养等领域协同发展。做好京津冀骨灰撒海活动和生态葬公祭活动。积极引导社会组织、慈善组织参与津冀和雄安新区协同发展。持续加强社会救助、儿童福利保护、行政区划、民政执法等领域务实交流合作。组织开展京津冀协同发展 10 周年民政领域系列宣传活动。

社会治理篇

B.3 基层协商共治破解小区老旧设施更新难题研究报告*

李海英　韩秀记　成博文　杨兴兴**

摘　要：　物业问题是当前基层社会治理中的主要难题。本报告以北京市昌平区天通苑南街道奥北中心社区的小区电梯老化损坏所引起的大修事件为案例，探讨小区老旧设施更新中的基层协商共治。分析发现，案例小区的电梯大修从提出、推进、中途停滞到最后解决的过程中，协商共治，通过设定不同议题发挥党建引领作用，动员多元利益主体参与，直面变化中的问题，分阶段逐步推进，从第一阶段在出资主体、缴费标准、支付方式、资金监管等方面达成共识，到第二阶段各方努力在确保电梯不停运的前提下调动业主参

* 本项目是北京市社科基金基地项目“北京城市副中心基层社会治理创新研究”（19JDSRB004）的阶段性成果之一。

** 李海英，北京市昌平区天南街道工委副书记；韩秀记，社会学博士，副教授，北京工业大学社会学院、北京社会管理研究基地，研究方向为社区社会工作、基层社会治理；成博文，北京工业大学北京社会管理研究基地研究人员，研究方向为社会治理现代化；杨兴兴，北京社源文化高级研究员，研究方向为基层党建、基层社会治理。

与积极性，加快缴费进度，最终解决了问题。研究发现，该案例协商共治形成的“谁组织、谁参与、如何展开、目的与原则”模式对于基层协商共治的实践和制度规范建设具有借鉴意义。

关键词： 小区老旧设施更新　协商共治　党建引领　多主体参与　分工合作

物业问题是当前基层社会治理中的主要难题，是影响城市居民美好生活的重要因素。在社会日益多元的背景下，不同主体之间的权责分歧和争议是引发物业问题的重要原因之一。因此，如何协商不同主体间的权责争议，通过不同主体间的对话沟通产生具有合法性的问题解决规范，是基层社会治理的关键所在。对此，本报告以北京市昌平区天通苑南街道（以下简称天南街道）奥北中心社区的小区电梯老化损坏所引起的大修事件为案例，探讨小区老旧设施更新中的基层协商共治。

一　北京市基层社区治理中的物业难题

（一）物业问题影响社区居民幸福感和权益保障

物业管理和服务在我国的兴起和发展顺应了住宅商品化、社会化、社区化的需要，成为社区服务的重要事项，但也是目前北京市社区服务中的难点。从北京市 12345 市民服务热线的投诉率分布来看，社区物业管理和服务纠纷是公众投诉的主要问题，涉及物业服务和收费、小区安保与停车、业主大会及业委会成立运作、专项维修资金使用等。① 物业服务矛盾和纠纷成为基层社会治理中的突出问题。2014 年北京全市法院受理物业纠纷案件 24019

① 《数读：北京 12345 热线 2019 年度数据报告》，北京市人民政府网站，http：//www.beijing.gov.cn/gongkai/shuju/shudu/202001/t20200119_ 1838347.html，2020 年 1 月 19 日。

件，2018 年收案 49013 件，是 2014 年收案量的 2.04 倍，年均增幅达 19.5%，且涉物业纠纷调解率低，矛盾尖锐不易调和。[①] 从北京市 12345 接诉即办来看，2019~2021 年，住房、物业管理、市容环卫、市政、供暖等物业有关问题的诉求量占比较高，具体到各个区，物业管理反映的问题更是明显，其中城市化水平高、商品房小区开发强度高的区，普遍面临着物业管理方面的居民诉求反馈，如西城区、朝阳区、海淀区、丰台区、石景山区、通州区、大兴区、顺义区、昌平区等（见表 1）。

表 1　北京市各区 12345 接诉即办承办前五位类型分布

单位：万件，%

行政区	全区诉求总量	占全市比重	第一位	第二位	第三位	第四位	第五位
东城区	58	4.9	住房(9)	市场管理(6)	城乡建设(6)	交通管理(4)	市容环卫(4)
西城区	57	4.9	住房(9)	城乡建设(6)	市场管理(5)	交通管理(4)	物业管理(4)
朝阳区	202	17.2	市场管理(34)	住房(24)	教育(16)	城乡建设(15)	物业管理(13)
海淀区	154	13.1	市场管理(29)	住房(16)	教育(14)	城乡建设(13)	物业管理(10)
丰台区	118	10.0	住房(17)	城乡建设(14)	市场管理(10)	物业管理(10)	市容环卫(8)
石景山区	37	3.1	住房(6)	市场管理(4)	物业管理(3)	城乡建设(3)	教育(2)
门头沟区	30	2.6	住房(5)	城乡建设(3)	市容环卫(2)	物业管理(2)	市政(2)
房山区	70	6.0	城乡建设(8)	住房(8)	农村管理(5)	公共服务(4)	市容环卫(4)
通州区	84	7.1	城乡建设(11)	住房(10)	市场管理(6)	农村管理(6)	物业管理(6)
顺义区	87	7.4	农村管理(10)	住房(9)	城乡建设(8)	市政(6)	物业管理(6)
大兴区	74	6.3	住房(9)	城乡建设(6)	物业管理(6)	市场管理(6)	农村管理(5)
昌平区	85	7.2	住房(11)	城乡建设(10)	物业管理(6)	农村管理(6)	市场管理(5)
平谷区	32	2.7	农村管理(6)	城乡建设(4)	住房(3)	市政(2)	市容环卫(2)
怀柔区	28	2.4	农村管理(4)	城乡建设(3)	住房(3)	市政(2)	市容环卫(2)
密云区	41	3.5	农村管理(7)	住房 6)	城乡建设(5)	公共服务(2)	市容环卫(2)
延庆区	18	1.5	农村管理(3)	城乡建设(2)	住房(2)	市容环卫(1)	市政(1)

注：根据《坚持人民至上，深化党建引领城市治理体制机制创新——北京市推进接诉即办改革报告》（2021 年 12 月）整理。

① 王天淇：《5 年来物业纠纷案件增一倍多》，《北京日报》2019 年 5 月 29 日，第 6 版。

（二）多元共治中主体行为边界和权责分工不清

社区服务和社区治理的多元主体，在具体实践上存在边界与权责不清的问题。社情民意千差万别，社区事务复杂多样，居民认知参差不齐，历史遗留和利益博弈交织影响，在面对具体社区问题和居民需求时，多元主体之间的制度性权责划分在实操上变得充满争议而缺乏共识，社区公共设施的更新改造就是突出表现。当前很多小区公共设施，如绿化、环境、消防、停车、供水供电等设施陆续老化，功能损坏，需要及时更新改造。然而，各类主体和组织在各自利益的驱使下，对于公共设施的维护更新难以形成集体行动方案。以电梯加装为例，2017 年起北京市大力推进老旧小区加装电梯，截至 2023 年底，已累计完成加装电梯 3550 部，为社区老年人等群体出行提供了方便。[①] 不过，电梯加装等社区公共议题，最难的不是施工技术，而是民意整合、资金来源等协商问题。

总之，面对小区公用设施大规模老化需要及时维护更新的现状，如何通过协商共治，形成小区老旧设施更新的责任分担机制和规则，是当前和今后社区治理的重点工作之一。对此，本报告以北京市昌平区天南街道奥北中心社区润枫欣尚小区（地处“回天地区”）的电梯大修事件为例，通过系统分析电梯更新中如何发挥党建引领作用，借助协商共治，引导居民群体参与，做实过程介入，最终实现了符合法规和合乎民情地解决问题。

二　案例小区电梯大修事件及其协商共治过程分析

本报告聚焦的案例为 2011 年建成的润枫欣尚小区。小区隶属昌平区天南街道奥北中心社区，属于商业住房性质，现有住户 1080 户。当前，一方面小区电梯老化造成设施功能缺失，急需维修。润枫欣尚小区有 6 栋 20 层塔式建筑，每层 3 梯 9 户，共计 18 部电梯。截至 2022 年，所有电梯投入运

① 《老旧小区“加梯地图”正式上线》，《北京日报》2024 年 2 月 29 日，第 5 版。

行已有12年，均不同程度出现控制系统和电器元件老化、主要机械部件磨损严重等情况，故障频发，损坏停运，严重影响小区居民和商户的正常生活和出行安全。2022年底，小区全部18部电梯年检“不合格”，急需大修。电梯监管部门要求电梯停运。另一方面，小区缺乏电梯大修资金，引发物业与业主间的矛盾。按照小区建成时的政策，商业住房性质的房屋不缴纳住宅专项维修资金，这导致当前电梯大修无法使用该资金。在这种情况下，业主与物业公司围绕电梯大修中的出资主体、支付额度、支付方式、资金监管等事项也产生过激烈争议。业主认为所缴纳的物业费已包含电梯大修费用，需要物业公司承担电梯大修费用。而小区物业公司则认为关于物业收费已提供物业服务，且物业公共收益不足，无力支付电梯大修费用。围绕小区电梯大修所引发的业主与物业公司间的矛盾逐渐演变为社区治理和社区稳定问题。本报告运用“过程—事件”分析方法，[①] 清晰呈现润枫欣尚小区电梯大修协商推进的全过程，强调每个阶段中不同主体的行为表现与主体间关系都影响着电梯大修进程。

（一）初期阶段：集资受阻，各方认知差异大，出现争议

按照相关法律和规定，电梯是小区业主的共有设备，一旦出现大的故障需要更换零部件或者大型维修，应当由业主承担所涉及的费用，可由业主委员会根据有关规定，申请动用住宅专项维修资金进行大修。因此，在法理上应由润枫欣尚小区的业主负责并出资大修电梯。但是维修资金巨大，且周边小区没有这类情况的先例，导致大部分业主出资不积极。他们与基层政府部门、物业公司在认知上存在明显的分歧。许多业主认为“我缴了，但是其他人不缴，这事黄了，我找谁要钱去”“钱我缴，但不能给物业，万一物业

① 所谓“过程—事件”分析方法，指的是这样一种社会分析方法，它试图摆脱传统的结构分析或制度分析方法，从社会的正式结构、组织和制度框架之外，从人们的社会行动所形成的事件与过程中把握现实的社会结构与社会过程。参见谢立中《结构—制度分析，还是过程—事件分析？——从多元话语分析的视角看》，《中国农业大学学报》（社会科学版）2007年第4期。

卷钱跑了怎么办”“如果我不缴，是不是最后这个事儿还有人兜底去管”。而属地基层政府部门的态度是“有明确的法律规定，但比较宽泛，具体操作起来存在困难”“电梯维修这件事存在安全隐患和停梯风险，拖不得”“没有可供借鉴的案例”“政府兜不了底，也有其他社区面临这种问题，不能开先例”。物业公司因前期多次与业主就商业住房购电购水的问题产生纠纷，存在公信力不足、与业主有隔阂、动机受业主质疑等问题。

（二）协商共治第一阶段：提炼议题，缩小分歧，促进共识产生

协商共治是通过一系列议题来实现的。议题设定遵循“一事一议”的实施原则，通过设定议题，实现多主体对话沟通，促进共识产生，明确行为规则和权责边界。

议题一：电梯大修费用谁出，政府、物业还是业主？

2022 年 7 月，在天南街道工委的领导下，奥北中心社区党支部牵头，组织润枫欣尚小区物管会、小区物业、小区电梯维保单位、业主等多方主体，共同召开电梯大修资金筹集第一次议事会。通过议事会，各方明确如下共识：第一，小区内 18 部电梯确需大修，否则停运；第二，根据《民法典》《北京市物业管理条例》等有关法律规定，小区电梯大修需要动用公共维修资金，在公共维修资金不足的情况下，该次电梯大修费用由全部业主承担；第三，小区物业公司则按照物业服务合同约定事项，负责做好电梯的日常维修养护。

议题二：业主缴费标准是按楼层还是建筑面积？每户出多少？

相关权责明晰后，电梯大修到底需要多少资金？对此，电梯维保公司结合质检报告，做出电梯维修审核报告，认为每部电梯大修费用为 7 万元左右，每栋楼 3 部电梯，需要资金 21 万元。如何确定缴费标准变成了关键问题。为此，社区召开业主缴费标准说明沟通会，共商共议，对按照建筑面积统一收费标准，还是按照楼层区分缴费标准，这两种缴费标准进行投票。最终动员 944 户业主（279 户线上参与，665 户线下参与；占小区专有面积的 85%，业主数量和面积数量均达到 3/4 以上）参与表决，通过的方案是按照

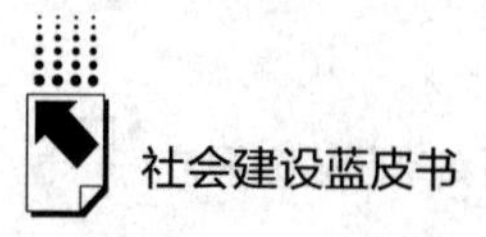

建筑面积（平方米数）缴纳电梯大修资金，根据成本计算每户缴费额度。

议题三：费用交到哪？交给谁？资金安全如何保证？

确定缴费标准及金额后，有关资金安全和监管的相关议题被提上议程。社区党支部组织召开业主大会，由业主、物业公司、施工方、街道和社区等协商共议后，明确不同主体的下一步工作分工。由小区物管会申请独立账户，由物管会、街道以及物业公司共同管理。2022 年 8 月，小区物管会在银行专门开立物管会账户，用于管理小区电梯维修筹集资金。账户开通后，小区物业公司根据台账明确每栋楼每户业主需要缴纳的费用，并联合小区物管会和社区做好全体业主的通知和联系工作。同时，由于小区产权人的特殊性，社区居委会、物业公司和小区物管会于 2022 年 9 月开通“北京润枫欣尚物业”微信公众号，将各楼电梯审核报告、维修预算、维修价格与分摊名册等信息进行公示。

（三）停滞阶段：居民观望

经过第一阶段的协商共治，业主、物业公司、社区和基层政府明确了各自的权责范畴，但仍面临缴费业主占比低的问题。大多数居民持观望态度，缺乏规模效应。从 2022 年 11 月正式启动到同年 12 月底，缴费业主的比例不足 10%。筹资进度缓慢，远远达不到启动电梯大修的标准。通过实地走访、电话和网上沟通，社区发现业主之所以迟迟不愿缴费，主要存在三方面的顾虑：第一，“我缴了，但是其他人不缴，这事黄了，我找谁要钱去”；第二，“我缴了，其他人不缴，但是也照常使用电梯，不公平”；第三，“担心大修后的质量问题，可以缴，但是得过了质保期再把钱给到维修单位”。此时，电梯大修再次陷入停滞状态。

（四）协商共治第二阶段：从早期沟通走向多主体实质性互动

经过第一阶段的协商共治，各方在出资主体、缴费标准、支付方式、资金监管等方面达成共识，但筹资进度缓慢，居民缴费不积极，大修工程再次陷入停滞。为解决这一问题，街道相关部门、社区居委会、物业公司、物管会、社区党员和居民骨干等多元主体展开第二阶段协商共治。该阶段议事重点在于在努力确保电梯不停运的前提下，调动业主积极性，加快缴费进度。

议题一：缴费进度缓慢，如何保证电梯不停运？

在第二阶段协商共治前，小区面临两难困境：一是2022年底昌平区特种设备检测所发出全部电梯即将停运的通知；二是因缴费不足而难以展开电梯大修工程。对此，2022年12月底，社区党支部牵头，组织小区物管会、物业公司及电梯维保公司召开协商共治会，沟通协调在缴费不足的情况下，如何先启动电梯大修，保证居民正常出行。经过多方协商，形成阶段性工作方案；第一，物业公司向前一步主动承担责任，在街道担保的情况下，先行垫资42万元，确保6栋楼中各一部电梯先行启动维修；第二，由社区党支部、居委会及小区物管会进一步做业主的工作，加快缴费进度，待每栋楼费用收缴50%后，启动该楼全部电梯的维修。于是，2023年2~3月启动施工，每栋楼先修复一部电梯，确保居民出行。

议题二：如何破除业主顾虑，改变观望行为，加快缴费进度？

2023年3月20日，在天南街道工委的指导下，社区党支部、社区居委会、小区物管会和物业公司召开协商共治会，推进相关工作。各方系统梳理了前期缴费比例相对较高的1号楼经验后，决定以点带面，积极发挥小区物管会成员、小区党员、居民代表等居民领袖的骨干带动作用，加快1号楼大修资金的缴费进度，树立示范，产生带动效应。对此，社区党支部牵头，专门组织1号楼居民召开多主体协商议事会。议事会达成三点共识：第一，如果电梯大修的事黄了，已缴费的全部退费；第二，电梯大修完成后，刷卡乘梯，不缴费的不能领取乘梯卡，以确保公平；第三，有疑虑的，可以先缴，拿出维修费用的5%作为质保金，过了质保期再交给维修单位。会议消除了居民的顾虑，此后1号楼业主缴费进度明显加快，到3月下旬缴费比例超过50%（3月初仅为20%左右），4月初启动1号楼剩余两部电梯的大修工作。2023年5月10日，1号楼率先完成三部电梯的大修，并在验收合格后投入使用。1号楼的成功为整个小区带来积极的示范效应。2号楼、5号楼紧随其后，3号楼、4号楼、6号楼也先后达到50%

的缴费比例，陆续完成了电梯大修。截至 2023 年 7 月中旬，18 部电梯均已完成大修，通过验收投入使用。至此，共有 954 户业主缴纳电梯维修费用，达到全体住户的 88.3%。后续社区继续加强与居民沟通，做好剩余居民的缴费动员工作。

三 总结讨论

（一）案例小区解决电梯大修问题的主要做法总结

通过上述案例可以发现，在电梯大修事件中协商共治发挥了积极的作用，并形成了一套“谁组织、谁参与、如何展开、目的与原则”的协商共治实践体系，具体如下。

1. 发挥基层党组织在协商共治中的统筹协调作用

在该案例中，小区电梯大修涉及维修资金的筹集问题，仅凭社区自身力量无法解决，奥北中心社区主动申请街道党工委提级办理，回应居民的急难愁盼。天南街道工委在街道层面召开专题会，同时向区有关职能部门问计询策，责成街道物业管理中心全程指导电梯大修事宜，支持社区党支部将各方力量拧成一股绳，充分发挥基层党组织在协商共治中的统筹协调作用。

2. 按照问题导向逐步逐阶段开展协商议事

“谁来议、议什么、怎么议、议后怎么办”一直是议事协商的关键所在。在润枫欣尚小区电梯大修的案例中，由天南街道物业管理中心指导、奥北中心社区党组织牵头，搭建协商议事平台，组织小区业主和物管会、物业公司、维保公司、检测单位等多方主体参与协商议事，在一次次的协商互动中逐步缩小分歧，增进共识。在推进过程中，针对不同阶段的关键问题及矛盾焦点，如在“定责任”“定标准”“破迟滞”“破观望”等问题上，适时召开协商议事会，“情”“理”“法”“利”相结合，最终促进无专项维修资金情况下电梯大修工作的顺利完成。

3. 协商共治的基础在于情感沟通

协商共治不仅是问题解决方法，还是民意沟通方法。电梯大修过程中的很多问题在相关法律法规中都有明确规定，但如何让居民接受"冰冷"的法规，将外部世界的法规纳入社区生活中，就需要发挥协商共治的沟通功能，通过不同权责主体的沟通，逐渐改变居民的原本认知，从而形成更具合法性的议事结果。在此案例中，社区工作者做好居民沟通工作，每人直接负责对接四五十户居民，采取多种方式，一次沟通不成功就多次尝试、反复尝试，用好"笨办法"，沉下心将协商议题及其推进进度及时反馈给居民，用心倾听居民心声，为电梯大修工作的开展打下良好的群众基础。

4. 增强居民参与协商共治的组织性

协商共治实施的关键在于多主体参与，参与主体的遴选遵循所涉议题的利益相关者原则。其中，参与协商共治的居民要有民意代表性。社区社会组织负责人、楼门长、居民志愿者骨干等就成了社区协商共治的居民代表来源。居民观点或立场的多元化对于基层协商共治至关重要。如何求同存异，在多元化的议事主体中寻求共性突破，汇聚基层治理的合力，便成了基层党组织的主攻方向。奥北中心社区党支部充分发挥小区中的"能人"作用，以点带面，实现居民的组织化参与，深刻体现了"社区是个资源绿洲"的社区工作实践原则。在议事协商过程中，如小区业主中的在职党员、政协委员等带头做业主工作，资深会计全程帮助审核测算财务、监管专项账户等。在费用收缴陷入停滞时，社区党支部筹划部署，积极采取措施，发挥社区党员、小区物管会委员和居民代表的带动作用，一方面在业主群中宣传鼓励广大业主尽快缴费，另一方面也对未缴费的业主进行电话回访宣传，重点推进 1 号楼的工作，进而带动其他楼栋的整体进度。由此可见，居民多方协商共治的组织性来源于基层党组织的统筹和协调。

5. 公开透明、监督反馈是协商共治的程序正义

为了保证电梯集资大修的合法性和公开透明，2022 年上半年，天南

街道两次协调区特种设备检测人员现场查看电梯运行状况，为启动18部电梯大修筹资工作提前摸清情况，准备好底册台账；同时，多次向昌平区住建委、法务部门咨询筹集资金的使用流程以及监管过程中存在的常见问题，涵盖预算、审计、分摊、公示等多个环节，确保过程规范有序。另外，在该案例推进过程中，积极用好线上线下平台做好公示答疑，如在楼门宣传栏公示电梯大修信息、缴费标准等；在各楼宇微信群及时公示缴费进度、大修进展；针对业主居民提出的问题答疑解惑，给业主吃上“定心丸”。

上述五点概括对于其他地区开展协商共治和形成制度规范，具有很好的借鉴意义。市场化背景下社区治理中的各种问题并非由单一主体或单一责任方造成的，这反过来就要求社区工作者树立协商共治的治理意识。协商共治既是解决社区治理难题的方法，也是实现不同主体沟通交流的手段，问题谈明了、说开了，在了解彼此的底线和立场后更有利于促进相关行动主体的理性行为选择，在实现问题解决的同时也达到了社区教育的目的。

（二）启发与讨论

通过上述案例分析可以发现，包括街道和社区在内的基层党组织坚持初心，直面社区居民对美好生活的需求，从问题收集、问题诊断，到组织协调和分工落实，党建引领贯穿协商议事的全过程、各环节，随着问题变化而不断调整协商共治内容，最终解决问题。党建引领协商共治，既要增强基层党组织的攻坚克难意识，发挥其作为基层社会治理的领导力量的统筹协调、凝心聚力作用，又要坚持党建引领下的多元主体分工合作，明确各主体的职责边界，通过对话沟通、权责博弈，实现共治。换言之，在市场化背景下，社区利益多样化，居民诉求差异化，参与主体多元化，社区治理既离不开政府公共投入和支持，也离不开市场力量的服务供给，更需要社区居民的广泛认可和参与。因此，协商共治、合作共解是解决当前社区治理难题的正确做法。不过，政府、市场和居民等多元组织力量不能自发地产生合作。在这种情况下，需要基层党组织实施党建引领，围绕满足社区居民需求和实现基层社会治理秩序两个任务，发挥统筹协调作用，推动多主体参与，形成具有地方性的符合当地社情民意的分工合作行动方案。社区共治是介于政府管理与社区自治之间的治理方式，是实现政府高效能社会治理和社区居民有效参与的实践手段。这是中国式基层社会治理现代化的基本模式。

B.4

北京市城市社区自组织调查报告

王思懿　李阿琳*

摘　要： 社区自组织作为社区居民参与社区治理的平台，在培养居民参与意识、扩大居民参与、提供社区服务、促进社区和谐等方面发挥着重要功效。本报告以社会资本状况较好、具有一定代表性的北京市城市社区为例，调查社区自组织的建设现状、与普通居民的关系、与居委会的关系及其参与社区治理的情况。研究发现，北京市城市社区自组织目前主要存在资源较为缺乏，专业支持不足；组织类型单一，覆盖群体有限；提升空间狭小，持续发展困难等问题。基于此，本报告提出安排专业人员，加强社工指导；扩大服务范围，满足不同需求；引入外部资源，加强交流合作等建议，以期为北京市城市社区自组织发展和社区治理提供有益参考。

关键词： 社区自组织　居民参与　社区治理　北京

社区社会组织通常指的是在社区范围内登记、注册、备案并具有一定法律地位和组织架构的正式团体，它们多由社区居委会引导或支持，旨在提供多元化的社区服务，以满足社区居民的广泛需求。[①] 党的十八大以来，党和国家积极推动社区社会组织参与社区治理。2015~2021 年，中央及民政部连续发布多项文件，强调发展、扶持和规范社区社会组织，鼓励其参与基层社

* 王思懿，北京工业大学北京社会管理研究基地研究人员；李阿琳，北京工业大学社会学院社会学系副教授，硕士生导师。

① 尚哲、王艺铭：《基于社区社会组织培育的城市社区自治变革——海淀铁西社区的案例分析》，载《中国社会组织报告（2023）》，社会科学文献出版社，2023。

区治理，并提出具体的发展计划和行动方案。从社区社会组织的发展情况来看，截至2022年底，全国社区社会组织超过175万家，其中约10%在县级民政部门登记，90%由基层单位指导管理。① 相较而言，北京市更早关注社区社会组织培育，截至2022年12月，已备案的社区社会组织达7.5万余家，涉及文体科教、福利服务、治安民调、环境物业、共建发展和医疗卫生等多个领域。②

与社区社会组织的概念不同，社区自组织是在一定的社区范围内介于社区居委会与居民之间，具有独立性，能够自主管理自身事务的一种社区组织形态。社区自组织的成立不需要外部具体行政指令的强制，是社区成员基于自愿原则，为满足某种共同的需要，自下而上自发组建的。③ 与社区社会组织相比，社区自组织的概念更强调居民的主动参与和自我管理。以往研究对社区社会组织的调查与讨论主要集中在已经正式注册备案的组织，而对社区自组织的探讨还较少。为了更好地了解社区自组织的特征及其与普通居民、社区居委会的关系，以及其参与社区治理的状况，本报告选取北京市不同区位、不同类型的社区进行详细调查（见表1），通过访谈社区居民、自组织中的普通成员、自组织中的骨干成员、社区居委会工作人员四类群体，分析北京市城市社区自组织的现状与特征，探讨北京市城市社区自组织发展的困境及原因，并提出相关对策建议。

表1　本报告调查的北京市城市社区及其自组织团队

区域	社区名称	社区类型	社区内部自组织团队
东城区	头条社区	旧城平房小区	舞蹈队、书画队、话剧队等
朝阳区	欢乐谷社区	农民回迁小区	理发小组、磨刀小组、缝纫小组、汽修小组等
西城区	汽南社区	央产老旧小区	合唱队、舞蹈队、插花队、剪纸队、书法队等

① 《我国社区社会组织超过175万个》，https://baijiahao.baidu.com/s?id=1771214126510554328&wfr=spider&for=pc，2023年7月12日。

② 魏朝阳、陈谊等：《社区社会组织参与基层治理的北京实践》，载《中国社会组织报告（2023）》，社会科学文献出版社，2023。

③ 陈伟东：《社区自治：自组织网络与制度设置》，中国社会科学出版社，2004。

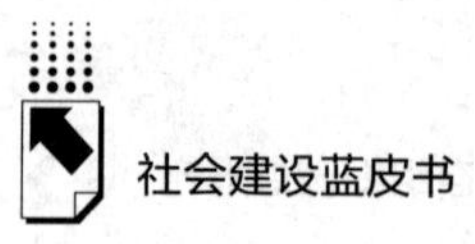

续表

区域	社区名称	社区类型	社区内部自组织团队
顺义区	东方太阳城社区	郊区商品房小区	合唱队、舞蹈队等
通州区	葛布店南里社区	郊区老旧小区	太极拳队、合唱队、环保队、治安队等
通州区	玉桥南里南社区	郊区老旧小区	治安巡逻队、手工队等
通州区	玉桥南里社区	郊区老旧小区	业主委员会等
通州区	玉桥东里社区	郊区商品房小区	合唱队等

一　北京市社区自组织现状与特征

以往对北京市社区社会组织的研究发现，北京市社区社会组织主要涵盖文体、志愿、社区事务、生活服务和慈善公益五类，以服务社区居民为主，覆盖面广但单个规模较小，地域特征明显，且志愿者在其中占大部分比重。[①] 与社区社会组织相同，社区自组织同样存在不同种类，具有覆盖面广、单个规模较小等特点。但与之相比，社区自组织整体存在以下不同于社区社会组织的现状及特征。

（一）北京市社区自组织的基本情况

1. 已有一定存量，但登记注册类社区自组织数量还比较有限

社区社会组织的备案条件逐步发生变化。2009 年，北京市社区社会组织备案需具备成员、名称、负责人、资金、活动内容、活动场所等条件，且要满足文体活动、公益慈善等需求。而到 2021 年备案将其重新定义为由居民发起、服务于社区的社会组织，同时明确了成员数量、活动频次等具体条件，并强调其非营利性质。此后，社区社会组织数量激增，这反映了社区社会组织的认定与统计问题。在备案制度改革之前，大量的自组织没有被认定为社区社会组织。

① 杨桂宏、任凤：《北京市社区社会组织建设状况调查——以 N 社区为例》，载《2020 年北京社会建设分析报告》，社会科学文献出版社，2021。

这也意味着目前社区中实际还存在一些未被认定的草根自组织，需要基层街道和社区积极引导这部分草根组织进行备案并纳入基础数据库。此外，基于对社区自组织备案的调查发现，目前自组织登记注册数量偏低现象的背后可能还存在以下两点原因。首先，当前社区组织的备案数量主要受民政系统的规定。社区在填报社区组织数量时，往往只上报规定的最低数量。超出此数量的社区组织可能难以获得社区的正式备案。其次，部分社区反映备案系统的操作和流程过于烦琐，且每年社区都需要对已有的组织信息进行重新梳理和上传。这可能影响社区对自组织备案工作的积极性。因此，需要探索更为合理和简便高效的社区组织备案流程，积极引导社区对自组织进行备案。

2.类型发展不均，志愿公益性自组织和社区发展类自组织相对较少

目前，北京市社区自组织较多集中在文体娱乐和生活服务方面。例如，头条社区自组织中的舞蹈队、书画队、话剧队；欢乐谷社区自组织中的汽修小组、缝纫小组；汽南社区自组织中的剪纸队、书法队、插花队；东方太阳城社区自组织中的合唱队；葛布店南里社区自组织中的太极拳队；玉桥南里南社区的手工队；玉桥东里社区的合唱队等。当前，聚焦居民互助和社区治理的社区自组织数量相对较少，可能基于以下两个原因。一是在发起者和成员构成方面，社区自组织由社区居民自发建立并发展，主要实行自我管理，其成员很少包括外来志愿者及社区专家等。这可能导致组织类型以大多数居民爱好的文体类为主。二是在与政府和其他组织的关系方面，社区自组织的独立性和自主性更高，它们较少与政府和其他社会组织等存在合作关系，也更少地受到外界因素的干预，尤其是政府的直接影响。这可能导致致力于社区治理的发展类自组织相对较少。

（二）北京市社区自组织的组织特征

1.初步发展机制形成，但增量提质仍需潜心探索

北京市社区自组织的培育发展已有初步路径。从参与对象来看，自组织成员以老年退休女性为主。成员招募主要依赖社区内部的推荐和组织内熟人关系的拉拢，且通常有一定的年龄条件和物质条件限制。在内部管理方面，

自组织内部通常存在积极分子发挥领导作用。这些积极分子可能是原本在某一领域或活动中表现出色的成员。在团队中，他们不仅积极参与各项活动，还承担着与社区沟通的重要职责。但北京市社区自组织仍需在增量和提质两个方面进行探索，需要积极扩大社区自组织的数量并丰富类型，注重吸收不同群体的参与，提高自组织的多样性和专业化程度。

2. 成员参与动机相似，但组织内部关系复杂

居民加入社区自组织普遍是基于个人的兴趣爱好，为了丰富退休生活，满足个人娱乐和锻炼身体的需求。居民拥有恐惧边缘化的共同感受，许多退休社区居民，或许并不擅长团队中的活动，但愿意通过后天学习掌握技能。在自组织内部，成员间的互动既包含积极的合作，也掺杂竞争和冲突。在普通成员之间，他们可能对组织内的表现机会抱有强烈的竞争意识，导致矛盾的发生。在普通成员与积极分子之间，普通成员可能会对积极分子的管理模式和公平性表示质疑，而积极分子则面临成员水平差异大、付出程度不一的管理困境。此外，积极分子内部也存在对领导权的争夺和不容许同时并存多个领导的紧张局面。

3. 组织自主性高，不同自组织间的互动呈现低频特征

社区自组织作为社区治理的重要参与者，本应相互协作、共同促进社区的发展。然而在实际运作中，自组织在组织活动、制定规则、管理成员等方面拥有相对自主的权利，这种自主性虽然使它们能够在各自的领域内灵活运作，但也导致彼此之间少有交集。社区内部各个自组织往往保持较高的独立性，即使在同一社区内，也鲜有跨组织的联合活动或项目。部分社区内部的自组织之间关系紧张，社区自组织之间甚至会爆发矛盾和冲突。居民如果参加其中一个自组织团队，申请加入其他自组织会被拒绝。

二　北京市社区自组织与社区居委会的关系：三种分化类型

以“与社区居委会关系的紧密程度”为标准进行划分，目前北京市社

区自组织主要存在三种分化类型。第一种类型为“紧密型社区自组织”，第二种类型为“松散型社区自组织”，第三种类型为“独立型社区自组织”。其中，第三种类型的自组织与社区居委会暂不存在任何关联，它们完全由社区居民自发成立，独立寻找活动场所，自主开展各类活动。本研究主要聚焦前两种类型的社区自组织，它们与社区居委会的关系直接影响组织的功能定位、发展策略及社区治理的参与度。对这两种类型的深入研究，可以更好地理解社区自组织与社区居委会的关系，为社区治理提供有益的参考和启示。

（一）紧密型社区自组织

这一类型的自组织主要由社区牵头成立，即由社区先挖掘社区内居民进而自发形成的活动团队，社区主导并帮助团队成立自组织，之后交由居民自主运作。该类型社区自组织主要由兴趣爱好团队组成，部分团队同时承担社区志愿服务活动。这类自组织与社区居委会的关联程度极高，它们通常与居委会保持紧密的工作协作和频繁的沟通交流，可以共享社区资源，共同参与社区建设与服务活动。其组织结构、活动安排和资源配置往往能够得到居委会的指导和支持，从而在社区治理中扮演更为积极有效的角色。

1. 与社区居委会保持良好的互动与合作

这类社区自组织与社区居委会之间的关系是一种相互支持、协作共进的良好状态。社区对这些自组织团队给予充分的支持，例如，邀请专业老师对自组织中的兴趣爱好团队进行指导，帮助团队提升技能水平；组织各类活动，为自组织提供展示和交流的平台；在政策和资源上给予一定的倾斜和支持，不仅提供了专门的活动场所，还协调好不同团队的活动时间，确保各项活动能够有序进行。此类型社区自组织中的大部分成员为共产党员和社区老住户，受到原单位宿舍和自身成长经历的影响，表现出高度的个人觉悟和主人翁意识，对社区有强烈的归属感和集体荣誉感。在日常工作中，社区自组织成员能够体谅社区工作人员的辛劳，不会将自己所在的社区与其他社区进行比较，对社区本身也没有过多的要求。虽然由于资源和条件的限制，社区居委会能够提供给自组织的支持还相对有限，但社区自组织与社区居委会总体关系依然和谐，为社区的稳定与持续发展奠定了坚实的基础。

2. 通过社区志愿服务活动参与社区治理

此类型社区自组织不仅致力于自身的发展，也积极承担社区的志愿服务活动。具体而言，自组织成员通过参与社区安排的“值班站岗、社区卫生清理”等社区志愿服务活动参与社区治理。以欢乐谷社区为例，自组织成员参与社区服务活动能够为自己和家庭积攒“社区活动积分”，使用积分可以享受到社区提供的奖励，如社区活动的优先参与权、社区付费产品的使用优惠等，从而进一步激励自组织成员持续参与社区志愿服务。同时，通过志愿服务，自组织也能增强内部成员的责任感和集体荣誉感，有助于组织自身的持续发展。

（二）松散型社区自组织

这一类型的自组织主要为居民自发形成的社区自组织，即完全由居民自发成立，成立过程中不存在任何的社区干预。这类社区自组织由拥有相同兴趣爱好的社区居民自发组织形成，主要由文体类团队构成。该类型自组织与社区居委会的关联程度相对较低，虽然也在社区内开展各类活动，但与居委会的互动并不多，主要依赖成员的自发组织和自我管理。

1. 处于积极向居委会靠拢的阶段

这一类型的社区自组织源于居民内心深处的自发动力，完全由居民自主发起，由社区内部的成员倡导并推动，没有外界的强加干预。目前，自组织与居委会之间的互动还处于较为初级的阶段，联系尚显薄弱，居委会对社区自组织的帮助主要体现在为自组织提供活动场地。在自组织成员的视角中，其认为自身所在的组织给社区带来了积极的宣传效果，居委会虽有时负责为自组织提供活动场地、安排活动时间，但总体的支持仍然不够。在资源分配上，居委会给不同自组织的经费并不平衡，导致自组织成员认为资金分配存在不公平现象。为了寻求支持，自组织正在推动与居委会更紧密的合作，并展现出积极的态度和努力。他们希望通过与居委会的深入沟通和协作，推动自组织的发展，为居民创造更加和谐、宜居的生活环境。

2. 参与社区治理程度较低

此类型自组织中有一部分成员选择主动跟居委会建立良好的关系。他们认为通过与居委会的紧密合作，可以获取更多的资源和支持，进而推动团队的发展。因此，这一部分成员会积极参与社区居委会组织的各类社区志愿服务活动，如定期在社区内站岗值班维护社区秩序，或在社区内部开展捡拾垃圾等环保行动。他们希望通过这些实际行动，向居委会展示团队的价值，从而获得更多的帮助与支持。然而，更多的自组织成员倾向于将精力投入自己的兴趣爱好团队中，专注于团队内部的建设与发展。他们认为，过度参与社区志愿服务活动可能让团队失去自我发展的动力和方向，不利于团队长远发展。因此，从总体上看，这一类型自组织当前参与社区治理的程度还相对较低。

三　北京市社区自组织发展困境及原因分析

（一）不同类型自组织的共性困境

1. 资源较为缺乏，专业支持不足

资源的短缺是制约社区自组织发展的核心因素。资源包括但不限于活动资金、活动场地等，以支持自组织日常运营、活动开展、师资培训等方面的需求。然而，社区所能提供的资源有限，往往难以满足自组织的需求。这种资源短缺的状况不仅影响了自组织活动的质量和规模，也导致社区聘请不到专业人员。而自组织的运营和管理往往需要具备一定专业技能和知识的人员来提供指导和支持。由于社区内具备相关专业技能和知识的人员有限，难以满足自组织对专业人员的需求，造成自组织在活动策划、执行、评估等方面缺乏专业的指导，难以形成有效的运营模式和管理机制，增加了自组织发展道路上的困难。

2. 组织类型单一，覆盖群体有限

当前，北京市社区自组织以文体类兴趣爱好团队为主，且参与人员主要为已经退休的老年女性。这背后映射的是社区自组织类型的单一以及参与主体多样性的不足。首先，社区内工作人员数量有限，且社工往往需要在有限的时间内处理大量社区事务，可能导致他们在拓展自组织活动、吸引更多参与者方面力不从心。其次，退休老年人这一群体虽然在社区中拥有丰富的生活经验和较高的参与度，但他们的年龄结构和兴趣爱好往往限制了自组织活动的多样性和包容性。自组织目前缺乏其他年龄层次和兴趣爱好群体的参与，使得社区自组织的群体覆盖面相对狭窄，难以真正体现社区的多元性和活力。

3. 提升空间狭小，持续发展困难

当前，自组织的运作逻辑已经呈现一种既定的模式特征。社区试图对自组织进行提升，或者发展新的兴趣爱好自组织，往往会遭遇诸多困难。这些困难不仅源于组织内部既有利益的固化，还体现在个体爱好与组织目标之间的难以调和上。例如，有自组织成员表示将个体的爱好发展成组织化的团队比较困难，挖掘其他新的兴趣爱好也存在困境。个体的兴趣爱好往往具有多样性、灵活性和个性化等特点，而组织则需要追求一定的稳定性和效率性。个体的爱好试图转化为组织化的力量，往往会遇到组织规则、资源分配、人员配置等多方面的障碍。若缺乏新组织带来新的思维模式和行动逻辑，自组织可能会陷入一种路径依赖的困境，从而对其可持续发展构成挑战。

（二）不同类型自组织的独特困境

1. 紧密型社区自组织：人力资源不足，志愿者待遇低

深入探讨这一类型社区自组织内部人员构成，不难发现目前各自组织普遍人数较少，且缺乏能够激发组织活力、引领组织发展的狂热爱好者。在任何一个社会组织中，成员的数量、积极性和参与度都是推动其发展的关键因素。这种人力资源的缺失，不仅使自组织在动力上显得疲软，更在积极性和执行力上受到制约。同时，现存自组织成员普遍感受到，缺乏能够以身作则、带动团队氛围的积极分子。这种组织内积极分子的稀缺，影响了组织的日常运作和决策执行，更在深层次上阻碍了组织的创新和进步。此外，由于社区

缺乏资金，自组织成员参与志愿服务时所享受到的物质待遇也较低，许多居民和有专业技能的人员往往不愿意参与自组织的志愿服务活动，直接影响了志愿者的积极性和参与度。由于待遇问题始终得不到妥善解决，许多志愿者开始选择沉默，不愿再向社区反馈他们的需求和困难，这无疑加剧了人力资源的短缺、志愿服务质量的下降和社区自治程度的降低，造成不良循环。

2. 松散型社区自组织：团队凝聚力弱，缺少官方保障

这一类型自组织团队中成员间的参与度、投入度以及责任感呈现显著的差异。大多数团队成员的参与初衷往往带有强烈的娱乐色彩。他们享受集体活动带来的乐趣和社交体验，而当组织面临实际挑战或困难时，则更倾向于采取回避策略而非积极应对。这种心态导致团队内部形成了“积极—消极”的二元对立格局，一部分成员热情投入，为实现团队目标不懈努力，而另一部分成员则几乎不承担任何责任，成了名副其实的“搭便车者”。这种团队内成员分化现象使得团队中的积极分子感到失望和挫败，他们认为团队管理变得异常困难，整个团队难以形成有效的合力。此外，当前团队资源主要依赖内部成员自发提供，规则由成员内部自定。这种方式在日常运作中显示出灵活性和高效性，成员能基于专长和兴趣迅速响应。但从长远来看，这种运作方式也存在脆弱性和不足。例如，内部成员可能因为个人原因或工作重心调整，无法持续稳定地为团队提供力量，对团队的持续性造成影响。同时，团队缺乏官方的支持和保障，意味着团队可能了解不到更多有关社区发展的政策和资源，难以获得外部的专业帮助和资源补充，增加了团队的运营难度和风险。

四　北京市社区自组织发展建议

自 2009 年起，北京市民政局陆续发布一系列文件规范社区社会组织备案、监管机制，并明确其培育发展的方向（见表 2）。基于以上发展对策及对北京市城市社区自组织现存问题的分析，本报告提出以下帮助北京市城市社区自组织发展的建议。

表 2　2009～2021 年北京市民政局发布的关于社区社会组织的文件

发布时间	文件名称	主要内容
2009 年 12 月	《北京市城乡社区社会组织备案工作规则(试行)》	规范城乡社区社会组织的备案工作,明确组织的备案条件、程序及职责,提高组织活动质量,完善组织服务功能,让社区社会组织在和谐社区建设中发挥积极作用
2011 年 8 月	《北京市社会组织重大事项报告的若干规定》	明确规定了在市、区(县)社会组织登记管理机关登记的社会团体、民办非企业单位和基金会需报告的重大事项,包括重大事件和重要活动,初步建立起包括社区社会组织在内的社会组织自律、监管机制,旨在加强社会组织的管理和服务
2014 年 1 月	《关于大力发展城乡社区社会组织的意见》	明确了培育社区社会组织的指导思想和措施,并以满足社区居民多元需求为目的,通过鼓励扶持和分类管理,推动社区社会组织健康有序发展,进而发挥其在社区服务、基层治理、文化培育等方面的积极作用,支持社区社会组织对基层社会治理进行创新
2016 年 1 月	《北京市社会组织信用信息管理暂行办法》	规范了社会组织信用信息管理,要求推进社会组织自律诚信建设,构建社会组织综合监管体系。明确了社会组织信用信息的定义、分类、记录、发布、使用和管理等各个环节的具体要求,确保社会组织信用信息的完整性、准确性和及时性,并促进社会组织信用信息的共享和互联互通
2019 年 9 月	《关于培育发展社区社会组织的实施意见》	加大对社区社会组织的资金项目支持,强化联合会作用,推进社区社会组织孵化基地建设。对社区社会组织实行精准匹配供需,加强人才培养,优化备案流程
2021 年 12 月	《北京市社区社会组织备案工作规则》	制定了详细的备案工作规则,包括明确社区社会组织的定义、备案工作的原则、涉及的单位和职责,以及具体的备案条件、所需材料、备案流程等,确保社区社会组织健康有序发展

(一)北京市社区自组织发展整体建议

1. 安排专业人员，加强社工指导

由于社区自组织多由居民自发组成，其成员的专业性和组织结构的合理性等方面往往存在一定的局限性，因此需要引入专业人员对社区自组织进行

指导和支持。在社区内部，可以选拔具有相关经验和专业知识的居民担任社区自组织的指导人员。这一部分居民熟悉社区环境、了解居民需求，能够为社区自组织提供更贴近实际、切实可行的帮助。同时，社区还可以根据中共北京市委社会工作部的政策建议，通过政府购买服务的方式委托具有专业能力的社会组织承接运营，引入具有丰富经验的专家和人才实施专业督导，让符合条件的专业社会工作者提供服务，帮助培育社区特色项目。

2. 扩大服务范围，满足不同需求

在当前社区自组织服务体系中，参与对象和服务对象聚焦老年群体。然而，社区作为一个复杂的社会系统，其成员结构具有多样性，需求也具有多元化特征。因此，需要逐步扩大服务范围，满足不同群体的需求。同时，在扩大服务范围的过程中，社区自组织应注重吸引年轻群体加入。年轻人作为社区的新生力量，他们的参与不仅可以为社区注入新的活力，还能给社区自组织的发展带来新的思路和创意。因此，社区自组织应积极探索与年轻群体的沟通方式，了解他们的需求和期望，并通过举办各类活动、提供实践机会等方式，激发他们的参与热情，吸引他们成为社区自组织的重要成员。

3. 引入外部资源，加强交流合作

首先，应积极链接第三方资源，引入更多外部力量。这些外部力量可能来自企业、社会组织、政府机构等，其各自拥有独特的资源和优势，能够为社区自组织提供资金、技术、人才等多方面的支持。同时，应强化资源联动，加强与社区社会组织联合会等部门的联动，充分利用各领域的基层社会工作资源。其次，要加强与外部团队之间的交流合作。社区自组织在发展过程中，可能会遇到各种问题和挑战，而这些问题和挑战的解决往往需要借鉴外部团队的成功经验和做法。通过加强与其他团队之间的交流合作，可以促进信息共享和资源整合，使社区自组织更快地适应环境变化、应对挑战。

（二）不同类型自组织的发展建议

1. 紧密型社区自组织：加大宣传力度，激发居民热情

首先，需要开展深入的社区调研，了解居民的实际需求和兴趣点，以便

在宣传中更准确地把握居民的心理。在宣传方式上，一方面，可以通过传统的海报、横幅、广播等方式，在社区内广泛宣传社区自组织的活动和服务，让居民对社区自组织有更加深入的了解和认识。另一方面，可以借助互联网中的社交媒体等新平台，发布活动信息、分享经验案例、展示活动成果，吸引更多年轻人的关注和参与。其次，为激发居民的参与热情，可以根据居民的兴趣和特长，多为组织举办活动和比赛、设计不同类型的项目，如文艺演出、体育竞赛、手工制作等，让居民在参与中感受到乐趣和成就感。此外，社区还应该尽可能支持组织参加社区外部活动。通过参与社区外部活动，组织成员可以更加深入地了解社区的发展动态和社会环境，开阔自己的视野和思路，同时也能提升社区自组织的知名度和影响力，为社区自组织的发展创造更多的机会和平台。

2. 松散型社区自组织：营造和谐氛围，加强社区参与

首先，通过组织多样化的活动，例如节日庆典、邻里聚餐等文化娱乐活动，或环保清洁、老人关爱等社区服务项目，让居民在共同参与中增进互动和信任，形成更为紧密的社区关系。同时，需要明确共同目标，让每一位成员都清楚自组织的发展方向和愿景，从而激发大家的归属感和使命感。此外，建立激励机制，通过表彰优秀成员、设立奖励制度等方式，鼓励大家积极参与自组织建设。其次，提高自组织参与社区治理的程度，积极与官方机构建立合作关系。自组织成员可以主动参与社区组织的志愿服务活动，增加与官方机构交流的机会，了解到更多有关社区组织发展的政策和资源，从而申请更多的项目资助和资金支持，确保社区自组织的顺利运作。同时，这种合作关系的建立需要双方共同努力，通过定期的交流与沟通，了解彼此的需求和期望，共同制定合作计划和实施方案。

总之，社区不仅是一个地理空间的划分，更是居民之间直接互动、形成共同认知和归属感的重要场域。社区作为社会的一个缩影，其内部成员间的相互交往、合作与冲突，构成了社区生活的丰富纹理。在这样的背景下，社区自治对于构建稳固、和谐的社区共同体具有举足轻重的意义。本报告聚焦社区自组织的现状，旨在深入理解其内在动力和发展逻辑。通过探究社区自

组织的现状，更清晰地看到社区在自我服务、自我治理方面的实际运作情况，进而揭示社区自组织在构建社会治理共同体过程中所面临的制度条件与挑战，有助于将社区各主体纳入社区参与中来，积极推动社区管理和服务体系建设，更好地满足居民的需求，增强社区的凝聚力和活力，促进社会的稳定和可持续发展。

B.5

北京市社区生活垃圾分类策略研究：社区动员与物业服务*

李 阳　刘 波　郭施宏**

摘　要： 2023年北京市政府工作报告提出要持续抓好垃圾分类、物业管理两件“关键小事”。社区是物业服务和生活垃圾分类收集的主要场域，本报告通过对包括老旧社区、商品房社区、混合型社区在内的7个社区进行调查研究，发现新修订的《北京市生活垃圾管理条例》实施以来，生活垃圾分类模式从“社区居民为主”转向“社区物业为主”，以物业企业为代表的市场主体在生活垃圾管理的全过程中发挥的作用日益凸显。尽管不同类型的社区在资源禀赋等方面存在一定差异，但是在垃圾分类策略上逐渐出现趋同趋势，即兼顾居民动员与市场服务。研究认为，在缺乏强制性约束并且正向激励的持续性不足的情况下，有必要推广物业联盟模式，加强对物业企业的指导和管理，促进物业企业间信息和资源流动，从而激活和增强物业企业在社区生活垃圾分类等基层治理事务中的作用。

关键词： 垃圾分类　居民动员　物业服务

生活垃圾分类是建设生态文明和美丽中国的重要举措，提高生活垃圾

* 基金项目：北京市社科基金项目“共建共治共享理念下垃圾分类的多元主体参与机制研究”（项目编号21SRC018）。

** 李阳，博士，北京工业大学社会学院社会学系讲师，研究方向为环境社会学；刘波，博士，国家电投集团智慧能源投资有限公司（碳资产管理公司）规划研究部助理研究员，清华大学应急管理研究基地兼职研究人员；郭施宏，博士，北京工业大学社会学院社会工作系校聘教授，研究方向为政策过程、环境社会学。

的减量化、资源化比重有助于提高资源利用效率和降低碳排放水平。北京市将生活垃圾分类作为评价超大城市现代治理水平的重要指标，《北京市国民经济和社会发展第十四个五年规划和二〇三五年远景目标纲要》提出按照减量化、资源化和无害化原则，基本建成垃圾分类收运、资源化处理和市场化运营体系，努力打造超大城市垃圾分类治理的标杆。2020 年 5 月，新修订的《北京市生活垃圾管理条例》（以下简称《条例》）正式实施，标志着北京市进入生活垃圾分类新阶段。《条例》实施以来，生活垃圾分类的相关科普宣传、培训指导、主题活动、监督检查开展得如火如荼，但是田野观察所见及居民访谈所述与政府宣传形成反差。一方面，政府调查显示生活垃圾减量、厨余垃圾分出率及居民满意度三项指标数据不断优化；另一方面，田野调查发现一些社区垃圾混投、混扔现象仍旧普遍存在，辖区居民未能主动和持续地进行生活垃圾分类。对此，为掌握上述现象的成因，探索社区生活垃圾分类的长效机制，推进垃圾分类工作走实走深，本研究对北京市 7 个居民社区进行实地调研。这些居民社区涵盖商品房社区、单位制社区、混合型社区和老旧社区 4 种不同类型。通过分析不同类型社区多元主体的垃圾分类实践，提出相关对策建议以提升垃圾分类的治理水平。

一　北京市生活垃圾分类现状与趋势

（一）从运动式治理到长效机制

北京市统计局及城管委发布的调查数据显示，《条例》实施以来北京市生活垃圾分类效果显著。《条例》实施一年后，北京市 90.7%的被访者对所在小区（村）垃圾分类工作表示满意；[①]《条例》实施两年后，北京市生活

① 《垃圾分类成效明显——北京市城乡居民垃圾分类意识及现状调查报告》，北京市统计局网站，https://tjj.beijing.gov.cn/tjsj_31433/sjjd_31444/202105/t20210513_2388584.html。

垃圾减量近30%，可回收物回收量增长近1倍，生活垃圾回收利用率达37.5%，居民满意度达92.2%，参与率达99.4%；[①]《条例》实施三年后，居民垃圾分类知晓率达99.3%，居民垃圾分类参与率达98.9%，居民垃圾分类满意度为93.5%，生活垃圾回收利用率超38.5%。[②] 根据北京市统计局公布的历年调查数据，社区推动垃圾分类的措施及变化情况如图1所示。整体来看，基础设施、宣传指导、桶站值守等指标保持在较好的水平区间内。从变化情况来看，一些指标有回落情况，其中一些指标回落具有合理性，如"增加装修垃圾、大件垃圾投放点"指标在已建成的基础设施能够满足居民需求后必然下降。但是有些指标回落反映出垃圾分类的可持续性有待加强。被调研社区的工作人员印证了这一问题："由于财政在这方面有紧缩的倾向，所以后劲就不是很足。居民觉得只能兑换垃圾袋，垃圾袋不值钱，就觉得政府和社区不重视了，他们也可以不重视了。"[③]

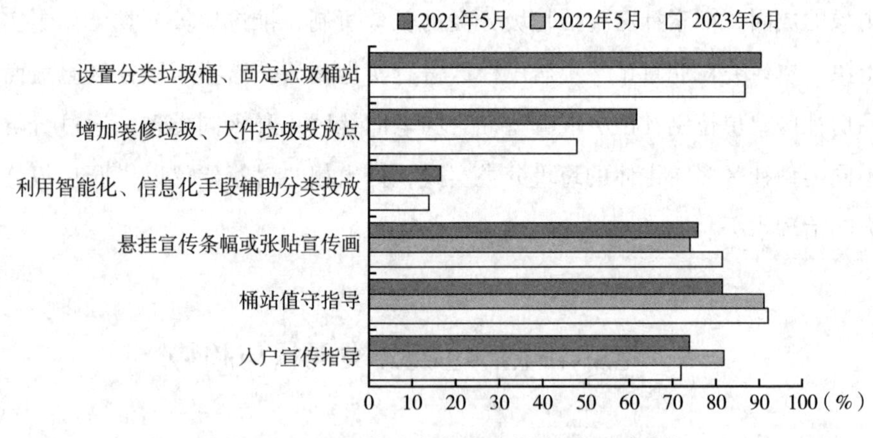

图1　2021~2023年北京市社区生活垃圾分类指标

① 《垃圾分类两周年成绩单来了!》，北京市人民政府网站，https：//www. beijing. gov. cn/gongkai/shuju/sjjd/202205/t20220520_ 2716923. html。

② 《垃圾分类三周年成绩单来了!》，北京市统计局网站，https：//tjj. beijing. gov. cn/tjsj_ 31433/sjjd_ 31444/202306/t20230602_ 3120020. html；《新版〈北京市生活垃圾管理条例〉实施三年 1.6 万个小区村全面实施垃圾分类》，北京市人民政府网站，https：//www. beijing. gov. cn/ywdt/gzdt/202305/t20230510_ 3091631. html。

③ 资料来源：社区工作人员访谈记录。

事实上，《条例》实施以来，相关部门及各区、街镇、社区从前端分类收集、中端清理运输到后端处理全过程推行了一系列举措，实现了垃圾源头可溯、精准计量和终端远程可视化监管。例如，朝阳区制定《朝阳区生活垃圾分类工作行动方案》并开展如下行动：在基础设施方面，开展垃圾桶站标准化改造，推进垃圾楼、中转站、分拣中心、焚烧建设项目等设施增补和改造，足额配备密闭式清洁站及配套车辆；在清运处理方面，协调环卫中心，与具有资质的收集运输单位签订服务合同，配备直收直运车；在制度方面，建立“日检查”“周调度”“月考核”“专题调度”等工作机制，建立垃圾收运工作台账，开展垃圾分类示范片区创建。

但不可否认的是，当前不少居民和社区工作者反映垃圾分类政策实施力度减弱、居民自主分类动力下降。“垃圾分类主要还是2019年5月，差不多有半年时间主要围绕垃圾如何分类，主攻这项工作。那会每周都得碰头开会……（现在）相比较2019年是没有那么大力造势了，但是其实垃圾分类的工作也一直在做，更多的是物业这块在做。”①

调研发现，《条例》实施初期基层政府及社区居民委员会非常重视社区居民动员。一方面，通过普及分类知识，引导居民对生活垃圾进行自主分类；另一方面，通过政策宣传提升居民配合度，减少“垃圾下楼”“合桶并站”等一系列举措的实施阻力。随着一系列容易引起居民投诉的前期工作目标完成，同时在物质激励方面的资源投放力度减小，社区难以持续地通过居民动员实现自主分类，因此基层政府将工作重心从社区居民转向物业企业等市场主体。在社区居民主动独立进行垃圾分类效果欠佳的情况下，各级政府的上述持续性举措如何转化为垃圾分类政策的长效性和可持续性，从而避免垃圾分类成为一阵风，这是目前亟待解决的问题。

① 资料来源：社区工作人员访谈记录。

（二）分类效果分化与机制趋同

2020~2024年，本研究对北京市3个街道的7个社区进行实地研究，通过访谈法和观察法对社区各主体在生活垃圾分类中的具体实践进行调研。调研涉及的7个社区在产权属性、居民异质性、社区参与意愿、整合程度、资源禀赋等维度具有较大差异，各社区垃圾分类概况如表1所示。其中，高端商品房社区主要由物业公司进行生活垃圾分类，桶站清洁和二次分拣情况最好。单位制社区主要依靠居民志愿者，再补充力所能及的物业服务。此类社区的垃圾分类总体情况受到居民所在单位的影响，如果单位依然存在且发展较好，则居民构成稳定、垃圾分类效果较好；如果单位破产或被兼并重组则居民流动性较强、构成复杂、垃圾分类效果较差。混合型社区大多按片区管理，是上述状况的结合。尽管上述社区在垃圾分类的效果方面呈现较大差异，但是总体来看，调研社区的居民主动独立分类情况不佳，混投混扔现象比较普遍。但是所有调研社区的生活垃圾在进入垃圾楼之前，都已分类达标。原因是物业保洁人员或桶站值守人员对居民混投的生活垃圾进行了二次分拣。这表明居民动员和市场服务相结合是当前北京市社区生活垃圾分类的核心机制。

表1　调研社区概况

编号	社区类型	社区特征	垃圾分类概况
1	高端商品房社区	业委会成熟	进入垃圾楼之前，分拣达标；物业公司二次分拣
2	老旧社区	中端经济适用房	进入垃圾楼之前，分拣达标；物业和第三方公司二次分拣
3	老旧社区/单位制社区	国企由盛转衰	进入垃圾楼之前，分拣达标；观察未见分类
4	老旧社区	市场主体介入	进入垃圾楼之前，分拣达标；物业公司二次分拣
5	混合型社区	9家物业公司+1家准物业公司	进入垃圾楼之前，分拣达标；观察未见分类；居民反映无人分类

续表

编号	社区类型	社区特征	垃圾分类概况
6	混合型社区	回迁小区+普通商品房小区+高端商品房小区+军队大院	进入垃圾楼之前,分拣达标;观察未见分类
7	混合型社区	集团单位小区+平房区+军政单位小区	进入垃圾楼之前,分拣达标;物业和第三方公司二次分拣

（三）居民动员与市场服务共融

社区差异并未导致社区生活垃圾分类策略和路径的分化，而是体现出兼顾“居民动员”与“市场服务”的趋同性。

一方面，社区居委会积极开展居民动员，通过宣传分类政策、科普分类知识、举办社区活动以促进居民对垃圾分类政策的接纳，提升居民分类意识，引导居民分类行为，减少“垃圾桶下楼”“垃圾桶出库”“合桶并站”等具体措施的阻力。另一方面，物业服务企业等市场主体不同程度地介入社区内的生活垃圾清扫、收集、运输环节和社区外的垃圾处理及循环利用等领域。各社区的生活垃圾分类实践表明，居民动员和市场服务对于社区生活垃圾分类的可持续化不可或缺。

自 2020 年 5 月《条例》实施以来，物业企业成为社区生活垃圾分类的重要责任主体，与基层政府联系更加密切。垃圾分类和物业管理成为城市治理中两个“关键小事”，物业企业已逐渐成为基层政府除社区居委会以外的另一臂膀，在推动城市精细化治理过程中发挥日益重要的作用。

二　生活垃圾分类的社区动员

相关研究表明，社区居民对垃圾分类的实际价值与道德价值认同程度越高、所感知到的个体控制力和舆论影响力越强，居民参与分类的程度也越高。[①] 然而

① 徐林、凌卯亮、卢昱杰：《城市居民垃圾分类的影响因素研究》，《公共管理学报》2017 年第 1 期。

在实践过程中，从认识上认同垃圾分类的必要性、了解生活垃圾分类政策到行动上支持垃圾分类的各项工作、开展日常生活垃圾分类，这一过程受到结构性、情境性等多种因素影响，并非认同垃圾分类政策就能够主动进行分类。调研中有社区工作人员谈及“他（居民）说垃圾分类是好事，但是他不理解的点在于为什么撤桶”。在推动生活垃圾分类政策的过程中，垃圾桶下楼、桶站数量及位置设置、厨余垃圾破袋入桶等具体实践都可能对居民生活的便捷性和舒适性造成影响，这也是居民层面形成政策实施阻力的主要原因。因此，需要对居民进行动员，推动将环保意识转化为环保行为。目前，开展有效动员的机制主要是人情驱动的差序动员逻辑、绩效驱动的势能累积逻辑和居民议事协商的程序动员逻辑。

（一）人情驱动的差序动员逻辑

在社区各类组织中居委会与居民联系最为紧密，在日常社区管理和服务中，社区工作人员自觉或不自觉地培养起与居民的人情关系，成为居委会对居民进行有效动员的基本逻辑。

首先，具备人情基础的社区工作人员在宣传生活垃圾分类政策时，居民更容易接受和支持。“比如，您和我一起去敲居民的门，咱俩能达成的效果是不一样的。您拿着东西去宣传垃圾分类，可能居民会骂，但是我们拿着东西去，可能居民就觉得可以支持。那是因为我们长久地跟他们在一起做各项工作，让他们有一种信任感。”①

其次，社区生活垃圾分类政策实施过程中可能产生“邻避效应”。例如，桶站设置虽然有密度和位置的相关规定，但是在公共空间狭小的社区中，容易引发居民纠纷和投诉。此类问题需要居委会进行协调。调研社区的工作人员讲述了一例此类纠纷的解决过程。“因为桶离（他家）很近，说夏天味道很大。想把它挪到楼的侧边，但那边是过行人的，但凡路过那儿都有影响。而且回迁房小区很小，公共空间没那么大，所以说要放在过道那肯定

① 资料来源：社区工作人员访谈记录。

也不太行。那会儿（使用）各种方式方法，跟他尽可能地混成熟人的关系，不管是义务理发还是什么的，基本都想着他们家，拉近关系之后才更好谈。其实最后也没有移开多少，也就移了一两米，只不过之前是正对着窗户，后来因为旁边原来有车位，把车位换了一下。后来我们也问了，就是说我们挪过来之后，有没有什么味儿。人说没事就这样了，也没说别的了。”①

最后，居委会发挥协调居民与物业关系的作用。尽管在一些垃圾分类的成功案例中物业发挥了重要甚至决定性作用，但是总体来看物业更擅长解决“技术问题”，而居委会更擅长解决“人的问题”。“存在一些物业跟居民无法沟通（的情况）。因为你并不知道他今天是因为这件事对你发脾气，还是因为过往的事他才跟你发脾气，所以你其实并不清楚，有的时候就需要居委会搭建这个平台。”②

（二）绩效驱动的势能累积逻辑

人情驱动的差序动员逻辑在单位制社区和老旧社区中较为常见，邻里之间因工作和共同居住时间较长而熟识，易形成熟人社会。但是在商品房社区，居民流动性强，居民之间和居民与居委会之间联系较弱。社区工作人员谈道：“可能回迁房这块更多地靠街坊邻居，那会有一个志愿者在桶前值守，因为像咱们的志愿者也都是以回迁房的住户居多，所以人家一看老街旧坊在桶前值守，也就不好意思说什么了。”③

商品房社区开展居民动员的主要逻辑是绩效驱动的势能累积逻辑，即社区的服务提供者通过服务绩效的累积，形成对居民的影响力。以本次调研的商品房社区为例，该社区居民受教育程度和收入水平较高，维权意识较强。居委会推进生活垃圾分类的具体实践在缺乏明确和详细的政策支持时，居民产生怀疑甚至进行抵制。

“我们这块所有的垃圾下楼了，我大概坚持了一个多月的时间，包括

① 资料来源：社区工作人员访谈记录。

② 资料来源：社区工作人员访谈记录。

③ 资料来源：社区工作人员访谈记录。

纪委也找我，因为我遭受大量的投诉，垃圾分类（政策）里面没有要求垃圾必须下楼，但是垃圾如果放在楼道里，是没法分拣的。你想楼道里才多大地方，而且还有大量的隐患，比如火灾。过了这一个月之后，因为这些人（业委会）的努力，才做到。但同样是垃圾下楼，在其他两个社区没做到。原因很简单，当地的业委会不支持垃圾下楼，在垃圾分类没有明确规定的时候可以选择。”①

上述案例表明业委会可以成为动员居民的一支重要力量，但是不同社区业委会的影响力具有较大差异。当业委会在过去的公共事务中取得显著绩效时，才具备较强的动员能力，反之则影响甚微甚至起到负面作用。

“赶上我们小区正好有一次大的公维，那次花了 3000 多万元维修外墙。业委会找做房地产开发的人帮忙审这份合同，节省了 300 万元的施工费用，直接给业主省了 300 万元，那是第一次我觉得我们能为业主争取很大的利益……让我特别引以为豪的是 2017 年的教改维权……从那件事以后，我发现越来越多的业主认可业委会的工作，知道我们确实是在为业主发声，知道我们确实在认真地为业主做事，扭转了他们对业委会的态度。”②

（三）居民议事协商的程序动员逻辑

社区议事协商是基层群众参与社区治理的实践行动。③ 居民议事协商通过推进基层直接民主制度化、规范化、程序化，保障了社区居民的知情权、参与权、表达权、监督权，从而从根本上化解社区矛盾纠纷，实现社区的和谐有序运行。④

---

① 资料来源：社区工作人员访谈记录。

② 资料来源：社区业委会委员访谈记录。

③ 赵静、段莹、张晴：《社区协商议事的实践形式与机制建构——以山东省济南市槐荫区青年公园街道社会工作服务站为例》，《中国社会工作》2023 年第 13 期。

④ 黄家亮：《北京市海淀区“社区会客议事厅”通过民主协商化解社区矛盾纠纷研究》，载袁振龙主编《北京社会治理发展报告（2020～2021）》，社会科学文献出版社，2021，第 220～233 页。

北京市是全国社区议事协商发展的引领者，从政策到实践已取得明显成效。在垃圾分类政策推行的过程中，居民议事协商也成为居民动员的有效工具，通过建立程序合法性引导居民形成主流态度与意见。

“其实开居民议事会也是为了让大家反对意见小一些。因为只要一说这是大多数居民的意见，有些人也就不说什么了。可能参加居民议事会的这些人，自己就会做一些宣传，周围的人就能知道。比如108号楼的垃圾桶，议事会都是108楼的居民参与的，因为大趋势是合桶并站，肯定要实施的。现在讨论什么？就讨论这个桶放在哪，而不是讨论该不该合桶并站，所以说跟他们聊的时候也是，合桶是必须的，咱讨论的是桶放哪。”①

三 生活垃圾分类的物业服务状况

（一）从被动员者到管理责任人

2020年，北京市出台两个条例，压实了物业企业的主体责任。《北京市生活垃圾管理条例》规定北京市实行生活垃圾分类管理责任人制度。城市居住地区，包括住宅小区、胡同、街巷等，实行物业管理的，由物业管理单位负责。相关部门应当督促物业服务企业依法履行生活垃圾分类管理责任人义务。《北京市物业管理条例》规定物业服务人未履行生活垃圾分类管理责任人责任的，由城市管理综合行政执法部门依照生活垃圾管理法律法规予以处理。

“咱们工人（检查垃圾分类的政府工作人员）7点就进入现场了。检查设施分类材料不全的，都会跟着扣分。扣分就是扣钱呢，你看下边那个表有的就没填全，差一天4分，4分就扣400块钱。”②

“考核对于社区还好，更多的是对物业的考核。作为社区这块，考核的

① 资料来源：社区工作人员访谈记录。

② 资料来源：社区保洁队队长访谈记录。

是宣传是否到位，老百姓知不知道垃圾分类这个事儿，社区有没有动员志愿者去宣传，去做桶前值守这件事。”①

（二）物业形态与服务水平

当前，北京市各类社区的物业情况差别较大。从物业数量来看，有的社区内具有多家物业企业，各物业企业分管不同片区；有的社区则没有物业企业，由社区托底管理，仅提供基本的社区服务。从收费标准和服务水平来看，有的社区物业费为每月每平方米近 3 元，服务内容多样且服务水平较高；有些社区物业费每月每平方米低于 0.5 元，仅提供基础的物业服务。按照进入社区的形式和物业服务提供者的性质，又可分为开发商物业、单位物业、业主委员会选聘物业等。

总体来看，高端商品房社区有唯一固定或数量较少的物业企业，收费水平较高，物业企业资金雄厚，在推行社区生活垃圾分类过程中，能够提供更换标准桶的资金支持、桶站清洁和二次分拣的人力支持、政策宣传和知识普及与居民劝解等服务支持，所在社区的生活垃圾分类情况较好，但居民参与程度较低。单位制社区和老旧社区情况比较复杂，有的依靠居民自主分类，有的依靠社区聘请保洁进行二次分拣，垃圾分类水平参差不齐。

“（高端商品房）这块是由物业主推的，所以我们相对省心得多。并且物业做的解释工作也特别到位，他们的工作人员会跟居民耐心地解释。当时也涉及合桶并站，把地下车库的桶撤了、地上的（垃圾桶）也合了。原来上班拎着垃圾下楼，开车就走了，路线是比较顺的，现在居民得单独先下到一层扔一趟，然后再去车库开车。其实推动的难度也挺大的，因为这需要改变个人习惯。”②

“其实我们现在好多工作都是在替物业干的，出入口值守要有物业就应该是物业做，停车管理这些也应该是物业做，包括环境卫生也是。好多居民

① 资料来源：社区工作人员访谈记录。

② 资料来源：社区工作人员访谈记录。

投诉环境卫生差，我们就说这楼有物业，然后打了物业（电话），物业说没收物业费，可以不用清洁，我们就得来兜底清洁。”①

（三）物业企业的实践与局限

在本次调研社区中，参与范围最广、程度最深的物业企业不仅直接提供清洁、值守、二次分拣等服务，而且在政策宣讲、知识普及、意识提升、行为引导、物资供给、经费支持等方面都有参与。

一方面，社区物业企业组织主题宣讲会，普及垃圾分类政策。招募居民志愿者协助物业公司检查垃圾桶站卫生，并监督、引导居民开展日常垃圾分类行动，志愿者可以获得每小时 7 元的补助。针对居民垃圾分类知识不足的问题，物业在社区中开展专题活动，通过垃圾分类小游戏、发放垃圾分类宣传材料、赠送礼品等形式，提升居民对垃圾分类的关注度以及相关知识的掌握程度。此外，物业还开展了积分兑换活动，当每日积分达到一定分值后，即可换取相应的礼品。物业公司统计数据显示，经过半个月的积分打卡活动，居民参与 684 人次，分拣生活垃圾 860 公斤。社区厨余垃圾从活动前的 6.4 桶/日上升至 7.6 桶/日。②

另一方面，物业企业直接提供社区环境保洁、垃圾分类清运等服务。物业着重提升自身的保洁服务质量，增加清运频率，最大限度保障桶站周边没有垃圾落地。社区环境卫生得到改善，居民对环境治理效果满意，反过来也会提升垃圾分类参与意愿。此外，物业企业还参与分类收集环节，将分类垃圾桶中的垃圾分类转运至社区垃圾中转站。

总体来看，物业企业在社区生活垃圾分类中的作用更为直接，在更换标准桶等方面的资金投入、在桶前值守和分拣方面的保洁人力投入都能直接地显著提升社区生活垃圾分类的效果。但是，物业企业作为市场主体以营利为目的，物业企业在政策实施中的参与意愿和参与能力受到政策支持和收益回

---

① 资料来源：社区工作人员访谈记录。

② 资料来源：社区物业经理访谈记录。

馈方面的影响。例如，“劲松模式”通过基础物业费、配套商业用房租金收入、停车费用及街道补贴（主要是垃圾收缴费用）使企业的投资利润达到6%~8%，解决了企业投资回报低的问题，促进了市场资本的参与。[①] 需要注意的是，不同老旧社区的资源禀赋存在较大差距，特别是公共空间带来的收益，因此在引入市场主体时应当兼顾资源不足的老旧社区，避免社区分化进一步扩大。

四 社企联动中的物业联盟模式

（一）案例概况

2019 年，朝阳区提出“基层建设年”三年行动计划，建设物业“红色体系”。在此背景下，南磨房地区办事处指导辖区内 48 家物业企业成立物业服务企业联盟，先后选举联盟理事长、理事单位、成立党支部。其组织架构如图 2 所示。为进一步提高地区整体物业管理水平，更好地发挥物业企业在城市社区治理和为民服务中的作用，物业联盟组建了供暖、电梯、绿化专业技术团队，协助物业企业联合会诊，查找并解决问题。

（二）社会功能与运行机制

物业联盟的主要功能在于管理协调成员单位，以及促进成员单位之间的信息和资源流动。在管理方面，贯彻落实《北京市物业管理条例》，以党建引领物业管理工作，引导物业企业积极参与社区治理，做到未诉先办、接诉即办，降低辖区物业类的投诉量。

主要工作包括建立综合性评价指标、设立红黑榜，监督预警辖区住宅物业项目的物业服务风险程度；开展评星定级工作，推荐优秀形成竞争机制，

① 李政清：《社会资本参与老旧小区改造的模式探析——以北京市朝阳区劲松小区为例》，《城市开发》2020 年第 11 期。

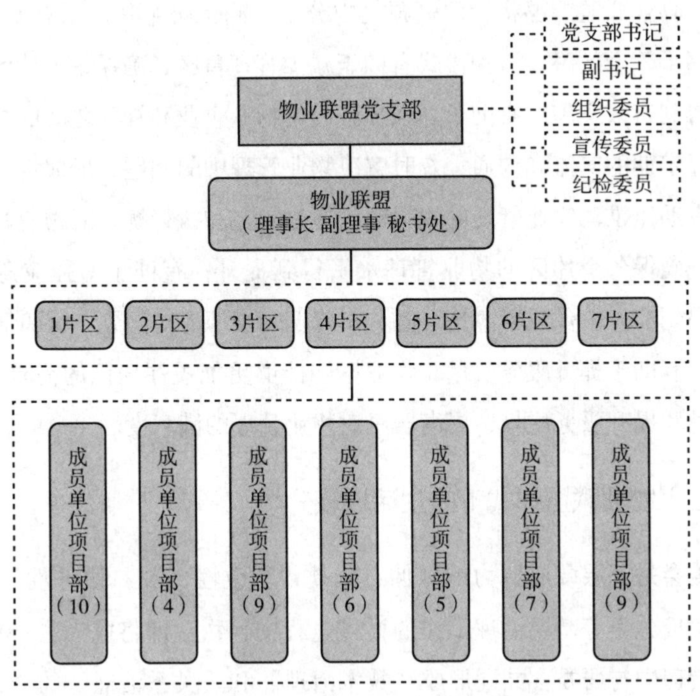

图 2　物业联盟组织架构

优胜劣汰，使辖区物业服务企业良性发展；物业联盟对物业服务高风险项目进行督促整改；未能达到整改要求的项目，物业联盟根据评估结果建议地区政府启动该项目退出机制，并配合协助业委会或物管会进行新物业的选聘流程，同时做好新老物业的移交工作；如出现失管小区，为确保小区居民生活平安稳定，保障小区居民利益，物业联盟根据政府工作安排，启动应急预案，组织应急接管队伍。

此外，物业联盟还有助于行业交流和资源流动。分管物业联盟的工作人员提到"其实有些物业公司是需要一个组织的，当有些问题解决不了的时候，它必须借助外力。比如小区工作人员力量不足，临时调派有困难怎么办？我们通过物业联盟把比较好的小区富裕的保安保洁力量调来支援"。

领导包片责任制是基层政府领导物业服务企业的重要机制。如 2022 年将南磨房地区划分出 7 个片区，各个片区设包片领导和组长。通过包片领导责任制，物业联盟能够将管理资源集中分配，确保每个片区都有专人负责，从而提高了管理效率。该种模式有助于减少管理盲区，确保每个片区的物业管理都得到有效实施；有助于加强片区内的物业企业和社区之间的协调与沟通，通过定期的交流和沟通，及时解决物业管理中的问题，形成良好的管理氛围；有助于推动物业管理的规范化，通过制定和执行统一的物业管理标准和规范，确保各个片区的物业管理水平得到提升；有助于增强应急处理能力，在遇到突发事件或紧急情况时，迅速调动资源应对问题，保障居民的生活安全；有助于提升服务质量，物业联盟能够更加关注居民的需求和意见，不断改进和提升服务质量，提高居民对物业管理的满意度。

（三）物业联盟模式下的生活垃圾分类

居委会是基层政府臂力的延伸，兼具“行政性”和“服务性”双重属性。在垃圾分类等基层治理工作的推进过程中，物业即将成为另一只手臂，在基层治理中与居委会共同形成“技术治理”和“关系治理”的合力。

自《北京市物业管理条例》和《北京市生活垃圾管理条例》实施以来，物业联盟要求各物业服务企业履行管理职责，负责住宅小区生活垃圾分类管理工作，撤桶并站，完善垃圾分类设施，指导投放人正确分类、准确投放，并及时劝阻业主不规范分类和投放的行为。物业联盟将住宅小区生活垃圾分类工作落实情况纳入物业服务企业评星考核，促进了垃圾分类工作。

2023 年 11 月，南磨房地区召开 2023 年物业联盟例会，要求成员单位坚持落实环境整治，加强垃圾分类管理并做好宣传引导。对易反复出现问题的环境点位要定时巡查，确保小区内环境干净整洁有序；根据《北京市生活垃圾管理条例》相关要求实施垃圾分类处理，做到垃圾清运及时，维护桶站周边卫生环境；各社区要指导物业单位积极动员群众参与，形成“全民参与、人人支持”的绿色生活方式和良好社区氛围。①

① 《南磨房地区召开 2023 年物业联盟例会》，北京市朝阳区人民政府网站，http：//www.bjchy.gov.cn/dynamic/jxdt/4028805a8b959986018ba3883461029f.html。

物业联盟模式有助于实现片区内甚至联盟内的信息共享和资源互补。当前，老旧社区和托管社区是社区生活垃圾分类的薄弱环节，而物业联盟可以通过保洁人员和运输人员共用等方式缓解物业人力和服务不足的困境。通过奖励、表彰积极推动垃圾分类的物业企业等形式形成模范效应，促进行业正向竞争，提升地区物业的整体服务水平。

五　结论与建议

北京市生活垃圾管理政策没有采取强制撤桶和厨余垃圾破袋投放的规定，体现出管理与服务并重的柔性治理特征，这减少了政策推行阻力，但是对居民自主分类的强制性不足。本研究发现，虽然一些社区居民能够主动独立地进行生活垃圾分类，但是更多的社区主要依靠以物业企业为代表的市场服务。因此，居民动员和市场服务是垃圾分类治理的两个关键要素。居民动员的核心机制是人情驱动的差序动员、绩效驱动的势能累积、居民议事协商的程序动员。以物业企业为主的市场服务主体已从被动员者转向管理责任人，物业形态与物业服务水平直接相关。本报告认为，应当推广物业联盟模式，有序推进市场主体承担社区生活垃圾分类工作，尽管这一途径目前并未显著激发居民的环境友好行为，但是有助于降低垃圾分类的整体社会成本。市场资本能够较好地弥补老旧社区资源匮乏的缺陷，因此，加强对市场引入的整体性统筹十分重要。针对自身空间、物质资源不足的社区，若想吸引市场资本进入社区，需要政府介入，对制度模式进行调整，比如将社区资源丰富的社区与社区资源匮乏的社区“绑定”，以“打包”的形式招标，在为市场力量留出盈利空间的同时，也可以解决单一社区资源不足的问题，避免社区间市场资本差距不断扩大，实现整体性统筹。

B.6

北京市完整居住社区建设典型案例研究报告*

邢宇宙　刘　杨**

摘　要：　完整居住社区建设是应对城市社区建设中社区服务体系不够完善、居民社区生活便利度不够等问题，提升社区生活质量的重要举措。北京作为首都和超大型城市，在老旧小区改造和城市更新、一刻钟服务圈和社区服务体系建设基础上，探索了完整居住社区建设的不同模式，不仅有助于实现国际一流和谐宜居之都的目标，也为未来我国城市社区建设带来经验借鉴，如政府和社会资本等多元投入和引入第三方运营机制、以居民为中心的社区规划和注重细节设计、鼓励居民参与社区改造或建设的全过程。

关键词：　完整居住社区　社区建设　社区服务　北京

一　引言

随着城市人口不断聚集和经济社会发展，城市社区规模不合理、设施不完善、公共活动空间不足、管理机制不健全等问题日益凸显。为解决我国城市社区建设中面临的难题，学界最早从建筑规划的角度提出了“完整社区”

* 本文系北京市社会科学基金基地项目“社会组织参与北京社区垃圾分类治理的机制研究”（18JDSRB008）的阶段性成果。

** 邢宇宙，北京工业大学社会学院副教授、北京社会管理研究基地研究人员，研究方向为社会组织与社会治理；刘杨，北京工业大学北京社会管理研究基地研究人员，研究方向为社会组织。

的概念，两院院士吴良镛先生认为“人作为城市的核心，社区是人最基本的生活场所，基层居民的切身利益是完整社区规划与建设的出发点”。[①] 广义的完整居住社区是指在居民适宜步行范围内有完善的基本公共服务设施、健全的便民商业服务设施、完备的市政配套基础设施、充足的公共活动空间、全覆盖的物业管理和健全的社区管理机制，且居民归属感、认同感较强的居住社区。因此，在实践层面它不同于目前行政管理层面的“社区”，也不是通常所说的“居民小区”，两者都具有明确的地域边界，而是“适宜步行范围内”的“街区”，边界具有一定的伸缩性，是从居住向生活功能延伸的“附近”。

2020 年住房和城乡建设部等在《关于开展城市居住社区建设补短板行动的意见》中提出完整居住社区建设以来，自然资源部、商务部、民政部等多个部门围绕社区生活服务体系建设制定相关规划和指导意见（见表 1）。2021 年 12 月，住房和城乡建设部办公厅印发《完整居住社区建设指南》；2022 年 10 月，住房和城乡建设部办公厅、民政部办公厅联合印发《关于开展完整社区建设试点工作的通知》，提出聚焦群众关切的“一老一幼”设施建设，发挥试点先行、示范带动作用，打造一批安全健康、设施完善、管理有序的完整社区样板。将在全国 106 个社区开展为期两年的建设试点，对完整居住社区建设工作进行重要部署，北京西城区、朝阳区、海淀区等 5 个区共入选了 7 个试点社区。按照北京城市总体规划和发展功能定位，首都功能布局不断优化，已经成为全国首个减量发展的超大城市。尽管如此，2023 年末全市常住人口仍有 2185. 8 万人，[②] 对于城市基础设施建设、公共服务供给、资源配置的完善仍然有较大需求。在实践层面，北京市通过老旧小区改造、地方政府筹措资金等方式，不断推进完整居住社区建设。

---

① 吴良镛：《住房 · 完整社区 · 和谐社会》，《住区》2011 年第 2 期。

② 《北京市 2023 年国民经济和社会发展统计公报》，https：//tjj. beijing. gov. cn/bwtt_ 31461/202403/t20240321_ 3595887. html，2024 年 3 月 21 日。

表 1　关于完整居住社区建设的相关政策

发布时间	发文单位	文件名称
2020 年 8 月	住房和城乡建设部、教育部、工业和信息化部、公安部、商务部、文化和旅游部、卫生健康委、税务总局、市场监管总局、体育总局、能源局、邮政局、中国残联	《住房和城乡建设部等部门关于开展城市居住社区建设补短板行动的意见》
2021 年 5 月	商务部、发展改革委、民政部、财政部、人力资源社会保障部、自然资源部、住房和城乡建设部、文化和旅游部、税务总局、市场监管总局、银保监会、邮政局	《商务部等 12 部门关于推进城市一刻钟便民生活圈建设的意见》
2021 年 6 月	自然资源部	《社区生活圈规划技术指南》
2022 年 1 月	国务院办公厅	《“十四五”城乡社区服务体系建设规划》
2022 年 1 月	住房和城乡建设部办公厅	《住房和城乡建设部办公厅关于印发完整居住社区建设指南的通知》
2023 年 7 月	商务部办公厅、国家发展改革委办公厅、民政部办公厅、财政部办公厅、人力资源社会保障部办公厅、自然资源部办公厅、住房和城乡建设部办公厅、文化和旅游部办公厅、国家卫生健康委办公厅、市场监管总局办公厅、金融监管总局办公厅、体育总局办公厅、国家邮政局办公室	《全面推进城市一刻钟便民生活圈建设三年行动计划(2023—2025)》
2024 年 1 月	国家发展改革委、住房和城乡建设部、自然资源部	《城市社区嵌入式服务设施建设导则(试行)》

二　北京市完整居住社区建设典型案例分析

根据住房和城乡建设部办公厅等发布的《完整居住社区建设指南》《完整居住社区建设标准（试行）》（以下简称《标准》）等规范要求，完整居住社区建设试点内容可以概括为四个方面（见图 1）：首先是完善社区服务设施，特别关注老年人和儿童的基本生活需求，提供必要的养老和托幼服务设施；其次是打造宜居生活环境，改善社区居住环境，营造宜居宜业条件；再次是推进智能化服务，利用智能化手段提升社区服务水平；最后是健全社区治理机制，发动居民参与社区治理，营造共同体文化。[①]《标准》提出“以0.5万~1.2万人口规模为完整居住社区基本单元”“以居民步行5~10分钟到达幼儿园、老年服务站等社区基本公共服务设施为原则”，强调在适宜的日常步行范围内，满足城乡居民全生命周期工作与生活等各类需求。“若干个完整社区构成街区，与15分钟生活圈相衔接”，体现了政策与近年来广受关注的社区生活圈紧密衔接。完整社区构建的5~10分钟社区生活圈既是形成15分钟社区生活圈的空间基础，也是提高居民生活品质的保障。[②]结合试点及相关社区调研，本报告主要分析以下四种类型（见表2）。

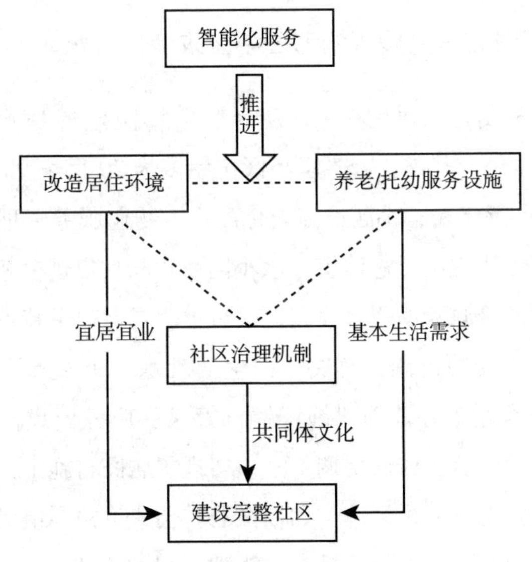

图1 完整居住社区建设内容

资料来源：根据《完整居住社区建设指南》整理绘制。

① 《住房和城乡建设部办公厅关于印发完整居住社区建设指南的通知》（建办科〔2021〕55号），https：//www.gov.cn/zhengce/zhengceku/2022-01/12/content_5667815.htm，2021年12月17日。

② 江曼琦、田伟腾：《中国大都市15分钟社区生活圈功能配置特征、趋势与发展策略研究——以京津沪为例》，《河北学刊》2022年第2期。

表 2　完整居住社区调研案例

序号	社区名称	基本情况	投入模式
1	云景里小区	属于通州区九棵树街道，建于 1995 年，老旧商品房小区	市区政府财政资金
2	欢乐谷社区	属于朝阳区南磨房地区，建于 2005 年，农民回迁房小区	基层政府+乡属企业
3	石油共生大院	属于海淀区学院路街道，建于 1953 年，单位制老旧小区	基层政府+产权单位
4	东方华庭社区	属于朝阳区常营地区，建于 2015 年，新型商品房小区	物业企业资本投资

（一）市区财政资金投入的老旧小区改造

通州区九棵树街道云景里社区，现管辖 5 个小区、5 家物业，辖区内共 2467 户 6889 位居民。其中，云景里小区房屋多为 20 世纪 90 年代建成的老楼，村居混产。[①] 近年来，小区设施老化严重，物业服务管理不规范，居民私占公共资源等矛盾突出。总体上，该小区面积和人口规模相对较小，其改造主要依托市区两级政府的资金投入，改造过程具有以下特点。

一是创新民意反馈机制，解决居民生活难题。在云景里小区改造过程中，中建二局作为施工方首创“施工楼栋管家”服务模式，选派专业施工员作为专职楼栋管家负责居民协调事宜，实现了居民与施工方之间的高效沟通。此外，项目施工方、设计单位和社区居委会成员共同组成了临时党支部和居民协调服务中心，通过全面排查、搭建居民议事平台、党员带头宣讲、临时党支部统筹监督等措施，最终实现了上下水改造同意率 100%，解决了居民长期面临的用水问题。

二是应用精细化施工方法，提升居民生活品质。项目施工方在小区门口设立了实体样品展示区，居民可直接看见新老材料的对比展示。针对居民家中上下水改造的紧迫需求，施工团队制定了完善的全过程闭环机制。在实施

① 资料来源：九棵树街道云景里社区。

改造前，施工团队严格遵守入户操作规范，确保改造过程中不会对居民家中造成破坏。在改造过程中，工作人员通过入户走访、一户一策的方式与居民充分沟通，解决了改造期间产生的噪声、环境污染等问题。同时，施工团队在小区内特别为老年人或行动不便的居民设置了固定坐便式卫生间。在改造完成后，施工团队开展了全面的损害排查工作，对可能受到影响的区域进行复原。

三是建立“温暖改旧+长效治理”机制，着眼于社区可持续发展。基于前期业主意见征集，区重大项目中心策划了《通州区九棵树街道云景里“旧改+长效治理”工作实施方案》。该方案涵盖上下水改造、电梯加装、适老适幼设施增设、物业收费标准优化、物业服务管理水平提升、公共文化活动机制建立，以及引入社会资本以提升公共空间的利用价值等核心议题。此外，区重大项目中心联合九棵树党工委，通过线下居民见面会与线上“居民意见箱”等形式与超过600位居民进行深入沟通，并成功收集133条宝贵的意见和建议。

总之，在主管部门、设计和施工单位、属地单位的协同配合下，云景里小区成为北京首个外窗护栏100%拆除的旧改工程，同时小区依托周边较为发达的市政配套和服务设施，形成了完整的生活服务圈。对于改造后的云景里小区而言，如何维持现有改造成果，形成长效管理机制，是当前面临的挑战之一。随着小区环境的改善，物业公司维护成本上升，但企业与居民之间并未就物业费调整达成共识；规划建设的社区服务中心，由于涉及土地权属单位、建设资金等尚未完全协调到位，区相关部门正在推动各方形成共识，未来考虑引入社会资源，进一步拓展社区活动和服务空间，提升社区服务水平。

（二）基层政府主导的回迁房社区更新

朝阳区南磨房乡欢乐谷社区辖区面积为0.922平方公里，辖区金蝉南里小区建成于2005年，属于回迁房小区，共14栋楼，2900余户7800余人，辖区有欢乐谷公园等社会单位40余家。[①] 前期小区主要存在的问题：一是

① 资料来源：南磨房地区欢乐谷社区。

基础设施老化、社区绿化率较低、卫生环境较差；二是便民服务设施落后，停车空间较为拥挤、居民买菜不方便、文化休闲空间匮乏；三是由于拆迁等历史遗留问题，居民参与意愿低、面临信任危机。2020 年初，南磨房地区工委响应区委、区政府的号召，围绕“七有”目标和“五性”需求，将欢乐谷社区作为“五宜”民生工程试点，邀请地区责任规划师团队参与，结合社区特点、居民需求以及社区资源进行整体规划，实施公共空间改造和社区营造计划。具体特点如下。

一是整合社区资源，探索多元投入。一方面，欢乐谷社区深入挖掘社区党委可支配的党建经费和党组织服务群众经费，形成“五宜”创建所需资金的可持续保障机制。另一方面，欢乐谷社区与社会力量合作，通过吸纳社会资本，引进服务企业。根据社区提供的资料统计，自项目开展以来，引入第三方服务机构投入 650 余万元，社会单位共建资金 100 万元，物业公司自筹 200 余万元，占到总投资的 65%以上。

二是推进环境整治，完善基础设施。首先，为改善社区生态环境，施工团队在社区内增设了休闲娱乐设施、小微景观，并修补了斑秃，增种了花圃、树木等。其次，为满足居民的停车需求，新增共享车位 98 个，并协调一处可容纳停车 300 余辆的临时停车场。同时，社区建成了人车分离的慢行系统以及健康步道，并将 45 处楼门坡道改造成无障碍防滑设施。最后，欢乐谷社区设计规划了集亲子空间、议事空间、图书阅览、艺术走廊等 14 处功能空间于一体的欢乐蝉鸣党群服务中心，并改造了占地 480 平方米的文化活动中心作为居民文化娱乐活动场所。

三是搭建沟通平台，坚持共商共治。首先，欢乐谷社区结合整体规划，有计划、有战略、分阶段开展议事工作，并借助议事环节制定小区空间再造的整体规划；其次，结合居民所需，增设充电桩等多项便民服务设施，精准回应群众需求；最后，结合群众诉求，平衡利益冲突。例如，蝉鸣花园项目的初期方案与居民实际需求不符，后经社区居民共同议事，最终更改为全龄友好活动空间的方案。

四是挖掘文化资源，深耕社区品牌。欢乐谷社区结合回迁房小区的感情特征，将引进行业的服务特征和居民需求特征进行精准对接，让社区能人和骨干在各个平台上深度参与和展示自我。通过制作微电影、创建纪实宣传册、打造“党建引领、追梦青春、家风和睦”等各类主题的特色文化楼门，树立良好的社区形象，并利用公众号、微信群、抖音大力宣传。

总之，欢乐谷社区通过“五宜”社区建设，在公共空间提质、服务体系完善、居民广泛参与、文化丰富多彩、就业多措并举等方面取得了显著成效，居民获得感、安全感和幸福感大幅增强。不仅实现了基础设施建设、环境秩序、物业服务质量、房屋租售均价和物业费收缴率的显著提升，也降低了可防性案件、接诉即办率和群租房存量。

（三）产权单位参与改造的单位大院

海淀区石油共生大院坐落于学院路 20 号院 1 号院，占地面积为 8700 平方米，周边云集了 32 所科研院所、近 2000 家企事业单位。随着时代变迁，石油共生大院逐渐成为拥有 4 家产权单位的“大杂院”：中国石油大学、石油化工科学研究院、石油勘探开发研究院、中化化工科技总院，共有居民 3 万多人。[①] 基于产权复杂、历史问题等原因，石油共生大院中部偏西平房区域形成了一个“四不管”地带，部分租户与居民私自设立围挡，搭建违章建筑，存在较大的安全隐患，严重影响其他居民生活。2019 年 5 月，街道广泛征求大院内居民的意见，决定借助新时代文明实践基地对大院进行升级改造。经过精心筹备与施工，2020 年 10 月 1 日该项目正式投入运行。经多方协调，大院各产权单位低偿提供土地及房屋资源 8700 平方米作为公共空间。项目改造主要涉及三个方面。

一是整合大院无效空间，合理规划社区公共空间。改造团队针对大院拆除违建、加固结构、优化布局，使大院的空间结构更加合理、功能更加完善。同时，注重空间的开放性与共享性，设置公共活动区域、增加休闲设施，确保居民在步行范围内享受到完善的基本公共服务设施、健全的便民商

① 资料来源：学院路街道石油共生大院运营方。

业服务设施以及完备的市政配套基础设施。

二是建设“后大院”时代的社区治理新模式。成立党建工作协调委员会，设立平安建设工作站、警务工作站、社区议事厅、人大代表工作室、政协委员联络站、退役军人服务站、心理减压室、零距离工作室，组织大院单位签订了《大院文明公约》，建立组织共建机制、议事决策机制、信息共享机制等一系列工作机制。

三是引入“政府+单位+社会+居民”的共建模式，以及“院委会+督导组+顾问团+社会组织+志愿者”的管理运行模式，建立以居民为主体、多元参与、共建共治共享的治理体系，发挥政府、单位、社会和居民各方的优势与力量，形成多方共建、共融、共治、共享的良好局面。与此同时，引入第三方机构进行整体运营，各个空间使用坚持公益性、便捷性、共享性和可持续性原则，采用“免费+部分抵偿”的办法，建立长效运行机制。

总的来说，石油共生大院的改造成功打造了一个功能完善、文化浓厚、生态宜居和治理有序的新型社区，提升了居民生活质量和社区治理水平。与此同时，以石油共生大院为圆心，有效辐射和带动周边社区、园区、校区和街区的更新及发展，第三方运营机构也在地方政府支持下，通过引入各类社区服务商，探索持续运营的商业模式，形成了单位制背景下完整居住社区建设的路径。

（四）物业企业推动的商品房小区建设

东方华庭社区位于常营地区中部，占地面积约 20 万平方米。全域包括龙湖长楹天街购物中心、龙湖商业街、龙湖长楹天街小区及朝阳医院东院区。社区内有住宅楼 4 栋，972 户，常住人口 2130 人。[①] 其中，龙湖长楹天街小区建成于 2014 年，虽然内部基础设施完善，但也面临缺少公共活动空间、第三方养老服务存在短板等问题。2023 年，龙湖公益基金会投资 40 余万元用于龙湖长楹天街小区的改造。在没有大规模政府财政支持的情况下，

① 资料来源：常营地区东方华庭社区。

社区充分利用现有资源，聘请专业施工单位进行适老化改造、生活安全设施完善以及文化设施增设等工作。改造内容主要包括以下几方面。

一是推动“一老一小”的空间环境改造。龙湖公益基金会联合龙湖物业、北京大享空间设计有限公司和北京师范大学中国公益研究院，共同开展东方华庭社区“一老一小”友好社区项目。同时针对老年人与儿童的需求，围绕完善社区服务设施，选取老年人室内外活动场地，设计儿童室内外空间。此外，为了解决楼道物料堆放、电动车充电等问题，社区增设电动车充电桩、电动车车棚等设施，并加强对楼道物料堆放的管理。

二是优化提升社区养老服务质量。为向社区老年人提供专业化服务，龙湖物业公司对物业服务人员进行友好社区基础服务培训。同时，制定各类应急预案和服务流程，强化园区内的安全管理措施，确保在紧急情况下能够迅速为老年人提供有效的帮助。此外，通过链接专业师资，开展协商议事培训，提升社区居民的协商议事能力，使其能够更好地参与社区事务的讨论和决策。

三是完善社区治理机制。东方华庭社区依托“弘扬传统文化　乐享银龄生活”助老项目和“五星绿荫”共建社区项目，发展“文化助老”志愿服务队和“五星绿荫团”志愿服务社区自治的自组织，开展非遗文化进社区、居民自治和居民公约等主题服务、美化亮化环境系列活动、社区安全行动以及邻里融合项目服务等。

在改造过程中，东方华庭社区注重加强社区居民参与。社区工作者积极充当“解压阀”和“矛盾调解器”，处理复杂矛盾和经济纠纷。改造完成后，东方华庭社区主要有以下发展方向。一是积极寻求与大商业体餐饮品牌的合作，建设面向社区内老年人的餐饮设施或服务，为居民提供更为便利和多样的饮食选择。二是推动其他消费业态与社区联动，如超市、便利店等，形成多元化的社区商业生态圈。三是合理利用改造后的公共空间，通过社区与商圈运营相结合的方式，吸引企业投入和政府支持，实现居民生活品质的进一步提升和社区的持续发展。

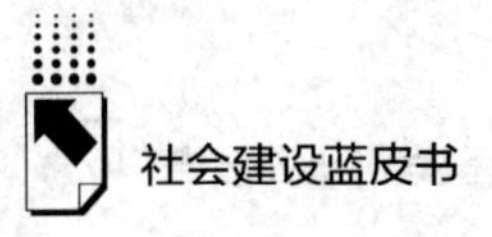

三　北京市完整居住社区建设经验与问题探讨

（一）经验与启示

完整居住社区建设是一项系统的社会工程，是物理空间和社会关系的双重重构，其应以人的需求为核心，依据人群的时空行为特征补齐社区服务设施的真实需求短板，解决在职人群家中“老老人和小小孩”的“顾老和看小”问题，提升家庭发展能力，建设在地居民心中的完整社区，打通服务人民的“最后一公里”。[①] 就前述实践而言，完整居住社区建设经验主要体现在以下方面。

一是政府和社会资本等多元投入和引入第三方运营机制。首先是政府财政支持，通过财政资金投入的老旧小区改造和公共空间改造提升项目，支持社区基本公共服务设施、便民商业服务设施以及市政配套基础设施的建设和完善。其次是对于老旧小区和街区的改造，积极吸纳社会资本，通过政策引导、优惠扶持等方式，吸引社会资本投入社区养老、托育、文化、体育等设施建设和服务领域，从而有效缓解政府财政压力，同时满足居民多样化和个性化的需求，提高社区建设的质量和效率。最后是对于商品房小区，引导开发商和物业企业完善小区配套设施。社区商业的升级和转型、社区综合服务商的发展，有助于提升社区商业氛围和居民生活品质，也有助于企业的持续发展。

二是以居民为中心的社区规划和注重细节设计。在完整居住社区建设实践中，“以人为本”是一个核心原则，意味着社区建设不应仅停留在硬件设施层面，更应关注居民的实际需求和居住体验，以提升居民生活品质为出发点。在规划阶段，首先，社区充分考虑居民的生活方式和习惯，合理规划步行和自行车道及停车位等。其次，社区注重“一老一小，全龄友好”的理念，为老年人提供方便的医疗和养老服务，如社区卫生服务中心、养老服务

① 《完整社区什么样？北京 7 社区试点，营造家门口的幸福生活》，《北京日报》2024 年 3 月 28 日。

驿站、日间照料中心等设施的布局；为儿童提供安全的娱乐休闲环境，如设立儿童游乐区、图书室等助力儿童成长。最后，社区还充分考虑残障人士的需求，提供无障碍设施，如坡道、扶手等。这些人性化设计不仅体现了对居民的关怀，也彰显了社区建设的温度。

三是鼓励居民参与社区改造或建设的全过程。在改造初期深入了解并充分尊重居民的意愿和需求。如通过问卷调查、座谈会等方式，深入了解居民对社区改造或建设的期望，尤其是老年人、儿童、残疾人等特殊群体的需求，确保社区设施和服务的普及性和普惠性；在改造过程中积极搭建居民参与平台，通过居民代表会议、业主委员会、物管会等渠道，让居民了解改造或建设的进展，并收集他们的意见和建议。在建设完成后，建立有效的反馈机制，及时收集居民的意见和建议，以确保改造成果真正满足居民需求。

（二）存在的问题

近年来，北京市在推进老旧小区改造、一刻钟便民服务圈、完整居住社区建设方面取得了显著进展。2023 年北京市统计局对全市 18 个 2018 年以来完成改造的老旧小区居民的调查结果显示，改造后的老旧小区宜居品质显著提升，居民认可改造成效。① 2022 年北京出台《加快建设一刻钟便民生活圈　促进生活服务业转型升级的若干措施》，明确到 2025 年全市实现便民生活圈全覆盖。截至 2023 年末，被列为 2023 年北京市民生实事任务的 82 个便民生活圈已全部完成。② 根据《2024 年市政府工作报告重点任务清单》，2023 年北京老旧小区综合整治新开工 300 个、完工 200 个，为居民创造了更加宜居、和谐的生活环境。③ 但随着城市化进程的加快，区域之间仍有较

① 《北京老旧小区改造成效显著》，《中国信息报》2023 年 2 月 22 日。

② 《关于印发〈加快建设一刻钟便民生活圈　促进生活服务业转型升级的若干措施〉的通知》（京商生活字〔2022〕37 号），https：//www.beijing.gov.cn/zhengce/zhengcefagui/202207/t20220712_2769991.html，2022 年 7 月 12 日。

③ 《北京市人民政府关于印发〈2024 年市政府工作报告重点任务清单〉的通知》（京政发〔2024〕1 号），https：//www.beijing.gov.cn/zhengce/gfxwj/sj/202402/t20240201_3553511.html，2024 年 2 月 1 日。

大差异，一定程度上完整居住社区建设仍处于起步阶段，面临诸多挑战与机遇。

一是完整居住社区建设资金与资源仍然短缺。虽然目前政府、社会资本和商业投资等多方力量都在探索参与社区建设，但总体而言，资金投入相对较少，难以满足完整居住社区建设的需求，尤其是社会资本和商业投资，基于风险和回报等因素，其投资意愿并不强烈。此外，由于资源分散、权属不清等，各类资源整合难度较大，建设的进度和质量受到影响。资源短缺的问题不仅体现在总量上，也体现在资源分配不均衡上，由于各个区域之间发展水平不一致，各社区资金投入、物业水平和设施老化情况存在差异，尚不能在短期内完全实现完整居住社区的建设要求。

二是资本投入的回报等投资收益问题亟待解决。在推动企业和社会资本参与完整居住社区建设过程中，由于建设周期长、资金占用大且具有显著的公益性质，难以在短期内获得直接经济效益，这给投资者带来了极大的挑战。企业不仅需要稳定而持续的资金投入来确保项目的顺利进行，也需要通过政府补贴、空间运营和增值服务等获得长期回报。如果投资收益回收周期过长，且存在的风险较大，都会削弱企业和社会资本的参与和投入意愿。

三是现有改造成果需要形成长效治理机制。在推进完整居住社区建设过程中，许多社区经历改造，基础设施更加完善，居住环境得到改善。然而，这些成果能否持久维系却成为难点。现实中因为后续缺少资金的持续投入、明确的责任划分、有限的监管机制等，出现资金不足、管理不善等问题，导致一些设施在使用不久后就开始出现损坏等问题，不仅影响居民正常使用，降低了居民生活质量，也浪费了前期投入的资源，引发居民对于社区建设持续性和稳定性的疑虑，从而影响居民参与的积极性，因此后期建立设施维护和运营管理等长效机制至关重要。

四　未来城市完整居住社区建设的展望和建议

北京作为人口规模千万级的超大城市，在城市空间不断拓展、功能定位优化的基础上，已经进入减量发展的时代，在完整居住社区建设方面仍然存在区域差异和不平衡，未来在城市空间规划和街区更新方面仍然有很大的提升空间，尤其是完善的社区服务、有效的治理机制和地区文化营造层面，需要在科学规划和建设的基础上注重开放性和包容性，未来可以从以下方面展开。

一是按照城市总体规划和各专项规划，持续推进街区层级的规划，以人为中心进行空间设计，在全龄友好的前提下优先完善"一老一小"社区设施和服务需求。在人口结构变迁背景下，老龄化与家庭小型化趋势明显，在社区尺度上对于日间照料和托育托管等嵌入式社区服务需求增多，亟须实现社区居住环境的适老化和儿童友好目标，并提升物业服务的可及性。此外，随着未来区域性职住平衡的实现，以及远程办公或居家办公等人群、快递员等新就业群体增多，街区和社区层级的公共空间应关注这些群体对于空间和服务的需求。目前，街道级和社区级党群服务中心，以及文创等产业园区和商务楼宇中"城市会客厅""暖心驿站"，将在未来发挥重要的空间服务作用。

二是完整居住社区建设仍需探索多元主体投入共建的不同模式。随着政府财政收紧和企业经营面临挑战，政府提供相应的政策支持，引导产权单位和社会资本投入，支持社区服务商发展，推动开发商和物业企业升级转型为城市综合运营商和社区服务商，共同参与城市更新、小区改造和社区服务设施建设，如已经开展探索的"物业+养老"等模式。此外，也应重点盘活现有的图书馆、文化活动中心、小区配套等场所设施，提升服务和运营水平，通过部分增值服务、商业合作等增加收入来源，并构建收益分配和长效治理机制。

三是因地制宜、分类施策推进完整居住社区建设。在城市化过程中随着城市规划、产业政策、市场和人口流动等因素的影响，形成了人口规模、产业结构、居住形态各异的街区和小区类型。有类似回天地区的大型生活居住区，也有商品房和保障性住房混合的居住社区，基础设施建设、公共活动空间和物业管理等有着不同的基础和条件，应根据现有经验分类推进完整居住社区建设。

四是注重完整居住社区的文化营造，建设成为社会创新空间。社区建设不仅是物质环境的改善，更是社会关系、文化认同以及居民参与的强化。在规划、设计和实施过程中，不仅充分考虑街区和小区的历史文化、地域特色等因素，也通过挖掘和传承社区的文化资源，提高居民的文化认同感和归属感；通过引入新的文化元素和创新理念，激发社区的活力和创造力。此外，注重文化融合和社会融入，加强对新就业群体的关怀，建设具有包容性的社区文化。

五是结合绿色低碳等可持续发展理念，让科技贴近社区居民的生活需求。借助物联网、云计算、移动互联网、人工智能、区块链等新一代信息技术，破除利益和机制壁垒，加强数据和信息共享，以满足居民服务需求为导向，发挥网络平台和信息技术的支撑作用，构建不同人群、多种方式相结合的需求主动发现、及时响应和闭环管理的平台生态系统，提升城市社区治理的智慧化水平，从而实现社区的全周期管理。同时，基于绿色低碳等可持续发展理念，在社区建设中注重环保和节能，迈向智慧社区与可持续发展。

B.7

优秀传统文化与首都基层社区治理融合研究

鞠春彦　张 杉*

摘　要：　开辟马克思主义中国化时代化的新境界必须植根我们的文化沃土，作为人们生活共同体的社区治理必须契合百姓生活的逻辑。中华优秀传统文化中蕴含着丰富的与现代化治理密切相关的社会资源，能为当下的社区治理提供素材与支撑，并且两者正在不断融合发展中。本报告在整理描述首都基层社区治理与优秀传统文化融合情况的基础上，分析融合机制并凝练提升路径，以期进一步促进传统文化传承与创新基层社区治理的高质量融合发展。

关键词：　基层社区治理　传统文化　融合发展　北京

习近平总书记明确指出："中华优秀传统文化已经成为中华民族的基因，植根在中国人内心，潜移默化影响着中国人的思想方式和行为方式。"①尽管对于如何界定中华优秀传统文化等还存在学术上的讨论，但可以肯定的是"那些经过了实践检验、时间检验和社会择优继承检验而保留下来并能传之久远的文化"② 必然具有优秀的品质。自20世纪初费孝通等社会学家将"社区"概念和方法引入中国，社区治理已经走过百年历程，但长期以来社区

* 鞠春彦，北京工业大学北京社会管理研究基地副教授，研究方向为社会思想与社会发展、社会治理；张杉，北京工业大学北京社会管理研究基地研究人员，研究方向为应用社会学。

① 《习近平谈治国理政》，外文出版社，2014，第170页。

② 李申申等：《传承的使命：中华优秀文化传统教育问题研究》，人民出版社，2011，第92页。

建设本土化的探索往往忽略宝贵的传统文化资源。本报告立足“创造性转化”“创新性发展”优秀传统文化的新时代要求，探讨优秀传统文化与首都基层社区治理的融合情况，希望可以为当今社区治理提供有益的参考意见。

一　优秀传统文化与首都基层社区治理的融合情况

本报告主要搜索《新京报》、人民网、北京女性（北京市妇女联合会）媒体平台以及北京市教委公布的 38 个 2023 年京韵特色社区教育示范项目，累计选取 135 个具有优秀传统文化与首都基层社区治理相结合特点的典型案例。案例的报道时间主要集中在 2022～2024 年，其中，案例数量排名前三的区为朝阳区、东城区和西城区，分别占比 15.6%、14.1%和 14.1%（见图 1）。

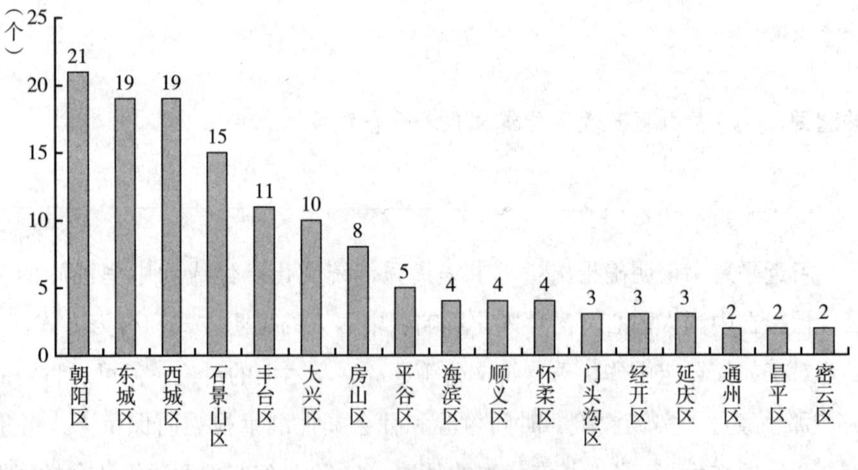

图 1　各区案例数量统计

采用 ROST CM6 对案例中新闻报道标题的文本内容进行量化分析，并将词频特征进行可视化处理，从绘制出的词云图可以看到新闻报道标题中呈现的主要元素内容（见图 2）。

图2　新闻报道标题词云

将所选取案例按物质文化、精神文化和社会生活文化加以分类，并区别出古代文化传统与红色文化传统，具体结果可见表1。

表1　案例分类情况

单位：个

案　例	古代文化传统	红色文化传统	总计
物质文化	13	6	19
精神文化	18	6	24
社会生活文化	79	13	92
总　计	110	25	135

通过以上数据，首都社区治理中与优秀传统文化的融合可以概括为三大类。

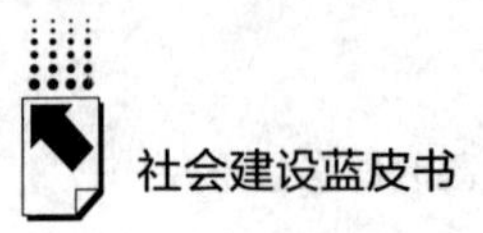

（一）依托物质文化遗产的社区实践

物质文化指为了满足人类生存和发展需要创造的物质产品及其所表现的文化，包括饮食、服饰、建筑、交通、生产工具等。北京是一座有3000多年建城史、800多年建都史的古都，历史悠久、文化灿烂，它既是首批国家历史文化名城，也是中国四大古都之一，古迹遗址多且保存完好度高。这些古迹遗址有深厚的历史和文化底蕴，这些宝贵的物质载体是北京历史文化名城保护的核心，是北京古都风貌和传统文化的精髓。

依托古都物质文化遗产，通过保护和利用相结合的方式使古建焕发新生，把它们打造成为古都物质文化的体验之地，既有利于特色街道、特色社区的建设，也有助于提升居民的获得感与自豪感。例如，朝阳区平津闸举办通惠河畔文化水岸景观灯光秀及非遗文化展演，为公众带来沉浸式体验非遗光影之旅，高碑店特有的运河风貌和文化基因得以良好传承和利用；西城区白纸坊是北京现存唯一一处沿袭元明建制、以“坊”为区域名的街区，它自元代建署已逐渐发展成为京城造纸作坊聚集地，为弘扬坊间文化特色、推广坊间优秀的教育资源，白纸坊街道纸文化博物馆举办“纸趣乐翻天”青少年教育实践活动，让孩子们在切身感受“纸”文化魅力的同时实现文化传承；西城区天宁寺南里社区内矗立着北京蓟城纪念柱、千年古刹天宁寺，那里生长着百年古树蝴蝶槐，社区因势利导启动“寻蓟天宁”参与式文化社区建设项目，通过升级改造蝴蝶槐公园、打造文化墙等方式，让居民在感受厚重文化氛围的同时，增强对本地文化的认同感、归属感和自豪感。古迹遗址的创新性保护与利用，实现了老建筑的“活化”，通过沉浸式体验等方式，通过讲述古都故事、感受古都物质文化，让居民在近距离感受传统文化魅力的同时创新发展。

北京既是历史文化名城，也是中华人民共和国的首都，还是全国的政治与文化中心，红色文化资源丰富。北京市有三大“红色文化”片区，拥有市级以上的爱国主义教育示范基地207家，其中国家级爱国教育示范基地42家。当前，加大对革命遗址、革命文物的保护力度和提高利用效率的工作有序推进，实现“以保促用”，依托红色物质文化资源，发展红色教育，真正把红色基因传承好。例如，通州区尹家河村依托通县最早成立的县委、县政府旧址，建立起以“突出党建引领、红色教育、不忘革命先辈”为主题的红色教育基地，通过老房子、老院落、老物件，再现当时生活场景，沉浸式体验革命年代的故事；怀柔区头道梁村前身为滦昌怀联合县旧址，是平北地区第一个中共县级组织领导机构，经过规划、选址、征集史料等工作成立了平北抗战红色爱国主义教育基地，基地承载爱国主义教育、国防教育、党性教育、红色体验、红色研学等功能。公众通过参观革命遗址、抗战旧址等沉浸式体验，在经过精心打造的红色基地接受沉浸式教育，深刻体味了伟大的革命精神和民族精神，增强了民族自尊心、自信心和自豪感，这既是红色文化得以延续的重要途径之一，也是社区建设与红色文化有效融合的重要途径。

（二）弘扬传统美德的社区实践

精神文化是人类在从事物质文化生产基础上产生的一种人类所特有的意识形态，它是人类各种意识观念形态的集合。中华民族传统美德是精神文化优秀品质的集中体现和概括总结，生动反映了中华民族的价值观念和精神追求，传统美德的弘扬在社区实践中实现融合发展。

首先，新时代的家庭美德教育已经融入社区建设及文化中。社区中已经形成大力弘扬中华民族传统家庭美德，倡导现代家庭文明观念，推动形成爱国爱家、相亲相爱、向上向善的社会主义家庭文明新风尚。平谷区桃棚村以活动为载体，弘扬家教家风正能量，挖掘、宣传桃棚村优良家风家训，开展“立家规、传家训、颂家风”活动；西城区中华家风馆开展“讲家史、传家风、树新风、重家教”等系列家风文化活动，用先进典型事例进行宣传引导，从而推动培育文明社风，树立良好家风。

其次，和睦邻里、守望互助、互存互恤、扶正扬善、扶危济困等传统美德，结合新时代条件和实践的继承与创新活动已经成为社区实践中的亮点。例如，朝阳区安贞街道涌溪社区举办社区邻里节，开设社区百家宴，评选

“贞心好邻居”，营造了“互助、和睦、友爱”的社区氛围；丰台区东铁匠营街道以“以邻为伴·与邻为善·共建美好幸福家园——打造丰台好邻居”为主题，举办“社区邻里节”活动，社区居民在活动的体验和互动中不断加深邻里情感。

最后，榜样力量与责任、奉献等优良品质正在以新的融合方式在社区中传承发展。例如，丰台区金鹏天润社区积极开展“北京榜样”“道德模范”“最美家庭”等系列活动，组织表彰“孝老爱亲模范”“爱岗敬业标兵”等先进个人，通过“榜样的力量”促进社区孝道文化繁荣和精神文明建设；大兴区清源街道举办社区原创节目展演“最美清源人”，在呈现群众原创文艺盛宴的同时，还表彰了在清源街道发展建设中表现突出的典型人物，用榜样力量激励了社区居民。丰台区云岗街道依托党建工作协调委员会平台，举办“志愿服务行，情暖航天城”学雷锋志愿服务活动，活动项目涵盖义务理发、小家电维修、健康义诊、法律咨询等便民服务；昌平区桃林村以党建引领聚合力，由村“两委”干部带头，建立认领10个党建网格，组建村级巾帼志愿者服务队，密切联系服务群众，汇集民意规划明确调结构、强产业、增活力、惠民生的发展新路子。社区对于中华传统美德的宣传和弘扬，有利于引导社区居民从中华民族传统美德中汲取营养，从精神文化中获取实践力量，能够有效推动基层社区精神文明建设，从而带动和谐社区共建、共创、共享良好局面的形成。

（三）丰富社会生活文化的社区实践

社会生活文化主要是某一社会群体中的人们，基于实践中的互动、在日常生活中形成的共同遵守的习俗和行为方式等，它们往往在民俗文化、节日文化和非遗文化等形式中得以具体呈现。

传统节日千百年来代代相传，衍生出内容丰富、形式多样的节日文化和民俗文化等，是中华优秀传统文化的重要载体。在春节、元宵节、清明节、端午节、中秋节等重大传统节日之际，社区都会举办庆祝活动欢度佳节，社区居民在体验节日民俗文化的同时也赋予社会生活文化以新生。例如，石景山区麻峪北社区以“邻里寻年味 热闹度新春暨红色联盟聚合体”为主题，开展新春志愿服务庙会活动，设置“传统民俗体验”和“便民服务”两个会场，居民不仅可以在“家门口”感受投壶、老北京风车制作等传统民俗体验项目，还可以享受免费测量血压、理发、修自行车、中医号脉等服务；海淀区永定路街道市民活动中心以端午非遗传承为主题，活动开展融合了曲剧团文艺演出、传缠缯子、五彩手链、印钟馗、画扇面、缝香包等民俗文化体验环节。丰富多彩的节庆活动，为广大群众提供多重文化体验，满足群众的精神文化需求，热闹祥和的节日氛围让居民进一步认识并了解中华优秀传统文化，启迪智慧、温润心灵，激发了时代活力。

非遗文化代表的历史与传统，是社会生活文化的重要延伸形式之一。北京有国家级非遗代表性项目 103 个、市级代表性项目 273 个，这些传统与现代元素融合在一起，形成独具特色的京味非遗文化。一些社区充分挖掘、活用自身丰厚的非遗资源，开展创办社区文化活动，以人民群众喜闻乐见的方式把优秀传统文化、特色京味文化带到社区居民身边，使社会生活文化重新焕发生机。例如，朝阳区秀水园社区举办“民间邻里传统文化艺术节”，展示了京剧脸谱、白菜蝈蝈、中国结、于氏风筝、吹糖人等作品；东城区胡家园社区邀请辖区内的泥塑、剪纸、毛猴等非遗传承人担任手工艺坊老师，居民自主报名后便能在动手制作中了解非遗文化，传承非遗技艺。此类活动的举办使社区居民能够在逛展中学习非遗知识，通过沉浸式体验感知非遗文化之美，不仅促进了邻里和谐，丰富了居民精神文化生活，更使社会生活文化得以弘扬和发展，为京味文化、非物质文化遗产的保护与传承营造了良好的社会氛围。

红色文化中包含着由中国共产党人、先进分子和人民群众共同创造且极具中国特色的先进文化，是进入现代社会以来对于社会生活文化的创新表达和重要补充，对于人们的社会实践和行为方式起着重要指引作用。红色文化是基层社区治理现代化中的灵魂，发挥党建引领作用，探索社区治理新路径，最大限度激活社会生活的生机与活力是社区建设的根本。大兴区瀛海镇回迁社区以党建引领社区“红色治理”，探索出一条“村转社区、村居并行、以居为主、逐步过渡，改革体制、完善机制、强化领导、壮大队伍、共建共享、共同治理”的新路子；丰台区南苑街道着力推进党建引领与社区治理的深度融合，聚焦群众凝聚力构建自治平台、聚焦社会号召力构建情感平台、聚焦发展助推力构建熟人平台，不断完善共建共治共享的基层治理新格局。红色文化融入百姓生活，有利于传承好红色基因，赓续好红色血脉，善用、活用红色文化是对革命精神及优秀传统文化的更好传承。

二　优秀传统文化与首都基层社区治理的融合机制

社区是社会治理的最小单元和重要力量，传统要素与时代需求在社区相遇，优秀传统文化与基层社区治理的结构关系决定了融合发展的长期有效。

（一）社会治理现代化是推动优秀传统文化与首都基层社区治理融合发展的根本动力

社会治理现代化是中国式现代化的内在要求，是新时代实践重大创新的要求。中国式现代化是具有鲜明中国特色的现代化，传承优秀传统文化筑牢文化之基才能提供可持续发展的文化保证。习近平总书记指出：“中华优秀传统文化中很多思想理念和道德规范，不论过去还是现在，都有其永不褪色的价值。”① 传统文化古为今用、推陈出新的落足点必须是日常生活，治理有效性需要体现在人们生活的共同体中，需要经过人民群众的检验与认可，更需要在文化自信中实实在在地增强人民群众的获得感。

（二）社区教育是实现优秀传统文化与首都基层社区治理融合发展的重要路径

社区不仅是人们居住、学习和生活的空间，也是习得和传承中华优秀传统文化的非正式教育场所。社区是中华文化的重要传承空间，是中华儿女在

---

① 《习近平在文艺座谈会上的讲话》，《人民日报》2015 年 10 月 15 日，第 2 版。

共同的情感、价值观引导下，依据其自然意志，并基于家庭和亲属，经由邻里发展而成的共同体。[①] 社区中的传统物质文化遗产在现代的空间升级改造中“焕活”，传统的精神文化和社会生活文化也在中国式现代化进程中获得新生。有的社区有得天独厚的物质文化遗产留存，有的社区居住着非遗传承人，它们通过发掘和利用自身的资源优势，开展与非遗文化活动有关的社区活动，既促进了非遗文化的保护和传承，扩大了影响力，也促成了良好的传承生态网络，激发了优秀传统文化的传承活力。精神文化与社会生活文化也通过社区教育等途径发挥作用。社区教育具有生活属性，它植根于社区居民的实际生活需要，将学习与生活有机连接，将传统与现代融合一处。在倡导家校社区协同育人的时代要求下，社区教育已成为传承中华优秀传统文化的重要途径和关键补充形式。社区成为促进中华优秀传统文化与现代文化融合发展的重要场域，成为落实优秀传统文化与社会治理现代化融合的关键支撑。

（三）优秀传统文化的“两创”是实现社区治理本土化的内核

新中国成立 70 多年的经验表明，优秀传统文化的创新性发展与创造性转化已取得一定进展。物质文化遗产为首都基层社区治理“京味”的增色无须赘叙，传统优秀精神文化与社会生活文化也为基层治理“立德铸魂”。“仁爱守信”“敬业乐群”“扶危济困”“睦邻友善”“孝老敬亲”“勤俭自守”“自强和合”等传统思想与伦理道德，既是社会秩序维护的重要力量，也是引领社会共同体可持续发展的精髓。以此开展社区活动、打造社区规范、建立社区共识，社区居民在增强对传统文化的认同感、归属感与自豪感的同时，潜移默化地受到了教育、陶冶和塑造，社区治理的主动性增强，文化传承主体的自觉性、能动性也得到增强。社区治理需要现代技术的支撑，需要理念的与时俱进，需要党建引领和政府负责，但更需要有感召力和影响

---

① 项继权：《中国农村社区及共同体的转型与重建》，《华中师范大学学报》（人文社会科学版）2009 年第 3 期。

力、以接地气的方式处理问题的社区精英和社区居民多元参与的协商互动。以人民需求、“百姓日用”为出发点提升社区居民的满意度和信服水平，才能收到良好的治理成效。优秀传统文化可为社区治理提供具体内容及深层支持，它促使社区共同体意识得到凝聚、社区治理目标得到有效整合。

三　推动优秀传统文化与首都基层社区治理融合发展的建议

中华民族最雄厚的文化软实力就是中华优秀传统文化。进入新时代，我们“要用中华民族创造的一切精神财富来以文化人、以文育人，决不可抛弃中华民族的优秀文化传统”。[①] 结合时代需求，因势利导，将中华优秀传统文化融入社区治理，便能汇聚古今智慧，引导民众在中国特色社会主义社会建设的道路上不断前进。社区治理承担着传承中华优秀传统文化的职责和使命，应当不断创新，为中华优秀传统文化在社区的实践提供更多的选择。只有不断推动优秀传统文化与社区治理有机结合，才能更好实现传统文化传承与创新基层社区治理的良性互动。

前文所述的基础是优秀的社区融合案例，优秀案例还不足以说明传统文化与首都基层社区治理融合的整体。结合研究者在其他社区的调研实践经历与经验来看，北京优秀传统文化与基层社区治理的融合存在区域差异，融合程度也存在相当的提升空间，为更好推动欢乐社区、魅力社区、和谐社区、友好型社区的创建，提出建议如下。

第一，明确优秀传统文化与基层社区治理相结合的重点领域。首先，把孝亲敬老、和睦邻里等优秀传统文化作为融入基层社区治理的重点内容，以有效维护家庭和睦，规范社区秩序，促进社会和谐。中华传统社会非常重视基层自治规范如“乡约”的编制，通过共同认可的伦理道德、风俗习惯、礼制规范促使和谐社会秩序的形成和自主运行。应当传承和发扬这一文化传

① 《习近平总书记系列重要讲话读本》，学习出版社、人民出版社，2014。

统，建立社区共识、塑造社区规范、营造礼治社区，推动陌生人社会向熟人社会回归，为基层治理“立德铸魂”。例如，基层治理者可发掘地域文化中的“乡贤”“亲族”理念，组建居民参与的协商议事会、村务议事会、红白理事会，推动居民在治理活动中达成共识。其次，在多元化矛盾调解、文明典范城市创建、新时代文明实践中心、美丽乡村建设等领域引入优秀传统文化元素，发挥好文化育人、文化治理、文化引领的“软实力”作用。目前基层社会矛盾和问题复杂，有些矛盾和问题是长年累月形成的，单纯靠法律条款无法从根本上解决问题。可以从中华优秀传统文化中寻找资源，巧用、善用优秀传统文化治理精髓，坚持“以人为本”，以“春风化雨”的柔性治理化解基层社区治理难题，提升基层处事能力，形成基层社区治理的新思路。

第二，与时俱进地激活基层社区中的“基层党建+传统文化”资源。要充分发挥我国独特的制度优势，切实把制度优势转化为治理效能。加强基层党组织建设，弘扬优秀传统文化中的无私奉献精神，通过定期组织党员开展志愿服务等方式，让党组织真正融入社区居民的日常生活，将社区党组织建设成为服务居民、联系群众的桥梁纽带，为社区居民提供更好的服务。注重发挥党员的先锋模范作用，引导党员积极参与文明创建、带头履行社会责任，助力塑造良好的社区形象。发挥党建引领优势，将优秀传统文化融入基层治理、基层党建工作，推动优秀传统文化与基层社区治理同向同行、同频共振，取得良好成效。构建“基层党建+传统文化”党员教育体系，把优秀传统文化融入党员日常教育培训，开展红色文化主题宣讲、主题党日等活动，鼓励党员干部从优秀传统文化中汲取营养，不断提高党性修养和专业素养，挖掘优秀传统文化对入党初心的滋养与影响，深度感悟优秀传统文化与红色文化的互融互动，激励党员干部在社区志愿服务等具体实践中奉献智慧和力量。促使党员干部逐步成长为优秀传统文化的带头学习者和自觉履行者，不断将优秀传统文化中符合时代需要的价值内涵创新转化为促进基层社区治理的源头活水。以党建引领传统文化传承发展、以传统文化激发社区治理创新活力，不仅为传承优秀传统文化打下了良好基础，也促进了基层社区

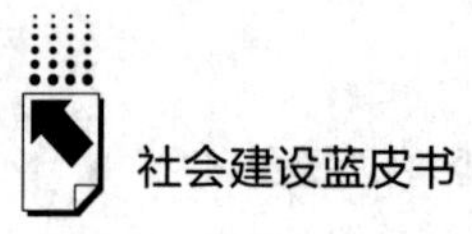

治理工作的高质量发展。

第三，打造优秀传统文化与基层社区治理相结合的空间载体。北京作为全国政治、文化中心以及千年古都，历史悠久、文化资源异常丰富。应当充分利用城区文化公园、街道文化广场、社区文化长廊等空间载体，集知识性、思想性、教育性、观赏性于一体，打造优秀传统文化讲堂、广场、走廊等。通过非物质文化遗产课堂、传统文化体验、经典诵读等活动，把单向的"我来听"模式变成互动、实践的"浸入"模式，增加体验活动，让更多群众参与其中，领略优秀传统文化魅力。在文明典范城市创建和新时代文明实践阵地、社区服务中心、社区文化活动中心建设以及老旧小区改造等项目中，统筹设置优秀传统文化景观，打造社区优秀文化场景。强化优秀传统文化宣传和传播，构建"互联网+"优秀传统文化弘扬平台，通过短视频、公众号、微直播等形式，推动优秀传统文化活动融入基层社区治理，发挥其潜移默化作用，提高基层治理效能。

第四，建设优秀传统文化与基层社区治理融合的组织载体。利用优秀传统文化开展群众性文化活动是传承传统文化的有效形式。通过这种传承方式，使优秀传统文化与人民现实生活紧密结合在一起。丰富多彩的群众性文化活动，能够充分发挥人民群众的创造性，调动社区居民的参与热情，用居民喜闻乐见的活动形式，让他们在潜移默化中接受优秀传统文化的熏陶与感染。各种群众性文化活动的举办，能够促进居民之间的交流与互动，拉近彼此的距离，形成紧密的社区关系网络。它不仅有助于解决日常生活中的问题，还能在关键时刻凝聚人心，共同应对困难与挑战。在文化活动举办的过程中，可充分挖掘和整理地域文化资源，在传承发展优秀传统文化时立足于地域文化，打造具有独特魅力的社区文化品牌，并努力提高品牌识别度。例如，创建囊括群众各类诉求的组织队伍，成立传统文化公益讲师团，邀请文化学者、非遗传人、文艺爱好者和传统文化志愿者，面向社区居民定期组织学习研讨，常态化开展传统文化讲堂及各类推广活动。群众性活动的开展有了制度化保障才能稳定与长效。

民生福祉篇

B.8
2023年北京居民家庭消费状况分析报告*

赵卫华　王子豪**

摘　要：　2023年是疫情以后经济增长的新起点，也是“十四五”经济社会发展的关键之年，本报告根据北京市统计局数据以及其他权威统计数据，分析了北京居民家庭消费状况。研究发现，2023年全年居民消费恢复态势显著，居民消费水平有所恢复，消费倾向回升，消费结构出现了新变化，如恩格尔系数下降、教育文化娱乐消费占比上升等，居民消费出现了一些新的热点。消费恢复得益于就业形势好转、居民收入恢复性增长以及消费信心逐渐恢复等因素，但居民收入差距较大、就业预期不稳定性以及居民消费心理理性化等则不利于居民消费的较快增长。据此，本报告提出如下政策建议：就业扩容保质，关注青年群体就业问题；提高中低收入群体收入水平，缩小收入差距；加强社会保障，促进居民消费升级；调整经济社会政策，释放更

* 本文系北京社会科学基金决策咨询项目重大项目“北京扩大不同社会群体消费的政策选择研究”的阶段性成果。

** 赵卫华，北京工业大学北京社会管理研究基地研究员，研究方向为社会结构、消费社会学、社会建设与社会政策；王子豪，北京工业大学北京社会管理研究基地研究人员。

多消费潜力；调整休假制度，扩大休闲消费等。

关键词： 扩大内需　居民消费　消费水平　消费结构

随着新冠疫情结束，我国经济逐步恢复和发展。北京市统计局数据显示，2023 年北京 GDP 增速达到 5.2%，较 2022 年的 0.7%大幅提高。[①] 人均可支配收入及人均消费支出也有较大幅度增长。北京经济迎来新发展，消费作为构建新发展格局的关键环节，是推动经济增长的主引擎。2023 年是“提振消费年”,[②] 消费恢复和增长带动 GDP 增长 85.5%以上。尽管如此，消费增长仍然不及预期，一些领域消费恢复还比较慢。2024 年被商务部定为“促进消费年”,[③] 进一步繁荣消费市场，促进消费增长，对于 2024 年经济发展来说更加重要。本报告利用统计数据，分析 2023 年北京居民消费状况、发展态势以及消费变化的影响因素，探讨扩大居民消费的对策选择。

一　2023年北京居民家庭消费基本情况

（一）居民消费水平回升

2020 年以来，受疫情影响，居民消费增速波动剧烈，逐渐下滑。2020 年人均消费支出较 2019 年的 43038 元下降 4135 元，下降了 9.6%；2021 年疫情形势渐轻渐稳，居民消费增长了 12.2%，略微高于 2019 年的水平；2022 年疫情

① 《北京市 2023 年国民经济和社会发展统计公报》，https：//tjj. beijing. gov. cn/tjsj_ 31433/sjjd_ 31444/202403/t20240319_ 3594001. html。

② 《年中话商务丨消费提振年“下半场”怎么干　巩固消费回升势头　稳住大宗消费》，http：//www. mofcom. gov. cn/article/tj/tjsj/202308/20230803424973. shtml。

③ 《2024 消费促进年，商务部有哪些举措?》，http：//www. mofcom. gov. cn/article/tj/tjzc/202404/20240403505195. shtml。

反复，极大地影响了居民消费，导致2022年居民消费较2021年又有所回落，下降2.2%。2023年，疫情结束，居民生活恢复正常，居民消费也逐渐恢复正常，消费水平迎来新的拐点。2023年，居民人均消费支出达到47586元，增长11.5%，超过2019年的水平。

具体到各类消费来看，食品烟酒、居住、医疗保健、其他用品及服务支出恢复较快，均超过疫情前的水平，这四方面的人均消费支出分别达到10142元、18668元、4276元、1438元。衣着、交通通信、生活用品及服务、教育文化娱乐消费与2019年相比还有一定差距，其中人均衣着支出是2053元，比2019年低177元，人均交通通信支出是4858元，比2019年低121元，人均生活用品及服务支出是2352元，比2019年低35元，人均教育文化娱乐支出是3799元，比2019年低512元。从各项消费支出的增长速度看，2023年，增长幅度最大的是其他用品及服务支出，比2022年增长28.7%，其次是教育文化娱乐支出，比2022年增长26.3%，第三是交通通信支出，增长17.7%，人均衣着支出增长幅度也比较大，达到10.3%（见表1）。

表1　2019年以来北京居民家庭消费增长情况

单位：元，%

项　目	2019年	2020年	2021年	2022年	2023年	2024年第一季度	2023年-2019年	2023年增速
人均消费支出	43038	38903	43640	42683	47586	13034	4548	11.5
食品烟酒	8489	8374	9307	9223	10142	2867	1653	10.0
衣着	2230	1804	2104	1861	2053	583	-177	10.3
居住	15751	15711	16847	17170	18668	4952	2917	8.7
生活用品及服务	2387	2146	2560	2193	2352	493	-35	7.3
交通通信	4979	3789	4227	4129	4858	1477	-121	17.7
教育文化娱乐	4311	2766	3348	3008	3799	1035	-512	26.3
医疗保健	3740	3513	4285	3982	4276	1134	536	7.4
其他用品及服务	1151	800	962	1117	1438	493	287	28.7

资料来源：北京市统计局网站，月季度统计数据。

由此看出，虽然衣着、教育文化娱乐、交通通信消费还有待恢复，但是其增长幅度比较大，如衣着、交通通信支出受疫情影响较大，下滑幅度较大，其恢复需要一个过程。而教育文化娱乐消费则受到疫情和政策的双重影响，波动较大，特别是受“双减”政策影响，2022 年教育消费支出下降幅度较大，但是 2023 年又大幅上涨。由于文化教育和旅游消费合并统计，疫情结束后，人们的文旅消费增多是导致该项支出增加的重要原因，而“双减”对家庭教育消费支出的减负效应如何，则需要进一步研究。

（二）居民消费结构持续变动

从统计部门的八大类消费项目看，与往年相比，2023 年北京市居民消费结构中交通通信、教育文化娱乐和其他用品及服务支出占比上升，食品烟酒、居住、衣着、生活用品及服务和医疗保健支出占比有所下降，具体来看，各大类消费支出比重的变化如表 2 所示。

表 2　2016 年以来北京居民消费结构的变化

单位：%

项目	2016 年	2017 年	2018 年	2019 年	2020 年	2021 年	2022 年	2023 年
食品烟酒支出	21. 48	20. 17	20. 24	19. 72	21. 53	21. 33	21. 61	21. 31
衣着支出	6. 87	5. 98	5. 46	5. 18	4. 64	4. 82	4. 36	4. 31
居住支出	31. 59	32. 85	35. 41	36. 60	40. 39	38. 60	40. 23	39. 23
生活用品及服务支出	6. 57	6. 66	5. 95	5. 55	5. 52	5. 87	5. 14	4. 94
交通通信支出	13. 28	13. 45	11. 96	11. 57	9. 74	9. 69	9. 67	10. 21
教育文化娱乐支出	10. 41	10. 47	10. 04	10. 02	7. 11	7. 67	7. 05	7. 98
医疗保健支出	6. 93	7. 75	8. 22	8. 69	9. 03	9. 82	9. 33	8. 99
其他用品及服务支出	2. 87	2. 67	2. 71	2. 67	2. 06	2. 20	2. 62	3. 02

数据来源：根据北京市统计局发布的月季度数据计算而来。

恩格尔系数（食品烟酒支出比重）略有下降。2023 年北京居民恩格尔系数为 21.31%，比 2022 年下降 0.30 个百分点，与 2021 年基本持平，比 2019 年高出 1.59 个百分点。

衣着支出和生活用品及服务支出占比持续下降。2023 年衣着支出的比重是 4.31%，比 2022 年下降 0.05 个百分点，较 2019 年下降 0.87 个百分点；生活用品及服务支出的比重是 4.94%，比 2022 年下降 0.20 个百分点，比 2019 年下降 0.61 个百分点。

居住支出占比有所下降，但是占比很高。2023 年居住支出的比重是 39.23%，比 2022 年下降 1.00 个百分点，较 2019 年则提升 2.63 个百分点。

交通通信支出占比上升。交通通信是居民消费升级的重要领域。2023 年北京居民的交通通信支出占比为 10.21%，仍低于 2019 年的 11.57%。且在绝对支出水平上也略低于 2019 年，说明居民的交通通信消费依旧处于疫情后的恢复过程中。

医疗保健支出占比下降。2023 年医疗保健支出的占比是 8.99%，比 2022 年下降 0.34 个百分点，比 2019 年高 0.30 个百分点，可以说医疗保健支出从疫情期间的非正常状态恢复过来，开始正常化。

教育文化娱乐支出占比有所上升。2023 年北京居民家庭消费中教育文化娱乐支出占比是 7.98%，比 2019 年低 2.04 个百分点，比 2022 年上升 0.93 个百分点。受“双减”政策影响，2022 年居民教育消费占比明显下降，2023 年教育文化娱乐支出的占比又非常明显地上涨，疫情结束后的居民休闲文化娱乐活动增多是重要原因，但是教育支出是否有所反弹也需要进一步研究。

其他用品及服务支出占比上升。2023 年北京居民家庭消费中其他用品及服务支出占比是 3.02%，较 2019 年也上升 0.35 个百分点。

总之，2023 年作为消费恢复之年，基本服务消费占比上升，与疫情期间相比，居民家庭消费中衣食住用和医疗保健支出占比都有所下降，交通通信、教育文化娱乐、其他用品及服务支出占比有所上升；与疫情之前的 2019 年相比，居民消费结构又有不同特点，其中食品烟酒、居住、医疗保健和其他用品及服务支出占比上升，衣着、生活用品及服务、交通通信、教育文化娱乐支出占比下降，衣着、生活用品及服务和交通通信等消费过去几年受疫情影响下降较大，这些消费仍然处于恢复中。

（三）居民消费倾向回升

2016年以来，北京居民消费倾向总体呈下降趋势，2023年这一趋势有所逆转。居民收入中用于消费的比例从2016年的67.4%下降到2022年的55.1%，2023年北京居民消费倾向自一季度起持续上升，全年来看消费倾向较2022年上升3.1个百分点，恢复至58.2%，但仍较2019年低5.3个百分点（见表3）。居民消费倾向上升说明居民收入中用于消费的比例在上升，这是居民消费回升的一种积极信号。

表3　2016年以来北京居民消费倾向的变化

单位：元，%

项　目	2016年	2017年	2018年	2019年	2020年	2021年	2022年	2023年	2024年第一季度
家庭人均收入	52530	57230	62361	67756	69434	75002	77415	81752	22481
家庭人均消费支出	35416	37425	39843	43038	38903	43640	42683	47586	13034
消费倾向	67.4	65.4	63.9	63.5	56.0	58.2	55.1	58.2	58.0

资料来源：历年《北京统计年鉴》。

（四）形成新的消费热点

北京是我国的政治、文化、国际交往中心和科技创新中心，同时也是我国首批由国务院批准建设的5个国际消费中心城市之一。国际消费中心城市建设丰富了北京的消费业态，优化了消费环境，对居民消费的促进和引领性是很强的。北京各类商业文化体育等消费服务设施和产品非常丰富，这吸引了全国和世界的消费者，更给本地居民带来了多元的消费选择。

从社会消费品零售总额来看，餐饮、娱乐、服务、升级类商品消费是北京2023年的新热点。2023年，全市市场总消费额比上年增长10.2%。其中，服务性消费额在交通、文体娱乐等带动下增长14.6%。疫情结束后的文化旅游消费成为2023年的消费热点。根据北京市文旅局的数据，2023年一至四季度北京旅游人次和旅游收入大幅增长，全年游客接待量达到32853.7万人次，比上年增长80.2%，旅游收入增长132.1%，其中本地居民旅游人次达到14617.7人次，增长47.5%，本地居民旅游收入达到637.4亿元，增长72.0%（见表4）。演出市场也非常火爆，2023年演出机构达到339家，增长66.2%，演出场次达到49524场，增长143.8%，观众人次增长204.1%，演出收入增长266.0%（见表5）。

表4　2023年北京旅游市场情况

项目	2023年第四季度		2023年一至四季度	
	游客接待量	增长%	游客接待量	增长(%)
游客总量(万人次)	8073.0	126.2	32853.7	80.2
国内游客(万人次)	8031.3	125.4	32736.9	79.8
外省来京游客(万人次)	4379.2	184.3	18119.2	118.4
市民在京游客(万人次)	3652.0	80.5	14617.7	47.5
入境游客(万人次)	41.8	660.0	116.8	384.8
项目	2023年第四季度		2023年一至四季度	
	金额	增长(%)	金额	增长(%)
总收入(亿元)	1471.3	388.4	5849.73	132.1
国内旅游收入(亿元)	1429.2	382.6	5731.2	130.1
外省来京收入(亿元)	1256.4	489.6	5093.8	140.2
市民在京收入(亿元)	172.8	108.0	637.4	72.0
国际旅游外汇收入(亿美元)	5.8	704.2	16.6	275.7
国际旅游收入折合成人民币(亿元)	42.1	728.2	118.5	304.0

资料来源：《北京市市场旅游总体情况》，ttps：//whlyj.beijing.gov.cn/zwgk/zxgs/tjxx/history/2023/qszt/202402/t20240202_ 3611144.html。

表 5　2023 年艺术表演场所经营情况

分　类	一至四季度	上年同期	增速(%)
机构数(家)	339	204	66.2
演出场次合计(场)	49524	20315	143.8
国内演出观众人次(万人次)	1138.5	374.3	204.1
演出收入合计(万元)	230414.6	62954.1	266.0

资料来源：《2023 年艺术表演场所经营情况》，https：//whlyj. beijing. gov. cn/zwgk/zxgs/tjxx/history/2023/field/202401/t20240123_ 3611271. html。

餐饮消费恢复并超过疫情前水平。2023 年北京社会消费品零售总额中，按消费形态分，商品零售 13148.1 亿元，增长 2.5%，略低于 2021 年与 2019 年水平；餐饮收入 1314.6 亿元，增长 36.7%，超过 2019 年 1225.4 亿元的水平（见表 6）。按商品类别分，限额以上批发和零售业中，金银珠宝类、体育娱乐用品类、服装鞋帽针纺织类商品零售额分别增长 35.0%、29.8% 和 23.4%，汽车类商品零售额增长 13.5%，其中，新能源汽车增长 38.0%。①

表 6　2019~2023 年北京社会消费品零售总额

单位：亿元

分类	2019 年	2020 年	2021 年	2022 年	2023 年
社会消费品零售总额	15063.7	13716.4	14867.7	13794.2	14462.7
按消费形态分					
餐饮收入	1225.4	871.7	1134.6	961.6	1314.6
商品零售	13838.3	12844.7	13733.1	12832.6	13148.1

资料来源：历年《北京统计年鉴》。

二　影响居民消费的主要因素分析

整体来看，尽管 2023 年居民消费水平提高，消费倾向上升，但居民消

① 《2023 年北京经济持续回升向好　发展质量稳步提升》，https：//tjj. beijing. gov. cn/zwgkai/zcwj/tjsj/202401/t20240119_ 3541053. html。

费恢复还比较缓慢，特别是没有出现所预期的报复性增长。虽然疫情结束后的社会生产、生活秩序逐渐恢复，居民收入、消费也逐步恢复到疫情前水平，但是疫情的影响是深远的，后疫情时代，既有促进居民消费的因素，也有阻滞居民消费增长的因素。从长远来看，疫情以及宏观环境的变化改变了居民消费习惯和消费心态，居民消费整体上变得更加保守与理性。

（一）消费恢复的有利因素

1. 就业形势好转

就业形势是近年来社会讨论的热点话题。疫情期间企业经营困难，部分经营困难的企业倒闭，就业岗位减少，失业人口增加。智联招聘发布的《2022大学生就业力调研报告》显示，2022届毕业生在做出就业选择时，“稳定”成为仅次于“薪酬福利”“工作和生活平衡”的第三大因素，相较于2021年上升6.4个百分点。[①] 2023年整体经济发展形势好转，就业情况有所改善。2023年，全市城镇调查失业率均值为4.4%，比上年下降0.3个百分点；12月，全市城镇调查失业率为4.2%，全市促进城乡就业困难人员就业17.9万人。青年群体就业情况也有所好转，2023年北京生源高校毕业生就业去向落实率达96%。[②]

2. 居民收入增长速度回升

疫情之前的五年，北京居民的收入增速在6.5%左右波动，较为稳定。2020年以来受新冠疫情影响，居民收入增长幅度出现大幅波动，2020年不足1%，2021年又有所恢复，达到6.8%；2022年再次受疫情影响，北京GDP增速仅为0.7%，而居民收入增长3.2%；2023年北京GDP增速恢复到5.2%，但仍没能恢复到疫情前的水平，居民收入增速提高至5.6%，高于GDP增速，继2015年、2017年、2019年、2022年后再次超过GDP增速（见表7）。

---

① 《青年失业率突破20%，00后切换成“慢就业”模式》，https://www.thepaper.cn/newsDetail_forward_23639776。

② 《北京“每月一题”促进重点群体就业》，《中国青年报》2023年12月26日。

表7　2015年以来北京居民收入增速与GDP增速

单位：元，%

项　目	2015年	2016年	2017年	2018年	2019年	2020年	2021年	2022年	2023年	2024年第一季度
收入增速	7.0	6.9	6.9	6.3	6.3	0.8	6.8	3.2	5.6	5.2
GDP增速	6.9	6.9	6.8	6.7	6.1	1.1	8.5	0.7	5.2	6.0

资料来源：北京市统计局网站。

从北京市居民的实际收入来看，2023年北京居民人均可支配收入为81752元，比上年增长5.6%。从四项收入构成来看，全市居民人均工资性收入为51632元，同比增长8.1%；人均经营净收入为1026元，同比增长13.6%；人均财产净收入为12280元，同比下降1.1%；人均转移净收入为16814元，同比增长2.9%（见表8）。工资性收入占比大且不断增长是未来居民消费信心和消费支出增长的基础。2023年与2022年相比，经营净收入下降趋势逆转，有较大幅度的回升，但财产净收入仍持续下降，2023年同比下降1.1%。

表8　2021~2023年北京居民人均可支配收入增长状况

单位：元，%

项　目	2021年	2022年	2023年	2021年增速	2022年增速	2023年增速
人均可支配收入	75002	77415	81752	8.0	3.2	5.6
人均工资性收入	45675	47758	51632	10.2	4.6	8.1
人均经营净收入	940	903	1026	15.8	-3.9	13.6
人均财产净收入	12460	12418	12280	5.7	-0.3	-1.1
人均转移净收入	15927	16336	16814	3.5	2.6	2.9

资料来源：北京市统计局网站，月季度统计数据。

3. 消费者信心有所恢复

2023年居民消费信心指数有所恢复，基本呈现先上升后下降的趋势，居民消费理性谨慎。从北京市统计局发布的月季度数据来看，北京居民消费信心在2023年第一季度迎来明显回升，消费者信心指数上升至115.1，第二至四季度连续下降，第四季度为108.4，较2022年第四季度的106.3高出2.1点。总体来看，2023年生活秩序逐渐恢复正常，受此影响，消费者信心整体上较2022年有所恢复，但是趋势下降。

从消费者满意度来看，消费者满意指数下降，2023年第一季度的110.8连续在第二、第三季度下降1.1点和4.6点，又在第四季度小幅回升1.3点。从具体指标来看，2023年家庭收入状况满意指数相对是最高的，消费意愿满意指数居中，就业状况满意指数最低。2023年从第一季度到第四季度，三类指数均有不同程度的下降，从2023年第四季度数据来看，就业状况满意指数与家庭收入状况满意指数均同比有所下降，消费意愿满意指数同比略有上升。

从消费者预期来看，2023年经历了好转与回落两个阶段。2023年第一季度，消费者预期指数是118.0，环比上升10.4点。随后又连续三个季度下降，第四季度下降至109.8，比2022年同期仅高出2.2点。反映消费者预期状况的具体指标有就业状况预期指数和家庭收入状况预期指数。2023年两类指数均在第一季度迎来回升，又连续三个季度下降，其中就业状况预期指数从2022年第四季度的104.9上升至2023年第一季度的119.0后，又连续下降至第四季度的109.0；家庭收入状况预期指数则在2023年第一季度上升至117.0后连续下降至第四季度的110.5，比2022年同期仅提升0.3点（见表9）。

表9　2023年以来北京居民消费信心指数变化

项　目	2023年第一季度		2023年第二季度		2023年第三季度		2023年第四季度		2024年第一季度	
	指数	比上季度增减	指数	比上季度增减	指数	比上季度增减	指数	比上季度增减	指数	比上季度增减
消费者信心指数	115.1	8.8	114.6	-0.5	109.0	-5.6	108.4	-0.6	108.4	0.0
消费者满意指数	110.8	6.3	109.7	-1.1	105.1	-4.6	106.4	1.3	107.6	1.2

续表

项目	2023 年第一季度		2023 年第二季度		2023 年第三季度		2023 年第四季度		2024 年第一季度	
	指数	比上季度增减	指数	比上季度增减	指数	比上季度增减	指数	比上季度增减	指数	比上季度增减
就业状况满意指数	106.1	3.2	105.7	-0.4	101.8	-3.9	102.4	0.6	103.9	1.5
家庭收入状况满意指数	113.0	3.3	112.8	-0.2	108.9	-3.9	108.9	0.0	110.9	2.0
消费意愿满意指数	113.2	12.4	110.7	-2.5	104.5	-6.2	107.8	3.3	108.2	0.4
消费者预期指数	118.0	10.4	117.9	-0.1	111.6	-6.3	109.8	-1.8	109.0	-0.8
就业状况预期指数	119.0	14.1	118.9	-0.1	112.2	-6.7	109.0	-3.2	107.1	-1.9
家庭收入状况预期指数	117.0	6.8	116.8	-0.2	110.9	-5.9	110.5	-0.4	110.8	0.3

资料来源：北京市统计局网站，月季度统计数据。

（二）居民消费增长的不利因素

1. 居民收入差距保持高位

2019 年以来，北京居民的收入差距不断扩大。与 2019 年相比，2022 年北京市各收入组（低→高）绝对收入分别上升了 2274 元、6873 元、10234 元、11959 元和 23334 元，高/低收入组平均收入比也从 2019 年的 5.42 上升至 2021 年与 2022 年的 5.8 以上，但一个向好的趋势是，2022 年高/低收入组的平均收入比与 2021 年相比有所下降（见表 10）。

表 10　2019~2022 年北京居民不同收入组的收入情况

单位：元

组别	2019 年	2020 年	2021 年	2022 年
低收入组	25723	25394	27057	27997
中低收入组	44971	44855	50226	51844
中等收入组	62596	63969	70453	72830

续表

组别	2019 年	2020 年	2021 年	2022 年
中高收入组	85170	88026	94678	97129
高收入组	139296	145915	157816	162630
高-低	113573	120521	130759	134633
高/低	5.42	5.75	5.83	5.81

资料来源：历年《北京统计年鉴》。

从五等分分组的各组收入差距来看，2017 年以来，收入越高则收入增长的平均速度越高。2020 年疫情发生后各收入组的收入增速均发生了不同程度的波动，收入增长不稳定。2022 年出现了较低收入组收入增速高于较高收入组的情况，其中低收入组增长 3.47%，中低收入组增长 3.22%，而中高收入组仅增长 2.59%，高收入组增长 3.05%（见表 11）。

表 11　2019~2022 年北京居民不同收入组的收入增长情况

单位：%

组别	2019 年	2020 年	2021 年	2022 年
低收入组	7.51	-1.28	6.55	3.47
中低收入组	7.37	-0.26	11.97	3.22
中等收入组	8.18	2.19	10.14	3.37
中高收入组	9.32	3.35	7.56	2.59
高收入组	9.71	4.75	8.16	3.05

资料来源：根据《北京统计年鉴》数据计算而来。

2. 就业预期的不稳定性增加

2023 年以来，疫情对居民社会生活的直接影响和限制已经不再，但是其间接影响是深远的，一个重要影响就是就业，就业预期不稳定使人们不敢大手大脚花钱。疫情期间部分企业为维持自身生存，不得不进行裁员，尤其是一些互联网“大厂”等高新技术企业裁退，对就业市场造成较大冲击。当前大学毕业生就业存在一定困难，也造成群体性的焦虑与不安。

受降薪或裁员的影响，北京部分居民收入下降，日常生活受到较大影响，其消费被迫降级。除了降薪或裁员带来的大众心理效应，疫情后很多企业还处于恢复期，高质量高收入的就业岗位数量短时间内难以恢复到疫情前水平。求职者难以找到满意的工作，心理效应与现实原因产生了叠加效应，加剧了就业预期的不稳定性，对消费也产生较大影响。

3. 消费心理理性化

经过疫情，人们的消费心理更加理性与务实，更加看重性价比。疫情发生后，不少商家为维持生存采取薄利多销的策略，在大众点评、美团、抖音等平台上架低价商品或服务，出现“百元多人餐”“限时一折优惠”等大额优惠，例如北京欢乐谷 2020 年推出的 299 元年卡、麦当劳推出的“20 元 20 块鸡块”等，这种低价策略一方面增加了销量，维持了商业运转，另一方面也让消费者更加看重性价比，更加追求质优价廉，消费心理整体上变得更加理性。

与物品的“消费降级”形成鲜明对比的是，以满足精神需求为目标的文旅消费则热点不断。“特种兵旅游”“城市漫步”“旅拍”等新兴的旅游方式也在近年来开始流行，这些旅游方式更加侧重于对当地人文、自然等的深度探索，淡化了对消费的追捧，深受年轻人的喜爱。人们热衷于经济实惠的旅游，更加重视体验感，旅游不是“上车睡觉、下车拍照”，而是深度参与地方生活，满足自己的精神需求。

三　扩大居民消费的对策建议

扩大消费既是改善民生、满足人民美好生活需要的重要手段，也是构建新发展格局、实现经济高质量增长的关键环节。随着疫情的消退，居民消费逐渐恢复，从 2023 年以来的情况来看，居民消费情况有了明显的恢复和提高，居民消费活力增强，特别是 2023 年第一季度消费者信心指数大幅回升，但后三个季度却有不同程度的回落。要扩大居民消费，必须适应居民消费心理的新变化，通过经济社会政策的综合调整，改善消费环境，提升消费能力，重塑消费者信心。扩大消费要标本兼治，既要有刺激手段，也要夯实基础，着手解决居民收入、就业、社会负担等制约居民消费的问题。

（一）就业扩容保质，增强消费信心

就业是民生之本，就业形势与预期会极大影响消费信心。当前北京就业形势向好，应当继续保持扩大就业，提升就业率，保障就业质量。尤其是在青年群体、大学生群体中较为严重的就业焦虑问题持续存在，由于就业市场上中高端人才的岗位供应不足，加之疫情期间企业经营困难，不能满足青年群体的就业期待，这导致部分大学生延迟就业，选择考研、考编等。近年来不断升温的“考公热”在某种程度上就是这种就业选择的典型反映。解决就业问题，关键还是要依靠市场，关注扶持中小微企业的发展以及创新型企业的发展，创造更多中高端人才就业岗位，不断增加就业机会。

（二）缩小收入差距，提升中低收入群体消费能力

消费以收入为基础，扩大消费的根本在于提高收入，这是扩大消费的立足点。当前北京收入差距保持高位，尽管疫情期间各收入群体的收入增速产生了一定的波动与改变，但收入差距仍然存在。应当采取多种措施规范高收入群体收入，扩大中等收入群体的规模，并以减税、降费、适度补贴等形势缩小低收入群体与高收入群体间的差距。

（三）加强社会保障，促进消费升级

当前，高额的居住、教育、医疗、养老等民生负担让居民难以提升生活消费品质，限制了居民消费的进一步升级。对此，要不断完善公共服务和社会保障，改革完善教育、医疗服务体系和保障体系，降低居民的生活负担；加强政策性住房建设，扩大住房保障受惠人群，为低收入人群和租房人群降低居住成本。

（四）调整经济社会政策，释放消费潜力

目前，居民日常生活需求已经满足，日常生活消费保持平稳，很难有大幅度的增长，而汽车、住房、教育这类大宗消费金额高，受政策影响大，需求并没有得到完全满足。调研显示，北京居民在住房、汽车、教育等方面是有消费需求的，但是受政策影响，这些消费潜力无法释放出来。一些消费限制政策，如汽车限购政策、住房限购政策，限制了居民家庭的消费需求，政策调整会释放更多购买力。

（五）调整休假制度，扩大休闲消费

随着居民消费需求从物质转向体验，休闲旅游成为新的消费热点和最重要的消费增长点。旅游消费已经成为中等收入群体的消费增长点，而时间则成为制约此类消费扩大的重要因素。调研发现，有旅游能力和旅游需求的人，也是休假时间限制较多的群体。建议调整休假政策，增强休假时间的灵活性，释放消费潜力，提升消费体验。

B.9

"双减"政策下减轻北京中等收入群体家长教育焦虑的策略研究*

朱美静　宋林浓**

摘　要：　"双减"政策旨在构建教育良好生态，有效缓解家长焦虑情绪。尽管"双减"政策实施后取得了阶段性成效，但也出现了意外性后果，部分中等收入群体家长的教育焦虑并未得到有效缓解。研究发现，北京市中等收入群体家长在"双减"后仍存在教育焦虑，包括考分焦虑、优质教育资源获得焦虑、家庭间竞争焦虑及教育分流焦虑。而这些教育焦虑的实质是阶层焦虑，是对子女在未来竞争中所处社会经济地位的焦虑。因此，应保证教育的底线公平、改善基础教育生态、推进普职分流改革、加强家庭教育指导服务，以减轻中等收入群体家长教育焦虑，促进"双减"政策效果的有效达成。

关键词：　"双减"政策　教育焦虑　中等收入群体

一　引言

2021年7月，中共中央办公厅、国务院办公厅印发《关于进一步减轻

* 本文为北京工业大学2024年国家级大学生创新创业训练计划项目"'双减'政策下家长焦虑与意外性后果研究"（GJDC-2024-01-62）的阶段性成果。

** 朱美静，北京工业大学社会学系讲师，北京工业大学北京社会管理研究基地研究人员，研究方向为家庭与儿童发展、教育社会学；宋林浓，北京工业大学北京社会管理研究基地研究人员，研究方向为教育与社会分层。

义务教育阶段学生作业负担和校外培训负担的意见》，明确实施“双减”政策：减轻义务教育阶段学生作业负担，减轻校外学科类培训负担，旨在构建教育良好生态，有效缓解家长焦虑情绪，从而促进学生全面发展、健康成长。“双减”政策的实施回应了人民对更好、更公平教育的需求，以及教育发展中存在的不平衡、不充分等问题。经过两年多的实施，“双减”政策取得了阶段性的成效。

“双减”政策明确提出要“有效缓解家长焦虑情绪”，学界将家长焦虑情绪归结为“教育焦虑”。教育焦虑包括与教育相关的各重要主体的焦虑情绪，如教师教育焦虑、学生教育焦虑，尤其是家长教育焦虑。[①] 随着“双减”政策的实施，学界不仅关注教育焦虑的现状和影响因素，而且将教育焦虑研究的重点延伸到家长群体，家长教育焦虑成为“双减”政策研究的焦点话题。[②] 家长教育焦虑除了对子女学业成绩及未来前途感到焦虑之外，已将教育焦虑外溢到其他领域，如学区房、校外培训、家长间的比拼等。家长教育焦虑已发展演变为对教育政策、学校教育、学术发展的不确定，所产生的对教育变革、学校教学质量、教育获得、学生成绩等的担忧情绪，[③] 并据此提出了化解家长教育焦虑的路径及建议等。由于教育地位获得会影响甚至决定社会经济地位状况，因而更多学术讨论是将“双减”政策与教育获得及阶层回应联系起来展开研究，认为家庭背景尤其是家庭社会经济地位与子女的教育获得有紧密关联。[④] 还有研究指出，“双减”政策对改善中小学生身心健康、推动素质教育全面发展做出重要贡献的同时，也带来了扩大校

---

① 张爱玲：《学生师源性学习焦虑的产生及应对研究》，《教育理论与实践》2022 年第 8 期；高程、刘昌：《考试焦虑的产生、作用机制及干预研究综述》，《中国考试》2021 年第 6 期。

② 周洪宇、齐彦磊：《“双减”政策落地：焦点、难点与建议》，《新疆师范大学学报》（哲学社会科学版）2022 年第 1 期。

③ 丁亚东、孟敬尧、马鹏跃：《“双减”政策能缓解家长教育焦虑吗》，《教育发展研究》2022 年第 22 期。

④ 李春玲：《教育不平等的年代变化趋势（1940—2010）——对城乡教育机会不平等的再考察》，《社会学研究》2014 年第 2 期；吴愈晓：《教育分流体制与中国的教育分层（1978—2008）》，《社会学研究》2013 年第 4 期。

外教育不平等的意外性后果，可能加剧不同阶层间的教育不平等程度。① 进一步的研究认为，"双减"政策并未减少中产阶层家庭的教育焦虑，中产阶层教育"内卷"的风险并未完全消除。②

整体来看，已有关于"双减"政策下的教育焦虑讨论，为本报告提供了研究基础和分析依据，但也存在有待进一步深入研究的空间。从北京的经验现实来看，"双减"政策也出现了意外性后果。尽管"双减"政策旨在减轻学生过重的学业负担和家长的教育支出压力，但部分中等收入群体家长仍然选择让孩子参加学科类校外培训。与以往相比，学科类校外培训的形式和方式变得更加隐蔽，一些原本线下的培训班转移到线上。在这种情况下，出现了一系列新现象，如"结伴攒班""众筹私教"，以及以素养培育或兴趣班为伪装的校外培训等。为什么"双减"政策实施后会出现这些"意外性后果"，家长焦虑在其中产生怎样的影响？本报告将结合对北京市的经验研究，对此问题展开分析，重点探讨北京市中等收入群体家长焦虑的类型及其背后的形成机制，以此尝试对"双减"政策的有效达成及后续教育改革提出相应的对策建议。

二 北京中等收入群体家长的教育焦虑类型分析

基于已有讨论并结合北京的经验现实情况，本研究认为"双减"政策下的中等收入群体家长教育焦虑主要包括考分焦虑、优质教育资源获得焦虑、家庭间竞争焦虑及教育分流焦虑。

（一）考分焦虑

考分焦虑是当前教育环境中一个普遍存在的问题，特别是在初中阶段。

---

① 李路路、王元超：《"减负"与教育不平等的扩大——基于意外性后果的理论视角》，《社会科学文摘》2021 年第 11 期。

② 杨金东：《结构紧张与公平隐忧："双减"政策的阶层反应与可持续发展研究》，《云南民族大学学报》（哲学社会科学版）2022 年第 6 期。

这种焦虑不仅影响学生，也传递给家长，形成一种社会现象。在初中阶段，考试分数成为评价学生学业表现的主要方式。考试分数竞争异常激烈，小幅度的分数差异可能导致排名的显著变动。在一个班或年级中，相差 0.5 分就可能落后好几个名次，增加了学生和家长的压力。近年来，北京市中考成绩呈现分数密集分布的特点，使得学生和家长以中考分数线为标尺衡量自己的成绩时，也更容易产生考分焦虑。例如，北京市 2023 年中考录取总成绩满分为 660 分，以 631 分为“一分一段”的参考值，在海淀区有 311 人（累计人数 4575 人），东城区有 118 人（累计人数 1956 人），西城区有 196 人（累计人数 2443 人），朝阳区有 156 人（累计人数 2691 人）（见表 1）。这种高密度的分数分布导致学生和家长更加看重每一分的得失，从而加剧了考分焦虑。

表 1　北京市 2023 年中考分布 631 分“一分一段”

单位：人

行政区	“一分一段”	总人数
海淀区	311	4575
东城区	118	1956
西城区	196	2443
朝阳区	156	2691

资料来源：北京教育考试院，https：//www. bjeea. cn/html/zkzz/tzgg/2023/0708/84079. html。

此外，由于重点高中的录取分数线非常高，升学竞争异常激烈。而高中教育的水平分层显著，在重点高中与普通高中之间，甚至不同重点高中之间的教学质量和高考录取率差别明显。很多家长和孩子认为升入重点高中或目标高中是升入重点大学或理想大学的关键一步。这种观念使他们更加关注每次的考试成绩，考试表现的波动牵动着学生和家长对未来的预测和对自身的评判，这加剧了考分焦虑。例如，一些学习成绩较为优异的学生在考试中偶尔失误后，会表现得非常焦虑，情绪波动很大，甚至大哭一场。孩子的考分焦虑也传递给家长，使得很多家长同样感到明显的考分焦虑。

（二）优质教育资源获得焦虑

“双减”政策实施之前，出于各种原因，校内教育未能完全满足学生对于学业的更高要求，家长和学生纷纷涌向校外培训机构，希望在校外培训机构获得比校内更优质的教育资源。尤其是在教育竞争激烈的地区，如海淀区，校外培训机构的需求甚至到了一座难求的程度。“双减”政策实施后，校外培训机构陷入了一段时间的沉寂，然而，由于家长对优质教育资源获取的焦虑并未因政策的变化而减弱，尤其在教育竞争激烈的地区，这种渴望更加显著。一些学校仍无法满足学生对教育资源的需求和期望，因此家长和学生对于获取优质教育资源的焦虑依然存在，他们便再次转向校外培训机构。

此外，即使是在教育质量较高的学校，仍有很多学生和家长选择在校外机构参加辅导。尤其是在知名学校，在校外培训机构参加辅导的学生比例更高。这表明，学生和家长参加校外辅导，不仅是因为对学校教育质量不满意，也可能因为个性化需求而寻求与自身期望相符的教育资源。这种个性化需求并非学生成绩弱的结果，而是教育“内卷化”的结果。教育“内卷化”导致学生和家长感受到必须通过额外的辅导来保持或提高竞争力。

（三）家庭间竞争焦虑

家庭间的教育竞争日渐激烈是当前教育环境中的突出问题。一方面是同一时空的竞争，这种竞争往往直接而明显，同班、同年级、同校学生之间的成绩排名、考分对比及参与校外辅导的情况，都形成对比和竞争，成为家长们相互比较的焦点。另一方面是不同时空的对比竞争，如不同代际、不同学校、不同区县在学校知名度、校外辅导参与情况等方面的比较，同样形成家庭之间的比拼。这样激烈的教育竞争和比拼，不仅在学校和社区内发生，还可能扩展到整个社会层面，导致中等收入群体家长产生家庭间竞争焦虑，担心孩子落后于人。

此外，“内卷化”现象也加剧了家庭间竞争焦虑。“内卷化”是指在现有状态下如果无法继续创新拓展，只能精益求精，追求极致化和复杂化。教育的“内卷化”不仅表现在学生为了一两分而体现出精益求精的程度，也表现为家长为了帮助子女提高分数，甚至拿到满分而追求另一种极致的做法。例如，北京市中考体育满分是 40 分，其中平时成绩是 10 分，现场测试成绩是 30 分。有些家长为了让子女现场测试成绩达到满分组建“体育满分群”，邀请体育老师进行专门指导，确保考生在体育考试中的每个项目都能够获得满分。体育课如此，文化课的“内卷化”程度则更甚，这种“内卷化”现象导致家长产生巨大的教育焦虑。

（四）教育分流焦虑

教育分流焦虑主要指担心中考成绩不佳、被迫分流到职业高中所引发的教育焦虑，即畏“职”焦虑。“双减”政策并没有改变部分初中生毕业后面临到职业高中去学习的客观现实。教育统计数据显示，2022 年我国高中教育阶段在校生共 3916.8 万人，其中普通高中在校生为 2713.9 万人，中等职业教育在校生为 1339.3 万人。中等职业教育占高中教育阶段在校生的 34.2%。[①] 2023 年北京市普通高中招生规模约为 8 万人，中等职业教育招生规模约为 3.5 万人，占比约为 30%。[②] 上述数据显示，中等职业教育的比例较高。而家长对孩子的教育期望普遍偏高，希望孩子能进入普通高中并最终升入大学。在调查中，90%以上的家长和学生都明确表示不愿意去职业高中学习，总体上呈现畏“职”心理。学生和家长普遍认为普通高中优于职业高中。即便是学习成绩不佳的学生和家长，也不愿意接受进入职业高中的现实。中等收入群体家长特别认为，选择职业高中意味着落后于他人，未来只能成为从事技术性、操作性工作的“蓝领”阶层，而无法进入大学并成为

① 数据来源：中华人民共和国教育部网站，http：//www.moe.gov.cn/jyb_sjzl/moe_560/2021/quanguo/202301/t20230103_1037972.html。

② 数据来源：北京市人民政府网站，https：//www.beijing.gov.cn/zhengce/zhengcefagui/202303/t20230328_2945813.html？eqid=b1750c9100129bb700000003642cee52。

社会广泛认可的“白领”阶层，在社会地位和收入上都处于不利境地。教育分流现状与家长的教育期望之间存在明显矛盾，尤其是学习成绩处于中下游的部分学生和家长畏“职”焦虑更严重。如此结果就是学生和家长都希望获得较好的教育资源，以提高中考分数，避免陷入只能选择职业高中的窘境。

三 北京中等收入群体家长教育焦虑的形成机制分析

中等收入群体家长的教育焦虑只是表面现象，其背后真正的根源是阶层焦虑。在教育焦虑传导并形成结构性力量的过程中，一些机制性动力发挥着关键作用。正是这些动力的作用，导致教育焦虑的普遍存在，并直接影响了“双减”政策的实施效果。

（一）教育是决定社会经济地位的机制动力

在现代社会中，教育对社会经济地位的获得具有显著影响，因此是社会流动或社会再生产的重要动力机制。教育获得不仅与个体天赋和努力息息相关，更受到家长参与和教育消费等家庭因素的重要影响。

中等收入群体家长希望子女通过接受良好的教育实现向上的社会流动，在社会结构中能够获得相对较高的阶层地位。而且在这一过程中，在“家长主义”的风潮下，中等收入群体家长更加相信家长参与的重要性，积极干预孩子的学业发展。即使在当前“双减”政策实施背景下，家长仍通过各种方式和手段获得校外教育机构的优质教育资源。家长们担心，如果孩子不能通过教育获得相应的资质和技能，可能难以实现社会地位的上升，甚至面临社会地位的下降。

在“双减”政策实施前，影响孩子参加校外培训机构辅导的主要因素是经济因素。而在“双减”政策实施后，由于校外教育机构的隐蔽性，家庭社会资本在获得校外教育资源中变得更加重要。由家庭经济条件而导致学生无法获得校外培训机构教育资源的因素并不普遍，能否获得教育培训的信息，成为影响部分学生获取教育资源的重要因素。而这可能是“双减”政策一个意外性后果——扩大了校外教育的不平等。[①]

（二）比较需求的现实动力

社会比较理论认为，人们通常会和那些与自己在某些方面相似的人进行比较，并且将他人的成就或失败映射到自己身上，认为自己也会遇到与他人相似的境遇，由此产生与他人相似的情绪。[②]“双减”政策实施之前，为何会出现如此规模的家长和学生涌向校外培训机构？部分原因是因为学校不能满足学生对优质教育资源的需求，家长和学生希望从校外培训机构获得自己预期的教育资源，以弥补校内教育资源的不足。这种现象逐渐演变成一种社会性的群体心态，甚至有体制内的学校老师鼓励或督促学生去校外培训机构学习。同时，家长们相互效仿、相互比拼，由此产生并带动了家长促使学生去校外培训机构学习的大量需求，客观上也推动了校外培训机构迅速发展扩大。

“双减”政策实施后，由于执行力度大，学校和家长都接受了相关政策规定，学生不再到校外机构参加课程辅导，再加之疫情的影响，一度使校外培训机构陷入沉寂。然而，后来新闻媒体曝光了仍存在部分学生私下到校外培训机构补课或校外培训机构老师上门辅导功课的现象，激发了之前曾经一度放弃到校外培训机构接受辅导的学生的比较需求。家长们担心自己的孩子落后，由此产生焦虑情绪，比较需求成为促使家长和学生转向校外培训机构的现实动力。因此，家长想方设法获取校外培训机构的教育资源。同时，由于多方面原因，校外培训机构的服务转向地下并变得更加隐蔽，这是校外培训机构的一个新变化。

---

① 杨金东：《结构紧张与公平隐忧：“双减”政策的阶层反应与可持续发展研究》，《云南民族大学学报》（哲学社会科学版）2022 年第 6 期。

② Collins, R. L. , “For Better or Worse: The Impact of Upward Social Comparison on Self-Evaluations,” *Psychological Bulletin*, 1996 (1): 51-69.

（三）“望子成龙”的传统文化惯习动力

我国自古就有“望子成龙”的传统文化观念，激励着无数中国家庭重视教育并对子女的教育寄予很高的期望，这一传统文化观念至今仍发挥着惯性作用。相关调查数据显示，当前我国义务教育阶段学生家长中有 42.2%希望子女能读到硕士及以上学历，希望子女读到本科的占 53.5%，两者合计 95.7%，这与我国当前高等教育的容量有着不小的差距。①

“望子成龙”不仅作为传统文化观念在发挥作用，而且家长、家庭之间的相互攀比，进一步强化了“望子成龙”的固有观念。中等收入群体家长与身边的人、同事、亲朋好友对比，甚至进行代际比较，发现工作较好、社会经济地位较高的家庭或子女是接受了良好教育的结果，这会进一步强化“望子成龙”的传统文化观念，因而希望自己的子女也能够接受良好的教育。

“双减”政策实施之后，家长对于教育的焦虑并未得到缓解，因为无论是中考还是高考，考试“指挥棒”并没有发生实质性的变化，仍然是以分数为依据，以分数论英雄，并且学校目前的教育并不能满足家长和学生提高分数的期望。为了实现“望子成龙”的目标，家长和学生依然寻求校外培训机构的教育资源，而且这种寻求教育资源的焦虑似乎具有传染性，不断扩散蔓延，带动更多家庭将目光投向校外培训机构，促使校外培训机构进入转型发展阶段。

（四）未来风险的考量

大多数家长都希望子女能够享有比自己更好的教育和生活条件，重视子女的未来安全与稳定。一方面，在竞争激烈的社会中，教育被视为改善社会地位和经济状况的重要途径，受教育水平往往与个人未来的收入水平和就业稳定性直接相关。因此，家长们担心如果子女未能接受良好教育，将来可能

---

① 王卫东：《回归教育本质，让孩子全面健康成长》，《光明日报》2021 年 10 月 26 日。

面临就业困难，影响其经济独立和财务安全。另一方面，家长也非常关心孩子的心理健康和情绪状态。在高度竞争的环境中，孩子可能感受到巨大的压力，导致焦虑、抑郁等情绪问题。在教育上遭遇失败不仅可能影响孩子的自尊和自信，也可能影响家庭的整体幸福感和社会评价。

此外，在快速变化的世界中，未来的职业趋势和生活模式充满不确定性。家长们担心当前的教育是否能够为孩子提供应对未来挑战所需的知识和技能。家长们也可能对学校教育的质量感到不确定，担心现有教育体系是否能够满足孩子的个性化需求，是否能够帮助他们应对未来复杂多变的社会和工作环境。这种期望的差异，加剧了家长对孩子教育成就的重视，并引发了焦虑情绪。

（五）“考二代”家长的教育焦虑

北京中等收入群体的构成中，有很多是通过高等教育获得较高的社会经济地位，实现社会流动，其中不乏“985”“211”等重点院校的毕业生。他们的教育焦虑可能具有其特殊性，教育焦虑比一般的中等收入群体更为深刻和复杂。

首先，他们自身有着成功的学业经历，有着较强的学习动力、学习能力和优异的学业表现，可能将自己的学业成功和积极经验作为标准，对子女有更高的学业期望，希望子女能够达到甚至超越自己的学业成就。其次，作为“京一代”“考一代”的家长，他们通过教育实现了从其他地区到北京的迁移，并在社会经济阶梯上攀升。他们可能对地位流动患得患失，更加渴望巩固自己的社会地位，希望子女能像他们一样，通过教育实现阶层的稳固，甚至进一步上升。再次，这些家长通过自身的经验更加理解教育的重要性，可能会将教育视为子女未来成功的关键因素，因此对子女的学业成绩和教育选择给予极大的关注，希望子女也能复制自己的成功经验，通过教育获得更好的发展机会。最后，他们对北京的教育和就业市场的竞争激烈程度有更深刻的认识，担心子女如果受教育程度不佳，在未来的求职、升学等方面将面临更大的挑战，在激烈的竞争中落后，因此会更加关注子女的学习情况。

四　结论与对策

本报告的主要结论包括以下三点。第一，“双减”政策实施以来取得了阶段性成效，但也出现了意外性后果，部分中等收入群体家长的教育焦虑并未得到有效缓解。第二，中等收入群体家长教育焦虑主要包括考分焦虑、优质教育资源获得焦虑、家庭间竞争焦虑及教育分流焦虑。第三，“双减”政策下中等收入群体家长教育焦虑的实质是阶层焦虑，是对子女未来在社会结构中所处社会经济地位的焦虑。为平稳有序推进“双减”工作，本报告提出以下四点政策建议。

（一）保证教育底线公平

“底线公平”是学界讨论社会保障和社会福利问题时提出的概念，其实质是为了确立社会公平的基点，明确政府责任的“边界”，寻找全社会可以共同接受和维护的价值基础，确定当前实际可以达到的起码的公平，重点是强化底线以下政府的责任。[①]这个概念对于解决当前的教育焦虑和阶层焦虑具有重要借鉴意义，强化体制内学校提供高质量教育资源的能力，最大限度练好基本功，最大限度保障满足绝大多数学生对学校教育资源的需求，这是政府需要优先在教育竞争条件下处理好的问题。政府应加大教育投入，改善教育设施，提高教师素质，以缩小北京市不同地区和学校之间的教育差距，推动教育优质均衡发展。此外，为促进教师资源的区域均衡和校际均衡，应进一步推行及完善教师轮岗制度，通过分层次流动，实现师资力量的动态均衡；制定补偿性政策，增加教育津贴以支持教育薄弱地区的师资补充；推进“银龄计划”，鼓励优秀退休教师返聘，助力师资薄弱校的教育发展。

① 景天魁：《底线公平：公平与发展相均衡的福利基点》，《北京工业大学学报》（社会科学版）2015 年第 1 期。

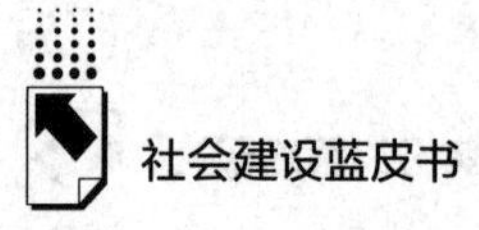

（二）改善基础教育生态

做好“双减”政策实施工作，改善基础教育生态是一条可持续发展的路径。一方面，应改革基础教育阶段的教育评价体系，不过度依赖考试成绩和排名来评价学生的能力，降低标准化考试的频率和重要性，更多采用综合性评价方法来评估学生的学业成就，减轻教育过程中的竞争压力，让学生在多样化的学习体验中展现个人优势和兴趣。这样不仅能培养学生的创新能力和实际操作能力，还能促进学生的全面发展和健康成长，让基础教育回归以育人为主的基本目标。另一方面，学校要强化内功，不断提升教学质量，提供高质量的教学资源，满足绝大多数学生对校内教育资源的需求，并通过加强课后服务，增强学校对学生个体化需求的满足能力。

（三）推进普职分流改革

推进普职分流改革，稳步提升职业教育的质量和社会认可度。通过优化职业教育课程设置，强化师资队伍建设，加强职业教育生涯规划，帮助学生根据自身兴趣和特长进行选择。促进校企合作，强化实践教学，提升职业教育的实用性和就业前景，使职业教育成为学生成长成才的重要途径之一。同时，建立更加灵活的普职转换机制，打破普通教育和职业教育之间的壁垒，实现二者的有机结合，让学生在普通教育和职业教育之间有更多选择和转变的机会。通过促进职业教育与普通教育间的教育均衡，确保普职分流制度更加人性化、公平和高效，从而更好地满足学生的发展需求和社会的人才需求。

（四）加强家庭教育指导服务

首先，应将助力“双减”政策改革作为家庭教育指导服务建设的重要目标之一。通过提供相关政策的详细解读，帮助家长理解并适应政策变化，减轻他们的焦虑和压力。其次，健全家校协同育人机制也是重要的措施，重塑以育人为核心的家校协同机制，破除单一的成绩导向，加强学校和家庭之间的沟通与合作，明确学校和家长各自的作用和责任，共同促进孩子健康、全面发展。再次，引导家长树立科学理性的教育观念也是非常重要的。通过开展家庭教育宣传和培训活动，向家长传递科学的教育理念和方法，帮助家长建立更加合理的教育期望，理解每个孩子的独特性和发展潜力，引导他们正确看待孩子的成长和教育，避免盲目攀比和过度关注分数，从而更好地引导孩子健康成长。最后，帮助家长提升家庭教育知识、能力与家庭教育质量也是不可或缺的一环。通过举办家庭教育课程、提供家庭教育指导手册等方式，向家长传授有效的养育知识和技巧，帮助他们更好地应对孩子成长过程中的各种挑战，提升家庭教育的质量和水平。

B.10
北京市产权型保障房居民获得感及投诉行为研究

李　蹊*

摘　要：　产权型保障房是我国加快建立多主体供给、多渠道保障、租购并举住房制度的重要举措，是在发展中保障和改善民生的创新性尝试。北京市作为共有产权住房政策的国家试点，承担着探索新型政策经验的重要任务。本研究基于2024年问卷调查搜集的一手数据，以北京市共有产权住房居民的主观获得感与客观投诉行为来衡量政策效果。研究发现，第一，共有产权政策有助于购房者获得感整体水平的提升，但行政负担在一定程度上削弱了居民对治理资源充足性的感知。第二，共有产权住房居民存在较高频率的集体投诉行为，数字时代学历较高而年龄较低的购房者政策反馈能力强，在属地政府回应性不足的情况下，群体内部存在负面情绪的线上传染。基于此，以北京市为代表的超大城市如能加大对保障房供后运行的治理投入，推动住建、民政、社会工作等党政部门的协作治理，线上与线下相结合地培育多元治理主体的共治能力，将进一步提升居民获得感和城市社区治理绩效，推动保障房建设从“住有所居”向“住有宜居”的跨越发展。

关键词：　共有产权住房政策　获得感　住有宜居　超大城市微观治理

一　北京市共有产权住房政策特征与实践意义

治国有常，利民为本。随着我国社会主要矛盾的转变，以高效能治

* 李蹊，北京工业大学社会学院讲师、北京社会管理研究基地研究人员，研究方向为基层治理。

理不断满足人民日益增长的美好生活需要成为高质量发展的落脚点。[①] 产权型保障房政策一头连着发展，另一头连着民生，是实现从“住有所居”到“住有宜居”的住房政策目标升级、增强居民获得感的重要举措。鉴于产权型保障房政策在“以人民为中心”发展理念下的独特地位，以及在公共政策理论脉络中的重要意义，其政策效果的评价与形成机制成为超大城市住房政策与治理研究共同关注的核心议题。其中，共有产权住房针对经济适用房等早期产权型保障房存在的寻租空间加以改进，被国务院明确为与公租房、保障性租赁住房并列的住房保障体系三大支柱之一。[②]

北京市共有产权政策属于“发展型”保障房政策，以收入处于“夹心层”的居民和不同户籍状态的新市民为政策目标群体，试图兼顾住房的居住功能与发展功能，[③] 既是建构“向下有托底、向上有通道”的多元住房保障体系的重要尝试，[④] 也是对 2024 年政府工作报告提出的“满足居民刚性住房需求和多样化改善性住房需求”的贯彻落实。但共有产权住房政策作为政府让渡收益[⑤]、拓宽住房供给渠道[⑥]、满足新市民需求的创新举措，[⑦] 却在试点城市出现了弃购率高的现象。[⑧]

由于全国范围内共有产权作为新型政策尚处于起步阶段，现有研究

---

① 陈振明：《以高效能治理引领高质量发展》，《国家治理》2021 年第 19 期。

② 《国务院办公厅关于加快发展保障性租赁住房的意见》（国办发〔2021〕22 号），https：//www. gov. cn/zhengce/content/2021-07/02/content_ 5622027. htm。

③ 李蹊：《北京市共有产权住房社区治理效能研究》，载徐志军、李四平主编《2023 年北京社会建设分析报告》，社会科学文献出版社，2023。

④ 虞晓芬：《构建“向下有托底、向上有通道”的大城市住房保障供给体系》，《探索与争鸣》2023 年第 4 期。

⑤ 张利花、虞晓芬、曾辉：《共有产权房保障模式与住户资产权益价值》，《城市发展研究》2019 年第 10 期。

⑥ 崔光灿：《促进共有产权住房稳健发展的思考》，《行政管理改革》2022 年第 7 期。

⑦ 马秀莲、范翻：《住房福利模式的走向：大众化还是剩余化？——基于 40 个大城市的实证研究》，《公共管理学报》2020 年第 1 期。

⑧ 刘广平、刘晓越：《政策工具视角下我国共有产权房政策评估与优化研究》，《深圳社会科学》2023 年第 6 期。

多集中于对住房建设模式以及产权划分可行性的论证评估,[①] 较少对住房供给后的政策效果加以检验。对此，本研究试图从“生产与分配”延长至“治理”领域来检验产权型保障房政策效果。鉴于北京市自 2014 年开始成为共有产权政策全国六大试点城市之一，根据北京市住建委及各区政府网站与官方媒体报道的信息整合，截至 2023 年，北京市共完成 165 批次申购与 13.5 万余套房源供给，在长期探索中积累了宝贵的实践经验，为采集一手数据开展政策落地后期的评估提供了可能。基于此，本研究以北京市共有产权住房政策为例，进一步基于 2024 年问卷调查获取购房居民主观态度和客观行为一手数据。首先，比较北京市不同住房类型居民获得感水平。其次，将产权型保障房居民获得感与投诉行为进行对照，分析居民主观态度与客观行为之间的张力。最后，探讨群体特征的形成机制，为进一步提升居民获得感、减少集体投诉提出政策性建议。

二　产权型保障房供后运行效果测量指标

《“十四五”公共服务规划》涵盖包括住房政策在内的各类服务供给计划，随着新时代经济社会发展质量不断提高和公共政策目标的逐渐升级，政策绩效研究的重点正在从供给端的部门效率转向需求端的用户体验，包括住房在内的公共服务均等化也需要从“资源分配”迈向“治理”范畴。[②] 由此，人民的主观感受和政策反馈日益受到关注，逐渐成为具有中国特色的公共服务绩效重要评价标准和城市治理效能的重要表征。

其中，“获得感”作为公众在客观获益基础上对社会公平的主观感受，是新时代的良政基准与善治标尺，被视为对我国发展和改革目标的再次明

① 宋宗宇、张晨原：《我国共有产权住房转让制度研究》，《西南民族大学学报》（人文社会科学版）2020 年第 3 期。

② 包国宪、彭虹九：《公共价值视角下的政务服务绩效测度——基于 A 市 10 个县区的用户体验评价》，《公共管理与政策评论》2023 年第 5 期。

确，回应了我国发展质量的评价标准问题。[①] 此外，居民投诉行为与政府回应性，也是研究我国公共政策绩效与治理成效的核心概念之一。尤其是数字时代政社沟通模式的转变，居民反馈对基层治理产生了越来越大的影响。[②] 与此同时，公众感受也会受到行政效率等基层政府治理水平的影响，[③] 行政负担会显著增加来访市民的困惑、挫败和愤怒情绪。[④]

由此，本研究将居民获得感和投诉行为分别作为衡量住房政策长期效果的主观维度和客观维度。“获得感”概念自2015年在中央深改组会议上被首次提出以来，到党的十九大报告中再次与“幸福感”和“安全感”并列，都属于公众对经济、民生等不同领域公共政策效果的主观回馈。[⑤] 而获得感概念的独特之处在于与社会公平的紧密关联，来源于人民期许和发展成果的交互，比幸福感等近似概念更强调服务的公共性、相对性和发展性，是公众在经济社会发展、社会公平公正和个人收益等各类主客观要素综合作用下的感受。[⑥]

一方面，研究表明，中央的均衡性转移支付并不会自动转化为居民能够感知到的公平，我国居民在纵向层面的公共服务充足性感知有所增强，但在横向层面的平衡性感知并无提升，使得公共服务均等化政策绩效大打折扣。[⑦] 另一方面，获得感强调在比较中产生的公平性和均衡性感知，比较的

---

① 马亮、杨媛：《公众参与如何影响公众满意度？——面向中国地级市政府绩效评估的实证研究》，《行政论坛》2019年第2期。

② 陈锋、王泽林：《技术重塑治理关系与数字治理“内卷化”——以“12345”热线驱动市域治理为例》，《探索》2024年第1期。

③ 于洋航、缪小林：《政府行政效率如何影响居民幸福感——基于中国制度环境的实证分析》，《上海行政学院学报》2022年第6期。

④ Hattke F., Hensel D., Kalucza J., “Emotional Responses to Bureaucratic Red Tape,” *Public Administration Review*, Jan. 80, 2020.

⑤ Kabisch S., Poessneck J., Soeding M., Schlink U., “Measuring Residential Satisfaction over Time: Results from a Unique Long-term Study of a Large Housing Estate,” *Housing Studies*, Oct. 37, 2022.

⑥ 文宏、林彬：《人民获得感：美好生活期待与国民经济绩效间的机理阐释——主客观数据的时序比较分析》，《学术研究》2021年第1期。

⑦ 缪小林、张蓉：《从分配迈向治理——均衡性转移支付与基本公共服务均等化感知》，《管理世界》2022年第2期。

范围既包括将自己当下的生活水平与过去进行纵向对比，也包括将自己与他人进行横向对比，是公众对于未来发展和机会平等的追求。①

基于获得感的上述已有定义，本研究将保障房居民获得感界定为：在横向与纵向两类对比中感知到的公平与改善，既包括对当下情形的评判，也包含对未来发展的预期。本研究将获得感测量指标体系分为“充足性感知”和“均衡性感知”两个维度，每个维度设置多项自评量表，使用李克特七分量表进行测量，测量内容包括购房居民对自我生活处境持续改善的感知，以及对于自身生活状况与社会平均发展水平之间差距不断缩小乃至超越的预期（见表1）。

表1 保障房居民获得感与投诉行为测量指标

一级指标	二级指标	三级指标
（获得感）充足性感知	资源充足性	本地保障房政策能够满足居住需求的人口比例
		本地保障房政策能够满足自身需求的程度
	治理充足性	个人就住房问题与政府接触时获得的正向情绪
		个人在住房配套设施中感受到的生活水平提升
（获得感）均衡性感知	横向对比	个人与周边同质群体的生活水平对比
		个人分别与市域范围和全国范围内全体成员对比
		全体保障房居民与商品房居民的福利水平对比
	纵向对比	个人与过去享受到的发展红利对比
		个人购房前后的生活消费水平对比
		全体居民的生活改善
投诉行为	投诉频率	过去一年在线上或线下向政府部门表达诉求的次数
	投诉形式	个人是单独投诉还是与邻居相约就同一问题集体投诉
	投诉动力	完全出于个人诉求还是受到社区氛围压力影响
	投诉内容	发起投诉最希望进行改善的目标对象
		配套设施改善、邻里矛盾解决、政策咨询诉求迫切程度
	投诉预警	为了推动住房相关问题解决求助对象与渠道的优先级

① 王浦劬、季程远：《新时代国家治理的良政基准与善治标尺——人民获得感的意蕴和量度》，《中国行政管理》2018年第1期。

本研究基于上述指标体系设计问卷，以自评量表的方式询问购房居民的获得感和投诉行为。2024 年 4~5 月，委托数据调查公司以北京市建有共有产权住房的 16 区常住人口为样本框，采用配额抽样的方式对不同住房类型居民进行问卷调查。共回收有效问卷 720 份，其中包括共有产权住房居民问卷 360 份。下文将选择其中具有代表性的数据反馈，展示北京市共有产权住房居民获得感与投诉行为的整体水平与分布特征。

三　北京市共有产权住房居民获得感整体水平

（一）资源充足性感知较高，治理充足性感知略低

本研究将“客观获得”与“获得感知”进行区分，在现有研究集中于住房建设与分配的前期阶段基础上，着重关注已经入住共有产权房的居民获得感。在京购买的首套住房为共有产权住房且目前只拥有一套住房的受访居民中，21.24%的居民认为自己目前的住房完全能够满足居住需求，高于普通商品房居民的 15.85%，显著高于经济适用房与两限房两类传统产权型保障房的 9.52%与 6.67%。25.96%的共有产权住房居民认为目前的住房比较能够满足居住需求，略低于普通商品房居民的 26.42%与两限房的 26.66%。26.84%的共有产权住房居民认为目前的住房基本能够满足居住需求，与普通商品房居民的反馈基本一致，低于经济适用房居民的 35.71%。整体而言，共有产权住房受访居民认为能够满足居住需求的比例在四类住房居民中最高，达到 74.04%（见表 2）。

表 2　资源维度充足性感知对比

单位：%

居住需求 \ 住房类型	共有产权房	经济适用房	两限房	普通商品房
完全能够满足	21.24	9.52	6.67	15.85
比较能够满足	25.96	21.43	26.66	26.42
基本能够满足	26.84	35.71	20.00	26.79
合　计	74.04	66.66	53.33	69.06

续表

住房类型 居住需求	共有产权房	经济适用房	两限房	普通商品房
处于临界状态	15.63	21.43	20.00	14.34
略微不能满足	7.08	7.14	20.00	7.92
比较不能满足	2.65	4.77	0	5.28
完全不能满足	0.60	0	6.67	3.40
总　计	100	100	100	100

本研究使用居民与政府关于住房问题进行互动时的情绪来衡量行政负担，情绪积极程度越高，代表行政负担越轻。在京购买首套住房为共有产权住房的居民，就住房问题与政府接触的大多数情况下情绪为“非常积极”、“比较积极”和“略微积极”的受访者占比分别为3.61%、9.72%以及9.72%，合计仅有23.05%的受访者在与政府就住房问题接触时产生了积极情绪，另有63.61%的受访者表示未曾在住房问题方面与政府有过互动（见表3）。

表3　治理维度充足性感知对比

单位：%

住房类型 行政负担	共有产权房	经济适用房	两限房	普通商品房
非常低	3.61	4.65	6.67	3.30
比较低	9.72	6.98	0	7.59
略微低	9.72	11.63	6.67	8.91
合　计	23.05	23.26	13.34	19.80
一　般	11.11	9.30	20.00	14.19
略微高	1.39	2.33	0	4.29
比较高	0.28	2.33	6.67	0.66
非常高	0.56	0	6.67	0.66
总　计	36.39	37.22	46.68	39.60

由此可见，北京市共有产权住房供给能够有效满足夹心层居民的居住需求，提升新市民在住房资源充足性方面的获得感，但是在供后治理阶段的获

得感仍然有进一步提升的余地。无论是分配公平还是程序公平，获得感都是由“公平”到“认可”的重要桥梁。[①] 提升居民获得感，需要充分了解和优先满足公众偏好，在存量资源基础上优化供给结构。[②]

（二）纵向与横向均衡性感知水平均较高

在受访者中，首套购房为共有产权住房的居民，综合考虑居住体验和其他消费，17.78%的受访者表示购买首套住房后的生活质量“大幅提升”，35.00%的受访者表示“有较大提升”，25.00%的受访者表示“略有提升”，17.77%的受访者表示“没有变化”；只有0.28%的受访者表示购买首套住房后的生活质量“大幅下降”，1.39%的受访者表示“有较大下降”，2.78%的受访者表示“略有下降”（见表4）。

表4 纵向维度均衡性感知对比

单位：%

住房类型 / 对比过去	共有产权房	经济适用房	两限房	普通商品房
大幅提升	17.78	16.67	20.00	11.88
有较大提升	35.00	14.29	0.00	21.45
略有提升	25.00	26.19	13.34	29.05
合　计	77.78	57.15	33.34	62.38
没有变化	17.77	26.19	40.00	19.47
略有下降	2.78	14.29	13.33	12.21
有较大下降	1.39	0	13.33	3.96
大幅下降	0.28	2.37	0.00	1.98
总　计	100	100	100	100

在基于自己与他人横向对比产生的获得感方面，共有产权住房受访居民对自身目前生活水平的评价与家庭经济水平接近、未购房的同龄人相比

① 张书维、张子露、邹伟：《社会许可的理论机制与实践逻辑——一个关于环境邻避项目的混合研究》，《公共管理评论》2024年第1期。

② 胡洪曙、武锶芪：《基于获得感提升的基本公共服务供给结构优化研究》，《财贸经济》2019年第12期。

“明显更高”的占比为14.44%，“较高”的占比为23.06%，“略高”的占比为31.67%，合计69.17%，高于普通商品房居民认为自身目前生活水平比同辈更高的56.10%。认为购房与未购房两类群体生活水平基本持平的居民中，共有产权住房居民比例为23.06%，略低于普通商品房居民的28.38%（见表5）。

表5　横向维度均衡性感知对比

单位：%

住房类型 / 对比他人	共有产权房	经济适用房	两限房	普通商品房
明显更高	14.44	4.76	6.67	4.95
较高	23.06	28.57	13.33	15.84
略高	31.67	26.19	6.67	35.31
合　计	69.17	59.52	26.67	56.10
基本持平	23.06	26.19	13.33	28.38
略低	5.83	11.90	46.67	10.89
较低	1.39	0.00	6.67	3.96
明显更低	0.55	2.39	6.66	0.67
总　计	100	100	100	100

总体而言，共有产权住房居民无论是在与自身的纵向对比中，还是在与他人的横向对比中，获得的均衡性感知均比其他类型住房居民更强。有35.00%的受访者认为自身生活水平“有较大提升”，占共有产权住房居民的多数，另有31.67%的受访者认为自身生活与他人相比处于“略高”水平。

四　共有产权住房居民投诉行为的群体特征与影响因素

（一）情绪传染与群体压力下集体投诉行为频发

总体而言，以共有产权住房居民为代表的北京市新型产权型保障房购买者有较高水平的获得感，与此同时，产权型保障房居民的集体投诉行为频发。在本研究的受访者中，约40%的共有产权住房居民在过去一年中发起过投诉，平均每个月投诉一次以上和平均每两个月投诉一次以上的居民分别占到共有产权住房居民的0.56%和5.00%，其中大部分居民在大多数情况下都是与邻居相约共同发起投诉（见表6）。

表6　共有产权住房居民投诉情况

单位：%

过去一年投诉频率	受访者占比	其中集体投诉占比	加入专门的维权微信群占比	最希望改善的对象	最迫切的诉求
0次	63.61	—	—	—	—
1~6次	30.83	91.89	45.95	物业	改善社区配套设施
7~12次	5.00	100.00	88.89	基层政府	改善社区配套设施与解决邻里矛盾并列
12次以上	0.56	50.00	100	物业	改善社区配套设施

此外，本次调查中有4.17%的受访者表示，本小区业主维权活动大多数情况下的组织形式是完全依靠核心人物带领，表示完全由众人自发参与的受访者比例仅为0.83%，表示自己是因为受到社区氛围压力而共同投诉的比例达18.89%，认为自己所在的业主群里“批评某事比表扬某事更容易得到支持”的占比达25%。这表明在线上沟通平台成为主流的情况下，有可能放大居民沟通中的负面情绪。

由此可见，共有产权住房居民的投诉行为受到邻里的较大影响。由于获得感对应的概念是相对剥夺感，往往与群体边界感交叉产生影响，[①] 每个人都倾向于维护自身所在群体的内部主张。[②] 群体内部成员会试图说服对方，

① 程士强：《从冲突到融合：社区治理共同体构建的情感之维》，《江海学刊》2023年第3期。

② Jost J. T., Baldassarri D. S., Druckman, J. N., “Cognitive-motivational Mechanisms of Political Polarization in Social-communicative Contexts,” *Nature Reviews Psychology*, Jan. 2022.

情绪传染强度及信息传播速率影响着居民主观感知。① 共有产权住房居民由于共同的申购经历，容易产生群体内部认同，对住房和社区治理不满的负面情绪存在传染现象。

（二）购房群体政策反馈能力较强但政府回应性不足

首先，需要确认是否因为共有产权住房居民的政策反馈能力普遍较高，放大了该群体的诉求表达。由于共有产权住房申购条件规定“单身家庭申请购买的，申请人应当年满 30 周岁；申请家庭成员包括夫妻双方及未成年子女应符合本市住房限购条件且家庭成员在本市均无住房”。因此，该类住房居民年龄集中，本次调查受访者平均年龄为 37 岁，初中学历占比为 1.39%，中专或高中学历占比为 5.83%，大专或本科学历占比为 71.67%，硕士研究生学历占比为 15.28%，博士研究生学历占比为 5.83%。上述年龄与学历结构在数字时代确实能够更为熟练地掌握各类投诉渠道和反馈自身诉求。与此同时，共有产权住房居民在遇到问题时最先选择政府作为诉求表达对象的比例略低于普通商品房（见表 7）。

表 7　不同住房居民求助对象偏好情况

单位：%

最先求助＼住房类型	共有产权房	经济适用房	两限房	普通商品房
政　府	10.83	7.14	0.00	11.88
居委会	26.39	26.19	26.66	26.40
物　业	47.50	57.14	66.67	45.21
业委会或管委会	11.94	2.38	6.67	11.55
邻　居	3.34	7.15	0.00	4.96
合　计	100	100	100	100

其次，共有产权住房居民发起的集体投诉往往表现为针对住房的共同问

① 姜凤珍、史晓妮：《社区建成环境改造中居民情绪传染机制及治理研究》，《复杂系统与复杂性科学》2023 年第 4 期。

题，同小区居民在短时间内由核心人物组织表达同样的诉求，以期引起政府重视，推动问题解决。但居民在表达诉求的过程中，又往往面临难以找到对口部门的困境，受访的共有产权住房居民中，有33.59%的投诉者表示需要政府解决住房相关问题时找到对口部门存在难度。

（三）多元治理主体共建共治水平有待继续提升

在社区治理场域，以物业为代表的市场组织、以居委会为代表的群众自治组织与属地政府共同组成了多元治理主体。在这一部分的问卷设置中，李克特七分评价量表中满分为7分，代表“非常好”，最低分为1分，代表“非常差”，在各类治理主体中，共有产权住房居民对于业委会或物管会的评分最高，随后依次是物业、居委会以及基层政府（见表8），表明共有产权住房属地政府的治理水平仍有进一步提升的余地，多元治理主体的共建共治作用仍然有待进一步发挥。

表8　共有产权住房居民对不同治理主体的评价情况

单位：%，分

治理主体	未成立该组织的受访者比例	平均分
物业	0.28	5.52
居委会	1.11	5.47
业委会或物管会	3.61	5.64
基层政府	—	5.17

如前文所述，在北京市共有产权住房居民获得感整体水平较高的情况下，受到居民与有关政府部门沟通过程中的行政负担影响，治理维度的充足性感知略低。在政府回应性之外，基础公共设施建设与公共服务质量同样构成了基层治理水平。受访者中所购共有产权住房位于周边农村尚处于拆迁过程中的城乡接合部的比例为49.72%，位于已经大面积完成开发建设的新城区的比例为33.61%，位于老城区或县城中心区域的比例为16.67%。即便如此，受访居民对于“住、行、食”等配套设施的评分平

均在5分以上，在过去一年曾经发起投诉的居民中，对于通勤距离、就业机会、居家养老服务和基础教育水平的评价低于平均水平（见表9）。

表9　投诉居民对基础设施和公共服务的评价情况

单位：分

基础设施与公共服务建设内容	居民评价平均分	基础设施与公共服务建设内容	居民评价平均分
供暖、自来水等市政设施	5.43	住房对口的小学、初中的教育水平	5.05
消防、盗窃等生命财产安全保障	5.72	附近托儿所、幼儿园的充足性	5.21
目前工作的通勤距离	4.98	居家养老服务（如社区食堂、养老驿站）的充足性	4.82
公共交通便利程度	5.39		
住房附近的就业机会	4.86	就医问诊的便利性	5.25
公园等公共活动空间	5.18	日常购物的便利性	5.31

上述结果表明，虽然北京市共有产权住房居民在投诉时最迫切的诉求集中在社区配套设施改善方面，但是整体评分仍位于“基本满意”的层次，急难愁盼的局部问题如能得到解决，将进一步满足共有产权住房居民对美好生活的期待。鉴于居民对就业、养老和教育的需求较高，后续基础设施和公共服务水平的提升不仅在于属地政府单方面的努力，还有赖于政府与市场的合作供给。

五　结语

总而言之，以共有产权政策为代表的产权型保障房政策，既是对人民城市理念的落实，也是对中国特色超大城市治理现代化新路的探索。北京市产权型保障房居民获得感是超大城市微观治理绩效的重要表征，是基于善治目标探寻住房政策从“住有所居”转向“住有宜居”的题中应有之义。

北京市兼顾基本需求与发展需求的产权型保障房政策取得了初步成效，居民感知到保障房政策带来的生活水平提升。北京市共有产权住房居民获得感在充足性与均衡性维度均有较好表现，在现有住房满足居住需求的资源充足性维度、与自身生活水平变化纵向对比的均衡性维度，以及与经济、年龄情况近似的他人生活水平横向对比的均衡性维度均表现良好，比普通商品房居民和传统产权型保障房居民的反馈更为积极。

但是共有产权住房居民较高获得感之下频发的集体投诉行为表明，在住房建设完成的基础上，保障房供后治理水平的提升仍然值得关注。一方面，新型产权型保障房政策处于探索时期，住房交付后居民诉求涉及的部门繁多且有所交叉；另一方面，共有产权住房多建于城乡过渡地带，属地政府财政、人力、经验有限，接诉即办和吹哨报到等治理改革下基层政府又直面居民需求，资源少而任务重。

调查结果显示，在以行政负担衡量的住房领域治理资源充足性维度有所欠缺，表明住房领域的居民行政负担仍然有待进一步减轻。基层治理水平与保障房购买者群体内部的情绪传染共同导致北京市产权型保障房居民获得感与投诉行为之间的张力，数字时代线上沟通对负面情绪的放大效应值得关注。据此，北京市共有产权住房进一步提升政策效果的发力点包括以下几方面。

1. 在住房建设基础上加大供后运行的治理投入

获得感的提升并不意味着居民对美好生活的需要已经完全得到满足，住房供给完成之后的治理水平和公共服务供给水平深刻影响着居民的生活品质。进一步提升居民获得感和减少集体投诉行为，需要将共有产权住房建设与供后运行置于同等重要的地位。在情感治理与资源配置上软硬并举，让好政策发挥好效果。

2. 明确各方权责提升政府回应性与部门协同水平

明确各方权责，通过“不闹就解决”的办事效率，扭转居民“大闹大解决，小闹小解决”的认知。住建部门在完成住房供给的基础上，还可进一步与社会工作、民政等党政部门配合做好“售后服务”。以多部门协同之下良好的政府回应性来破解民生需求瓶颈，增进民生福祉和维护社会稳定。

3. 以线上线下相结合的形式搭建多元主体共治平台

多元参与并不等于有效治理，局限性信任、排他性社会网络、无序参与反而损害治理效能。应充分调动居民信任度和满意度较高的自组织的共治意愿。此外，鉴于借助社交软件和数字政府平台的沟通容易放大负面情绪、固化沉默的多数，建议以线下沟通平台为核心，结合线上平台推动社区治理共同体的建设。

最终，北京市作为国家重点指定的共有产权政策试点，其产权型保障房建设与后期治理经验，将有助于满足处于不同阶段的群体对美好生活的追求。进一步提升民生政策受惠群体获得感以及减少集体投诉行为的关键在于，在客观资源公平配置的基础上，通过提升基层治理水平改善居民的福利感知，践行人民群众共享发展成果的共同富裕之路，实现“人民城市为人民”的政策初衷。

B.11

京津冀地区生育友好型社会建设分析报告

李 升　孙静含*

摘　要：　保持良性的人口生育状态是一个国家持续高质量发展及走向现代化的基础。随着我国人口出生率的走低，提升生育水平和推动人口高质量发展成为新时代人口发展战略，而积极推进生育友好型社会建设成为重要且必要之举。本报告聚焦京津冀地区，从社会政策、经济保障、人口结构三个维度构建生育友好指数并进行测算，以此对京津冀地区的生育友好型社会建设水平及变化进行分析。研究发现，京津冀地区的生育友好型社会建设处于积极发展态势，却也存在差异，其中北京的生育友好指数始终处于优势位置，而天津则从低于河北发展至超过河北。基于构建生育友好环境可能面临的现实挑战，本报告提出京津冀地区在进一步完善生育补贴、生育保险、托育服务、养育投入等配套支持保障政策体系的同时，还需结合各自实情、依托地区资源优势，分类有序推进生育友好型社会建设。

关键词：　京津冀地区　生育友好指数　社会建设

一　引言

第七次人口普查的数据显示，2020 年我国出生人口仅为 1200 万人，

* 李升，北京工业大学社会学系教授、北京社会管理研究基地研究员；孙静含，北京工业大学北京社会管理研究基地研究人员。

育龄妇女总和生育率为1.3，已有跌入“低生育陷阱”的可能。[①] 在此之后，我国出生人口持续走低，国家统计局的数据显示，2022年我国出生人口仅为956万人，育龄妇女总和生育率继续走低，人口总量首次出现下降，人口结构出现了巨大变化。生育率的持续走低如成为今后的常态化趋势，就会对未来人口结构、经济社会发展产生长期冲击，劳动力不足、老龄化与少子化、社会抚养压力大、社会保障难以为继等问题会不断凸显。为此，我国已经多次调整生育政策，以此缓解低出生率带来的长期冲击，但自2014年提出“单独二孩”政策以来，除了2016年首次实施“全面二孩”政策时出生率有短暂提升外，生育政策未能显现出应有的作用。

党的二十大报告明确指出，要“优化人口发展战略，建立生育支持政策体系，降低生育、养育、教育成本”。[②] 将生育支持、生育保障提升为国家发展的重要任务，以期通过有效的公共政策和社会支持系统，建立生育友好体系，推进生育友好型社会建设，改善现有的生育问题。由此可见，生育不仅是个体问题，更是作为社会问题需要国家与政府的积极应对，有必要通过建立一套完整的生育保障措施来提供友好的生育环境。2022年7月，国家卫生健康委员会等17部门印发的《关于进一步完善和落实积极生育支持措施的指导意见》指出，应“综合施策、精准发力，完善和落实财政、税收、保险、教育、住房、就业等积极生育措施”。[③]

“京津冀协同发展”作为我国推进现代化进程的重要战略，包含疏解北京非首都功能等重要作用，其中合理调控首都人口规模是其重要任务之一。合理调整京津冀的积极生育政策，构建有效的生育友好环境，推进生育友好

① 《国务院第七次全国人口普查领导小组办公室负责人接受中新社专访》，https：//www.stats.gov.cn/zt_18555/zdtjgz/zgrkpc/dqcrkpc/ggl/202302/t20230215_1904008.html。

② 《习近平：高举中国特色社会主义伟大旗帜　为全面建设社会主义现代化国家而团结奋斗——在中国共产党第二十次全国代表大会上的报告》，https：//www.gov.cn/xinwen/2022-10/25/content_5721685.htm。

③ 国家卫生健康委等：《关于进一步完善和落实积极生育支持措施的指导意见》，https：//www.gov.cn/zhengce/zhengceku/2022-08/16/content_5705882.htm。

型社会建设，将有助于优化京津冀人口结构，有助于推进京津冀协同发展，更能对全国积极生育政策的调整和执行起到示范作用。本报告将在已有研究的基础上，提出一个衡量生育友好指数的评价指标体系，并基于京津冀各地区的政府相关统计数据，对三个地区的生育友好型社会建设水平进行分析，探讨京津冀地区“生育友好”的差异和变迁，并对未来的发展进行预测，以此为进一步优化生育环境与提升民众生育意愿提出对策建议。

二 生育友好指数的指标体系和分析方法

生育友好指数是用于评估一个地区在促进人口增长、鼓励适龄夫妇生育以及为育龄人群提供便利和福利等方面的政策环境、社会保障与经济水平的多维度综合性指标。综合学界已有的研究发现，一个友好的生育环境，主要包含社会政策、经济保障和人口结构三个维度，尤其是政府所实施的各类生育政策和提供的配套支持保障系统，能够通过降低育儿成本、释放育儿压力、降低育儿风险等，最终增强育儿信心并构建友好的生育环境。基于此，本报告所建立的生育友好指数也将围绕以上三个维度展开，同时根据构建指标体系的数据可获得性与可比较性，每个维度包含4~7个指标，具体如表1所示。

表1 生育友好指数指标体系

维度	指标	指标解释	方向
社会政策	医疗资源	每万人医疗卫生机构卫生技术人员数(人)	+
	生育政策	是否实施单独二孩/全面二孩/三孩政策	+
	生育假	父母双方享有法定产假/陪产假/育儿假之和(天)	+
	生育保险	生育保险参保人数占总人口的比例(%)	+
	养老保险	养老保险参保人数占总人口的比例(%)	+
	医疗保险	医疗保险参保人数占总人口的比例(%)	+
	失业保险	失业保险参保人数占总人口的比例(%)	+

续表

维度	指标	指标解释	方向
经济保障	收入	人均可支配收入(元)	+
	经济发展水平	人均 GDP(元)	+
	政府投入	政府人均教育/医疗卫生/社会保障财政支出(元)	+
	房价	住宅商品房平均价格(元/米^2)	-
	失业率	失业人口占劳动人口的比例(%)	-
人口结构	育龄人口比	15~49 岁妇女占妇女总人口的比例(%)	+
	婚姻状况	每万人结婚/离婚登记对数差(人/万人)	+
	城市化率	城镇人口占总人口的比例(%)	-
	抚养比	非劳动年龄人口数对劳动年龄人口数之比(%)	-

在以上指标中，更高的医疗水平可以减少生育的时间成本；① 开放的生育政策、生育假（产假、陪产假、育儿假）等生育福利可以保障生育意愿和育儿的时间；② 生育保险等各类社会福利政策可以降低育儿风险；③ 人均可支配收入和经济发展水平越高，政府拥有越强的育儿保障能力，个体也有越强的经济基础，提升育儿质量；④ 政府在医疗、教育、社会保障方面的公共投入，可以通过政府兜底的方式，降低未来预期育儿成本；⑤ 更低的房价水平可以减少经济负担，降低育儿经济风险；⑥ 更低的失业率表明个体就业稳定性更高，提升工作安全感，降低未来预期育儿风险；⑦ 育龄人口比例越

① 杨柠聪:《全面二孩背景下人口生育意愿影响因素研究综述》,《重庆社会科学》2020 年第 1 期。

② 任慧玲、周庆元:《“就业—生育”平衡视角下家庭生育支持政策研究——基于发达国家实践的考察》,《内蒙古社会科学》2022 年第 5 期。

③ 宋健、胡波、姜春云等:《中国的低生育率及省际差异：基于生育指数的观察》,《人口研究》2023 年第 5 期；孙文凯、张政：《工作单位性质对女性生育意愿的影响》,《人口学刊》2023 年第 2 期。

④ 薛珑、甄号召、王健:《经济发展水平、生育政策与生育率》,《统计与决策》2023 年第 15 期。

⑤ 唐丽娟、吴冠阳、袁正:《公共教育投入、学业成绩和生育意愿》,《财经科学》2022 年第 1 期。

⑥ 张樨樨:《房价泡沫抑制了生育率复苏吗？——论生育率与房价的动态因果关系》,《华东师范大学学报》（哲学社会科学版）2021 年第 2 期。

⑦ 赵凤、陈李伟、桂勇:《青年群体生育意愿的十年变迁（2012~2021）——基于年龄、时期和世代分析》,《西北人口》2023 年第 2 期。

高、结婚人口越多，可生育人口的基数就越高；[①] 城市化率提高会改变传统生育观念，且城市人口有更高的育儿压力和育儿成本；[②] 抚养比尤其是老年抚养比越高，越会影响对生育的经济和时间等投入。[③]

在分析方法上，本报告将使用熵值法和 CRITIC 法组合对以上三个维度 16 个指标进行赋权。以上两种方法均直接依据观测值所提供的信息来确定指标的重要性程度，均为客观赋权，可以避免人为赋权的主观性问题。前者关注指标出现概率、后者关注指标的变异性，将二者相结合可以得到更有效的赋权结果。[④] 在使用以上方法赋权的基础上，本报告将通过《北京统计年鉴》《天津统计年鉴》《河北统计年鉴》等相关统计的 2022 年截面数据，得出京津冀三个地区的生育友好指数，并通过 2013～2022 年的动态数据进行历时分析，最后基于已有数据，使用时间序列预测模型（Long Short Term Memory，LSTM）对未来 5 年的生育友好指数进行预测，以此概括京津冀地区的生育友好型社会建设水平并探讨进一步推进的对策建议。

三　生育友好指数的截面分析

（一）京津冀地区之间存在结构性差异

整体来看，北京生育友好指数指标相对较优，天津与河北各有优势。如表 2 所示，由于京津冀之间在经济社会发展水平上存在差距，北京市在生育友好指数相关的多数指标上均明显优于天津市和河北省，包括医疗资源（147.50 人）、生育保险（49.33%）、养老保险（94.13%）、失业保险

① 宋健、胡波、姜春云等：《中国的低生育率及省际差异：基于生育指数的观察》，《人口研究》2023 年第 5 期。

② 薛珑、甄号召、王健：《经济发展水平、生育政策与生育率》，《统计与决策》2023 年第 15 期。

③ 李志、吴永江：《育龄青年的生育价值观影响生育计划的调查研究——基于生育支持的中介作用分析》，《中国特色社会主义研究》2022 年第 Z1 期。

④ 宋健、胡波、姜春云等：《中国的低生育率及省际差异：基于生育指数的观察》，《人口研究》2023 年第 5 期。

(63.70%)、收入（77415元)、经济发展水平（190313元)、政府投入(1.38元)、失业率（3.12%）等，这些指标所反映的较高综合保障水平有助于北京构建生育友好环境，也会影响居民的生育意愿。此外，北京相对更高的发展水平也对年轻人产生了强吸引力，形成了相对于周边省份对年轻人口的“城市虹吸效应”，使北京相比于周边省份有更高的育龄人口比和更低的抚养比，使城市整体更为年轻和富有活力。

表2　2022年京津冀地区生育友好指数指标截面数据

指标	北京	天津	河北
医疗资源(人)	147.50	91.28	78.62
生育政策	3	3	3
生育假(天)	203	233	233
生育保险(%)	49.33	26.79	11.89
养老保险(%)	94.13	71.29	73.26
医疗保险(%)	87.01	86.31	94.61
失业保险(%)	63.70	28.77	10.72
收入(元)	77415	48976	30867
经济发展水平(元)	190313	119235	56995
政府投入(元)	1.38	0.88	0.58
房价(元/米^2)	47784	15874	8081
失业率(%)	3.12	3.97	6.10
育龄人口比(%)	51.22	46.17	43.76
婚姻状况(人/万人)	21.51	23.64	27.96
城市化率(%)	87.57	85.11	61.66
抚养比(%)	37.30	42.90	51.99

注：北京和天津市缺少常住妇女育龄人口比数据，前者用15~49岁常住人口占总常住人口比例代替；后者用户籍妇女育龄人口比代替。生育政策的数值3指实施了三孩政策。河北省并未公布2022年的失业率，此处以2022年上半年失业率代替。

相比于北京，河北省有明显高于京津两地的医疗保险覆盖率，这得益于河北省人民政府于2016年5月发布的《关于整合城乡居民基本医疗保险制度的实施意见》,[①] 以及对该意见的高效贯彻实施，这使河北省医疗保险参保率从 2015 年的 22.65%提升到 2022 年的 94.61%。

需要关注的是，北京相对较高的经济社会发展水平，也会产生影响生育环境的副作用。如明显更高的房价水平和相对更高的城市化水平，这些因素极大增加了青年群体的生活成本和生活压力，也增加了育儿成本，以至于出现“生存与生育的难以兼顾”。青年群体在可见的未来中无法承担生育、育儿所带来的经济与生活压力，无法建立生育信心，因而会产生对婚姻乃至生育行为的消极态度。

（二）京津冀地区在生育政策上存在相似性

自 2002 年 9 月 1 日正式实施《中华人民共和国人口与计划生育法》（以下简称《生育法》）以来，各地以该法为基础分别制定相应的人口与计划生育条例。2013 年 12 月，经人大常委会表决通过《关于调整完善生育政策的决议》，开始实施单独二孩政策，即允许一方是独生子女的夫妇生育两个孩子。2015 年底，为进一步推动全面二孩政策的实施，全国人大常委会对《生育法》进行了修正。2021 年，中央政治局审议颁布了一系列配套支持政策，最终于 8 月 20 日由人大常委会表决通过《生育法》的第二次修正案，标志着三孩政策的执行。从单独二孩到三孩政策，随着国家层面计划生育政策的不断变化，各地也在不断依据实际情况对人口与计划生育条例进行修正。

2003 年 7 月，京津冀三地人大常委会以《生育法》为依据分别通过《北京市人口与计划生育条例》《天津市人口与计划生育条例》《河北省人口与计划生育条例》。在第一版条例中，三地均鼓励晚育（已婚妇女 24 周岁以上第一次生育的为晚育），并对晚婚晚育分别给予相应的假期奖励。具体而言，北京市对晚育者在国家规定的 98 天产假的基础上额外奖励 30 天产

---

① 《河北省人民政府关于整合城乡居民基本医疗保险制度的实施意见》，https：//www.hebei.gov.cn/hbszfxxgk/6806024/6807473/6807180/6812527/6812595/6815650/index.html。

假，且这一产假也可由男方享受；天津市与北京市相似，区别在于晚育女性产假不可由男方享受，但男方可额外享有 7 天护理假；河北省的假期最多，晚育者可额外享受 45 天产假，男方有 10 天护理假，此外产假期间领取独生子女光荣证者可再额外奖励产假 30 天。另外，三地均为独生子女父母提供持续性补贴奖励和子女持续性医疗福利，北京和河北还会额外提供一次性补贴奖励。

由于 2013 年底单独二孩政策的实施，京津冀三地于 2014 年上半年分别对人口与计划生育条例进行第一次修正，均只修改了二孩的生育政策，并未修改产假等奖励政策。2015 年 7 月，河北省再次对人口与计划生育条例进行了修正，调整了再婚夫妻的生育政策，允许已有多个子女的再婚夫妻合法生育，相比于京津放宽了再婚生育的条件。随着 2015 年底全面二孩政策的实施，京津冀三地于 2016 年第一季度分别对人口与计划生育条例进行第三次或第四次修正，开始提倡一对夫妻生育两个子女，2016 年以后生育子女的父母不再享有各种类型的独生子女奖励，并不再鼓励晚婚晚育。此外，除国家规定的产假外，北京市还额外奖励女性产假 30 天、男性陪产假 15 天，不再只保障晚育者；天津市仍保持女性额外 30 天产假、男性 7 天护理假，但不再只保障晚育者；河北省进一步延长了假期奖励，女性额外奖励 60 天产假，男方额外奖励 15 天护理假，且不再只保障晚育者。

2021 年 11 月，由于《生育法》的修订和三孩政策的实施，京津冀三地再次修改了人口与计划生育条例，提倡适龄婚育，允许一对夫妻生育三个子女，并延长了产假、陪产假，同时增加了育儿假。具体而言，北京市在国家规定的产假外，额外奖励女方 60 天产假、男方 15 天陪产假，同时在子女满三周岁前额外奖励每人每年 5 天育儿假，但不再有明确的补贴奖励制度；天津市奖励的产假和陪产假与北京市相同，但在子女满三周岁前每人每年奖励 10 天育儿假，比北京市每年每人多奖励 5 天，但不再有明确的补贴奖励制度；河北省奖励的产假、陪产假、育儿假均与天津市相同，但生育第三个子女的女方可在额外获得 60 天产假的基础上再增加 30 天假期，也不再有明确的补贴奖励制度。

综上来看，京津冀三地的生育政策发展均紧跟国家生育政策的变化，且在国家政策的基础上都进行了适合本地区的调整，例如育儿假或陪产假适当延长等。比较而言，京津冀三地中的河北省生育假期最多，而北京市最少，不过总体差距不大，表明京津冀三地在生育政策上有较强的相似性。

四　生育友好指数的历时分析

（一）生育友好指数权重

本报告使用熵值法和 CRITIC 法分别对生育友好指数不同维度和指标的权重进行了计算，并通过对二者取算术平均得到组合权重用以计算最终的生育友好指数，其结果如表 3 所示。在熵值法中，城市化率的权重最高，达到15.98%，而失业率的权重最低，只有 1.69%；在 CRITIC 法中，城市化率的权重同样最高，达到 12.29%，权重最低的同样是失业率，只有 4.26%，另外房价的权重差异最大，从 3.05%变为 11.19%；在组合法中，城市化率的权重仍最高，达到 14.135%，失业率的权重最低，仅为 2.975%。在不同维度，社会政策维度的权重为 42.61%，经济保障维度的权重为 26.09%，人口结构维度的权重为 31.30%。

表 3　生育友好指数权重

单位：%

指标		熵值法权重	CRITIC 法权重	组合权重	维度权重
社会政策	医疗资源	6.79	4.80	5.795	42.61
	生育政策	4.70	6.74	5.720	
	生育假	7.56	6.71	7.135	
	生育保险	10.34	4.96	7.650	
	养老保险	3.37	4.30	3.835	
	医疗保险	2.53	5.89	4.210	
	失业保险	10.92	5.61	8.265	

续表

指标		熵值法权重	CRITIC 法权重	组合权重	维度权重
经济保障	收入	5.94	4.51	5.225	26.09
	经济发展水平	7.41	4.76	6.085	
	政府投入	4.81	4.56	4.685	
	房价	3.05	11.19	7.120	
	失业率	1.69	4.26	2.975	
人口结构	育龄人口比	4.80	5.09	4.945	31.30
	婚姻状况	5.87	7.03	6.450	
	城市化率	15.98	12.29	14.135	
	抚养比	4.24	7.30	5.770	

注：河北省 2016 年养老保险参保人数和 2018 年育龄人口比两项数据缺失，在计算时用前后两年均值代替。

（二）京津冀地区生育友好指数的历时比较

表 4 和图 1 显示了京津冀三地 2013~2022 年的人口出生率变化。整体来看，虽然 2016 年全面二孩政策的实施使人口出生率在 2016 年和 2017 年有了一定提升，但三地人口出生率整体均呈下降趋势，其中北京市的下降幅度最小，从 2013 年的 8.89‰降至 2022 年的 5.67‰；河北省下降幅度最大，从 2013 年的 13.04‰降至 2022 年的 6.09‰。在横向比较中，所有年份，河北省的人口出生率均最高，天津市的人口出生率均最低，而北京市的人口出生率在二者之间。

表 4　2013~2022 年京津冀地区人口出生率

单位：‰

年份	北京市	天津市	河北省
2013	8.89	8.28	13.04
2014	9.69	8.19	13.18
2015	7.89	5.84	11.35
2016	9.23	7.37	12.42
2017	8.97	7.65	13.20

续表

年份	北京市	天津市	河北省
2018	8. 13	6. 67	11. 26
2019	7. 98	6. 73	10. 83
2020	6. 98	5. 99	8. 16
2021	6. 35	5. 30	7. 15
2022	5. 67	4. 75	6. 09

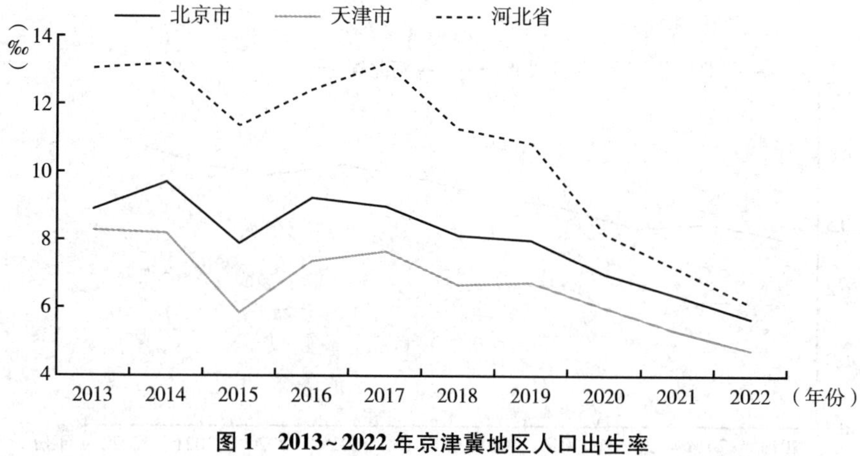

图 1　2013~2022 年京津冀地区人口出生率

表 5 和图 2 显示了京津冀三地 2013~2022 年的生育友好指数变化。整体来看，京津冀三地的生育友好指数均呈上升趋势，不过在 2020 年均出现了一定的下降。其中，北京市的生育友好指数始终排在第一位，而天津市在大多数年份中生育友好指数均低于河北省，仅在 2019 年和 2022 年高于后者，不过从长远来看，未来天津市的生育友好指数有超过河北省的趋势。

表 5　2013~2022 年京津冀地区生育友好指数

年份	北京市	天津市	河北省
2013	0. 4773	0. 2989	0. 3805
2014	0. 4979	0. 3173	0. 3841
2015	0. 4923	0. 3233	0. 3560

续表

年份	北京市	天津市	河北省
2016	0.5226	0.3496	0.4092
2017	0.5392	0.3612	0.4043
2018	0.5670	0.3761	0.3897
2019	0.5855	0.3775	0.3747
2020	0.5697	0.3547	0.3710
2021	0.5862	0.4165	0.4172
2022	0.6229	0.4697	0.4333

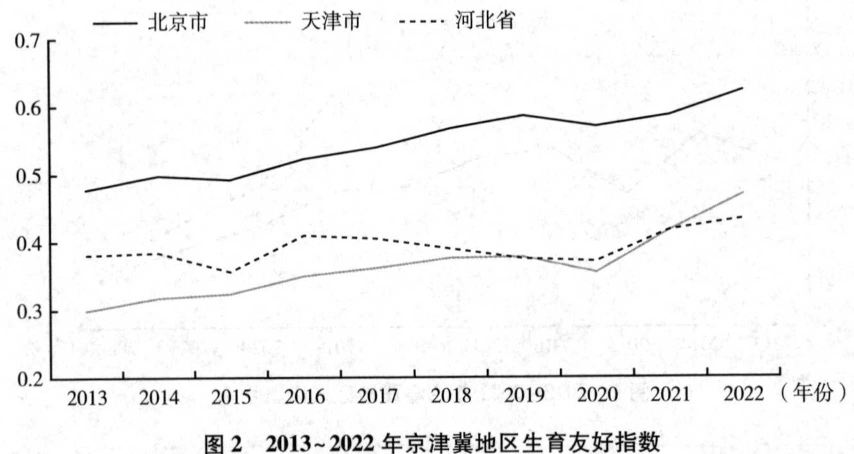

图2　2013~2022 年京津冀地区生育友好指数

具体而言，北京市的生育友好指数 10 年间从 0.4773 上升到 0.6229，增长 0.1456，约 30.50%。其中 2016 年和 2022 年增长最快，两次增长均主要得益于最新的产假、陪产假和育儿假等生育政策。而 2015 年和 2020 年出现了两次下降，前者下降 0.0056，主要是因为该年抚养比的上升和离婚登记人数的上涨；后者下降幅度达到 0.0158，主要因为这一年房价的高速增长、失业率的增加和结婚登记数量的下降。

天津市的生育友好指数增长最快，10 年间从 0.2989 上升到 0.4697，增长 0.1708，约 57.14%。其中 2020 年天津市的生育友好指数也出现了大幅下降，且下降幅度比北京市更大，达到 0.0228，但其原因与北京市不完全相同，除结婚登记数量和政府投入下降外，更多的是因为之前抚养比数据统计存在问题，导致抚养比被严重低估，而这一数据在第七次全国人口普查中得到修正，使抚养比从2019年的28.08%一跃上升到2020年的39.30%。在此之后，从2020年开始，天津市的生育友好指数在两年间实现了增长，两年总计增长0.1150，占总增长量的67.33%，主要因为这两年天津市在医疗资源、生育政策、各类保险、经济发展水平、政府投入等方面均实现很大提升。

河北省的生育友好指数增长最慢，10年间从0.3805上升到0.4333，增长0.0528，约13.88%。其中2016年出现了明显提升，除生育政策变化外，也与河北省医疗保险参保率提升有关。此外，2015年出现了一次大幅下降，降幅达0.0281，同时2017~2020年又出现持续性下降，前者是因为育龄人口的下降和离婚登记数量的上涨，而后者主要是因为城市化率和抚养比的持续走高。换言之，河北省在早期生育友好指数能始终高于天津市，主要是受益于更低的城市化水平和更为激进的生育政策，而随着经济发展，河北省城市化率提高，医疗资源等其他指标的劣势显露出来，从而导致其生育友好指数逐渐低于天津市。2020年之后，随着生育政策变化和经济恢复发展，河北省的生育友好指数重新上升，并在两年内上升0.0623。

图3显示了京津冀三地生育友好指数和出生率的散点，由于出生率整体呈下降趋势，若单独看某一地区，则生育友好指数和出生率之间会呈现负相关。但若排除总体出生率下降趋势的干扰，并将三地结合来看，将某地某年出生率转化为某地某年出生率减该年全国出生率，即相对生育率，则会发现其中暗含的正向关系，该结果如图4所示。可以看到，城市化率基本相同的北京市和天津市基本处于同一直线上，[①] 且随着城市化进程推进，河北省也逐渐向这一直线靠拢。这在一定程度上表明，在同一城市化水平下，生育友好指数和相对生育率之间存在线性关系。

① 以京津两地相对出生率为因变量、生育友好指数为自变量进行回归，截距为-8.4682，回归系数为10.7225，R^2为0.515，回归系数和模型F检验p值小于0.05，系数显著、模型有效，说明生育友好指数越高，相对出生率越高。

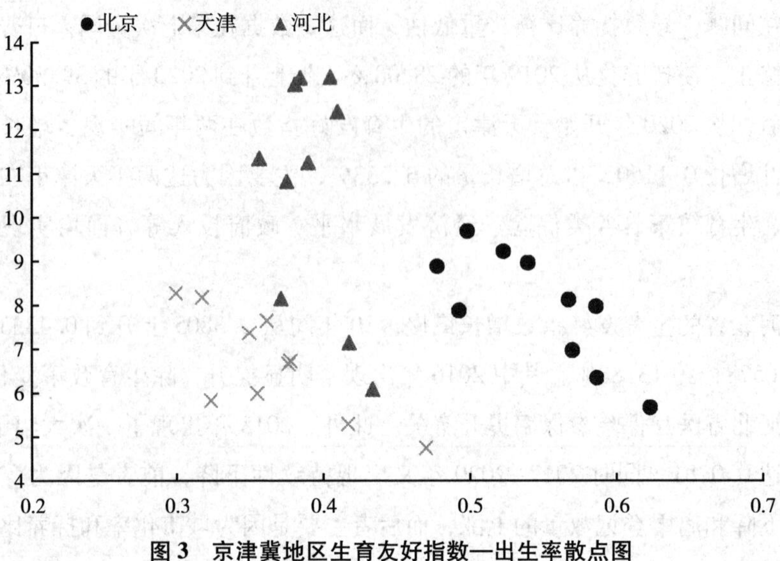

图 3　京津冀地区生育友好指数—出生率散点图

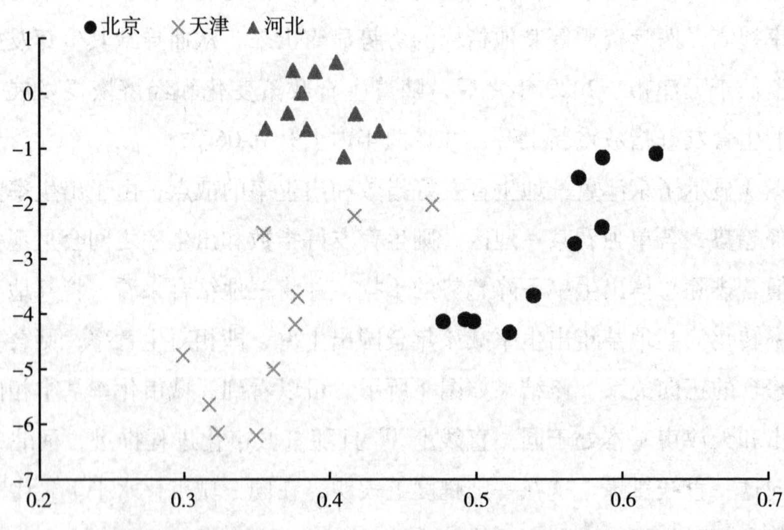

图 4　京津冀地区生育友好指数—相对出生率散点图

（三）生育友好指数的预测分析

为进一步对京津冀三地的生育友好指数进行探究，本报告在假设未来5年生育政策不发生变化的基础上，使用时间序列预测模型，通过最小误差法确定预测模型系数，并使用10年的数据对2023~2027年京津冀三地的生育友好指数进行预测，其结果如表6和图5所示。

表6　2023~2027年京津冀地区生育友好指数预测

年份	北京市	天津市	河北省
2023	0.6560	0.4821	0.4454
2024	0.6781	0.4950	0.4519
2025	0.6993	0.5075	0.4541
2026	0.7199	0.5164	0.4559
2027	0.7386	0.5249	0.4583

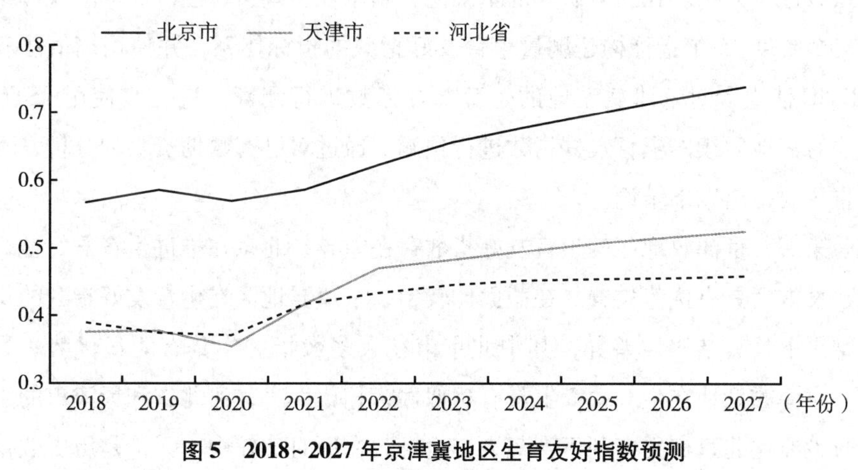

图5　2018~2027年京津冀地区生育友好指数预测

由于前提假设生育政策没有变化，因此三地的生育友好指数没有发生如2022年之前一样的大幅提升，且逐渐趋于稳定。具体而言，北京市依托强大的地区资源和首都优势，生育友好指数快速增长，预测从2022年的0.6229提升到2027年的0.7386，提升幅度达0.1157，这主要得益于配套支持保障体系的进一步完善和经济逐渐复苏带来的就业情况好转；天津市作为直辖市，同样展现出在生育友好指数上的发展潜力，预测从 2022 年的 0.4697 增长到 2027 年的 0.5249，增长 0.0552，虽然增长幅度不如北京市，但由于其保险覆盖率等指标的基数较低，也展现出未来的长期潜力；河北省作为人口大省，虽然生育友好指数同样具有发展潜力，但地区资源等条件会影响其发展速度，预测生育友好指数从 2022 年的 0.4333 上涨到 2027 年的 0.4583，小幅上涨 0.025。

五　结论与启示

（一）研究结论

为探讨京津冀地区的生育友好型社会建设状况，本报告通过构建生育友好指数进行分析。在已有研究的基础上，利用社会政策、经济保障、人口结构三个维度 16 个指标构建测量生育友好指数的指标体系，并使用熵值法和 CRITIC 法组合对京津冀三地的生育友好指数进行测算，进一步使用 LSTM 算法对三地后续的生育友好指数进行预测。通过对已有数据资料的分析，本报告主要得出以下结论。

第一，京津冀地区的生育友好指数存在差异，北京在推进生育友好型社会建设方面具有优势位置。在截面比较中，京津冀地区在生育友好指数的指标结果上具有结构性差异，其中北京市在大多数指标中具有明显优势。另外，京津冀三地在生育政策上具有相似性，相比而言，河北省和天津市的生育政策要比北京市更有利于育龄人口生育。在历时比较中，无论是历史数据还是预测数据，北京的生育友好指数均明显高于京津两地，而天津的生育友好指数先低于河北省，后逐渐超过河北省。

第二，京津冀地区的生育友好指数趋向提高态势，未来发展水平或存在差异。北京依靠地区资源和人口优势等在短期内仍会表现出生育友好指数的提升态势，但在更长远的未来，随着保险覆盖率等指标逐渐饱和，以及人口老龄化等人口结构变化，也可能面临生育友好指数下降的风险。天津的生育友好指数具有一定发展潜力，且在未来有长期超越河北的趋势，尤其是通过提升保险覆盖率等方式可以有效地在短期内提升生育友好指数，更进一步促进出生率的提升。河北在人口基数和经济发展水平等影响下，面临生育友好指数提升的困难，加之京津地区对年轻人口的“城市虹吸效应”，会增加生育友好指数提升的难度。

（二）政策启示

本报告的分析结果显示出生育友好指数与出生率之间存在紧密关系，表明推进生育友好型社会建设，对提高出生率有积极作用。当城市化率达到一定水平时，生育友好指数和出生率会呈现线性关系，即当医疗资源、保险覆盖率、经济发展水平等配套支持保障体系逐渐完善后，生育友好指数提升，相对出生率也会提高。因此，在人口出生率趋向走低的大背景下，如何通过改变生育政策、完善生育相关的配套支持保障体系，为育龄人口降低生育压力、提升生育信心，对推进人口高质量发展及现代化进程具有重要的现实意义。基于此，本报告提出以下对策建议。

第一，京津冀地区需进一步完善生育相关的政策体系。首先，政策要改变生育福利，从以增加生育假天数为主，转变为以提升生育补贴和完善养育保障为主，为生育行为提供更切实的支持，如出生时的一次性补贴、儿童成长过程中的托育托幼服务和其他持续性教育、医疗保障等。其次，政策要倡导企业等用人单位承担更多社会责任，如降低企业承担的员工生育风险压力和生育成本、减少对育龄妇女的就业歧视。此外，政策还应细化落实男性陪产假、育儿假，以此分担女性的生育与育儿压力。最后，政府要考虑提高居民收入、合理控制房价，增加年收入与住宅商品房平均价格比，适当对生育人口提供住房补贴，降低城市生活中的生育成本。

第二，京津冀地区需结合各自实情分类推进生育友好型社会建设。对于北京而言，需要继续努力提高经济发展水平，充分发挥地区资源优势，改善生育人口结构，减缓育龄人口比下降速度。对于天津而言，需继续推进生育保险、养老保险和失业保险的普及工作，改善育龄人口的生育环境。同时，京津两地还应努力发展社会托育、托幼产业，发挥多主体协同作用，聚合社会力量提供公益性、商业性的托幼保障，进一步推进“双减”政策的落实，减少中远期的教育压力。对于河北而言，应更明确做好发展过程中的城乡协调，在生育友好的配套支持保障体系的建设速度和城市化速度之间找到发展平衡点，合理配置有限资源，避免陷入低保障陷阱，同时也需要发展相关托育产业，释放育儿压力。此外，京津冀三地还需重视推进农村地区的生育保险、医疗保险、养老保险等保障制度的改革和落实，降低农村地区生育风险，缓解可能因城市化进程而带来的生育问题。

B.12

北京城市副中心"七有"目标"五性"需求居民满意度调查研究

陈 锋 常 蕊 徐宏宇 闫泽华*

摘 要： "七有"目标和"五性"需求的实现程度是北京市完善民生保障体系的基本点。本报告聚焦北京城市副中心公共服务基本状况，以线上发放、填写问卷的方式进行数据收集与分析，科学客观评估北京城市副中心"十四五"时期社会基本公共服务的任务推进情况。研究发现，居民对"七有"目标、"五性"需求的满意度较高，其中，"五性"需求的满意度分值略高于"七有"目标，公共服务体系整体取得巨大成效。但劳有所得与病有所医领域满意度较低、空间供需不平衡不匹配、空间资源限制和政策阻滞等问题仍需关注。在此基础上，本报告建议，通过集中攻克痛点、完善政策保障、坚持规划引领等方式，系统性解决既有问题，巩固与提升北京市公共服务水平。

关键词： "七有"目标 "五性"需求 居民满意度

党的二十大报告提出"增进民生福祉，提高人民生活品质"，"着力解决好人民群众急难愁盼问题，健全基本公共服务体系，提高公共服务水平，增强均衡性和可及性"。为落实公共服务体系建设要求，国家发展改革委联合20个部门印发《国家基本公共服务标准（2021年版）》（以下简称《国

* 陈锋，北京工业大学社会学院教授、博士生导师，北京社会管理研究基地研究员、秘书长；常蕊，北京工业大学北京社会管理研究基地研究人员；徐宏宇，北京工业大学北京社会管理研究基地讲师；闫泽华，北京工业大学北京社会管理研究基地讲师。

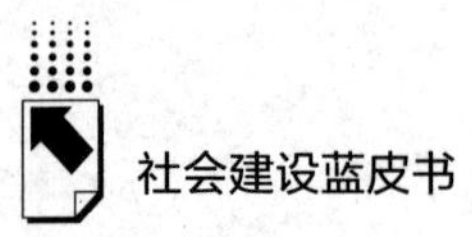

家标准 2021》），明确了现阶段国家提供基本公共服务项目的基础标准，涵盖幼有所育、学有所教、劳有所得、病有所医、老有所养、住有所居、弱有所扶“七有”内容。“七有”既是全面建设社会主义现代化国家的一项重要任务，也是统筹推进“五位一体”总体布局特别是加强社会建设的一条鲜明主线；体现了党和政府关注民生、重视民生的重点工作，以补齐民生短板为着眼点，以增进人民福祉为落脚点。

在此基础上，北京市政府积极满足人民的“七有”要求，并进一步提出“五性”工作理念，以满足北京市民对便利性、宜居性、多样性、公正性、安全性的需求。北京市委、市政府以广大人民群众的利益为基本原则，积极贯彻“七有”“五性”政策；结合空间特征，把以人民为中心的发展思想落实落细，提出构建满足不同年龄段需求的设施服务体系，促进各类公共服务设施分时共享、内外联动，完善社区—街区—街道三级公共服务生活圈，优化公共服务设施配置标准，提升宜居水平。

伴随着北京城市副中心建设的不断推进，北京市通州区的公共服务体系不断完善，公共服务水平不断提高。为科学客观评估通州区“十四五”时期社会基本公共服务的任务推进情况，准确把握市民对社会基本公共服务现状及“十四五”以来社会基本公共服务改善状况的感受，推动城市副中心持续开展城市体检评估工作，动态跟踪城市副中心控规实施成效。2023 年 5~7 月，课题组在通州区进行线上调查，共发放问卷 1880 份，形成了包括基本公共服务满意度总体情况、基本公共服务需关注的问题及提高基本公共服务居民满意度的意见建议三方面内容的研究报告，为推进北京城市副中心公共服务体系建设提供对策建议。

一　基本公共服务满意度总体情况

通州区基本公共服务居民满意度评价的数据来源于《通州区“七有”目标“五性”需求（基本公共服务）居民满意度调查问卷》。使用李克特量表五点分析法，对被调查者满意程度的五个等级“很好、较好、一般、较差、很差”分别赋值“100、90、80、70、60”，并根据调查结果中不同满意程度所含人数的比例进行加权平均。对于“不清楚”选项，取满意度平均值。对于涉及多个题项的满意度分值，在计算单一题项的满意度后再进行平均值计算。例如，计算“安全性”的满意度分值，对应的题项分别为 B11“您居住所在地的社会治安情况”、B12“您居住所在地的消防安全情况”和 B13“您居住地所在的交通安全情况”，社会治安的满意分值为 90.56 分，消防安全的满意度分值为 89.20 分，交通安全的满意度分值为 88.76 分，三者的平均值为 89.50 分，即为安全性的满意度分值。

问卷数据显示，居民对“七有”目标、“五性”需求（基本公共服务）的满意度较高（见图 1），12 项类目的满意度平均值为 85.66 分，其中，“五性”需求的满意度分值略高于“七有”目标，分别为 86.50 分和 85.06 分。各分项满意度评价方面，学有所教（86.69 分）、老有所养（86.38 分）、幼有所育（86.20 分）、病有所医（85.56 分）、安全性（89.50 分）、宜居性（88.02 分）、便利性（86.24 分）等方面比较好，住有所居（82.96 分）、劳有所得（84.70 分）、公正性（84.11 分）、多样性（84.63 分）等方面有待提升。

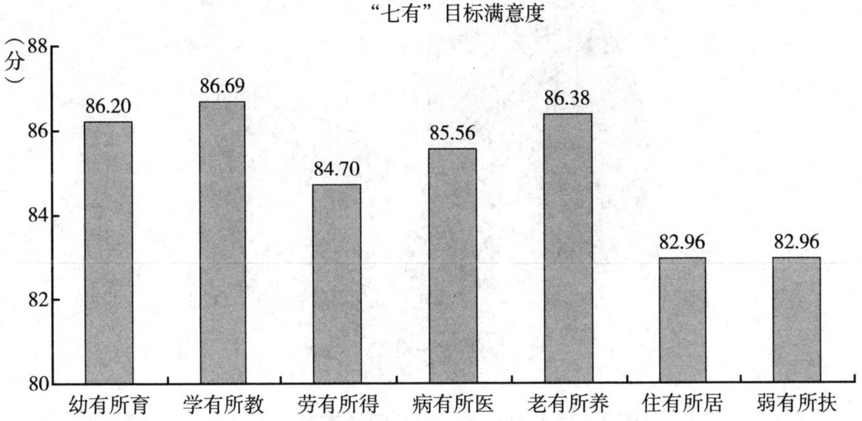

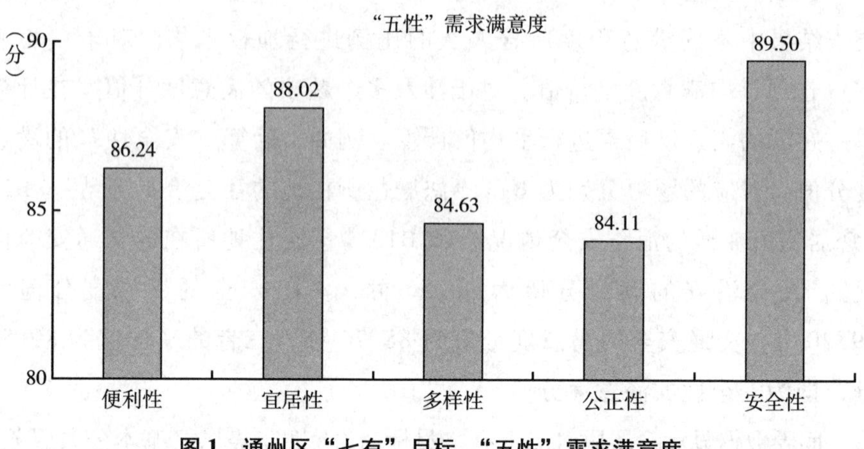

图1　通州区"七有"目标、"五性"需求满意度

（一）幼有所育：近半数居民对普惠性幼儿园质量比较满意

47.32%的居民认为居住所在地附近的普惠性幼儿园质量"很好"和"较好"，36.11%的居民认为"一般"（见图2）。

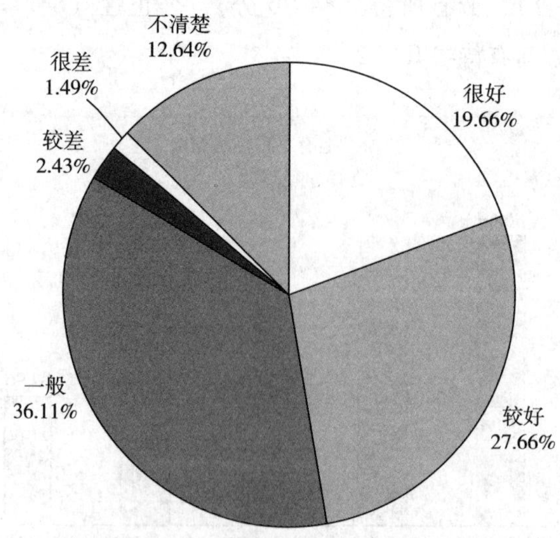

图2　居民对普惠性幼儿园的满意度评价

（二）学有所教：居民高度评价市级教育资源的引入

居民对居住地附近的小学质量、中学质量的评价差异不大（见图3）。接近1/2的居民认为居住地附近的小学质量“很高”和“较高”，超过1/3的居民认为居住地附近的中学质量“一般”。居民高度评价市级优质教育资源的引入对本地教育环境的改善情况。31.65%的居民“很满意”，32.39%的居民“较满意”，这意味着政府积极推进的“学有所教”工作取得了积极反馈。

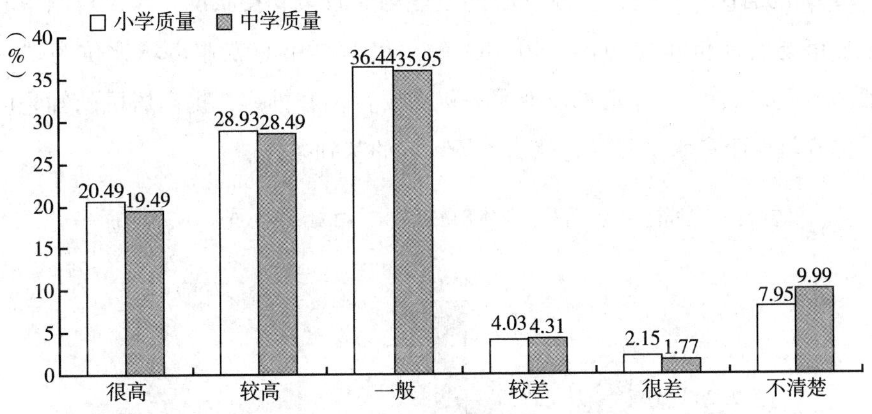

图3 居民对居住地附近的小学质量和中学质量的评价情况

对于“公共教育领域最迫切需要改进的措施”，69.95%的居民选择“补充师资力量”，58.14%和51.01%的居民选择“开展素质教育”和“推动教育资源均衡分布”（见表1）。

表1 公共教育领域最迫切需要改进的措施

单位：%

选项	比例	选项	比例
补充师资力量	69.95	完善学校硬件设施	44.68
开展素质教育	58.14	加强对困难家庭的教育资助	14.95
推动教育资源均衡分布	51.01	其他	1.91

（三）劳有所得：较低的就业服务知晓率影响政策满意度

对于城市副中心的人才引进落户机会、就业创业政策支持，居民的评价较为分散（见图4），“很好”、“较好”、“一般”和“不清楚”的占比多集中在20%上下。21.66%、22.91%和23.38%的居民分别认为副中心的人才引进落户机会“很好”、“较好”和“一般”，同时20.60%的居民“不清楚”副中心的人才引进落户机会。19.64%、30.92%和25.52%的居民分别认为副中心的就业创业政策支持“很好”、“较好”和“一般”，同时17.74%的居民“不清楚”副中心的就业创业政策支持状况。居民对副中心就业市场的评价稍显消极。40.18%的居民对副中心就业市场评价为“一般”。综合来看，副中心的就业服务仍需要宣传和推广，提高居民的知晓度是提升就业服务水平和优化就业市场环境的基础条件。

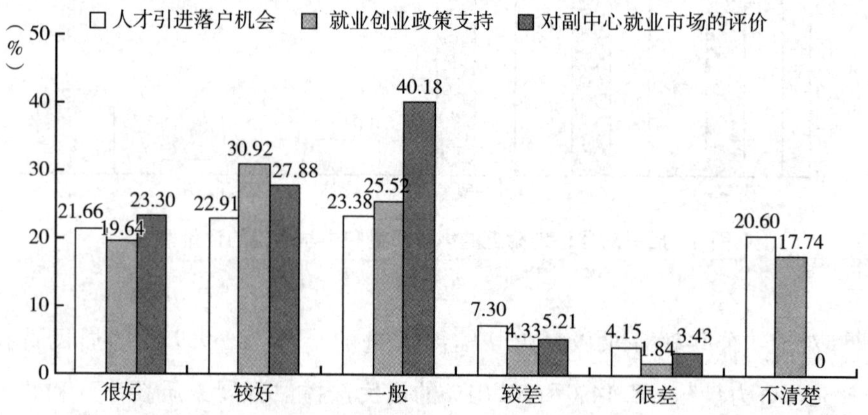

图4　居民对人才引进落户机会、就业创业政策支持和副中心就业市场的评价情况

对于“劳动就业领域最迫切需要改进的措施”，57.82%的居民选择“多创造高质量的就业岗位”，45.80%的居民选择“大规模开展职业技能培训”，42.23%的居民选择“提高‘五险’的缴费比例和覆盖面”（见表2）。

表 2 劳动就业领域最迫切需要改进的措施

单位：%

选项	比例	选项	比例
多创造高质量的就业岗位	57.82	提高最低工资标准	39.79
大规模开展职业技能培训	45.80	坚持创业带动就业	33.88
提高“五险”的缴费比例和覆盖面	42.23	推进薪酬制度改革	24.79
		其他	2.13

（四）病有所医：社区医疗服务满意度评价明显低于基本医疗服务

“病有所医”满意度评价，包括对基本医疗服务、公共卫生服务、社区卫生服务中心的医疗服务、家庭医生和医疗急救服务的评价。相对而言，居民对社区卫生服务中心的医疗服务的满意度稍低，社区卫生服务中心医疗条件、人员配备仍有待改善。67.24%的居民认为居住所在地提供的基本医疗服务“很好”和“较好”，60.91%的居民认为公共卫生服务“很好”和“较好”，56.96%的居民认为社区卫生服务中心的医疗服务“很好”和“较好”（见图5）。居民积极评价市级优质医疗资源的引入对本地医疗环境的改善情况，30.48%的居民“很满意”，39.79%的居民“较满意”。

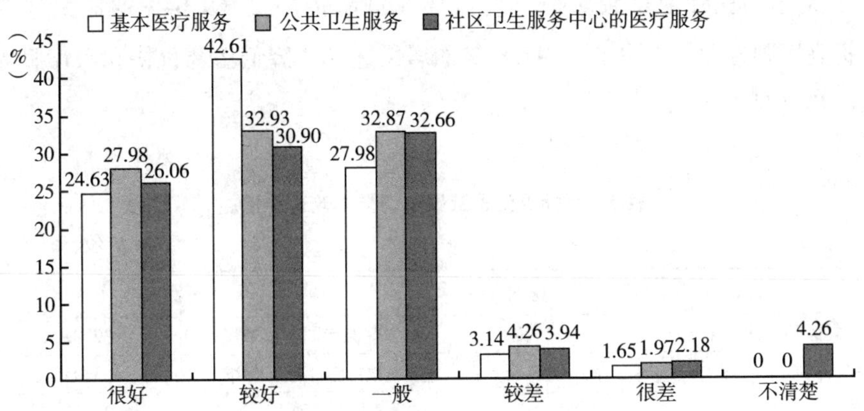

图 5 居民对基本医疗服务、公共卫生服务和社区卫生服务中心的医疗服务的评价情况

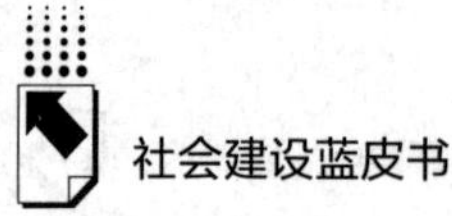

居民对家庭医生服务的满意度评价较低（见图 6）。29.15%的居民对家庭医生服务表示“不清楚”，33.62%的居民认为家庭医生服务“一般”及以下。实地调研发现，家庭医生主要由社区卫生服务站进行签约服务，服务站一般只有 1~2 名全科医生，医疗资源严重不足，签约工作及后续的基本医疗服务保障难以跟上。

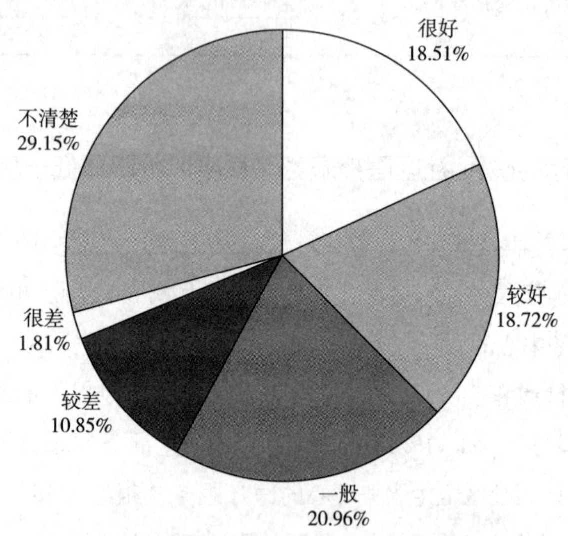

图 6　居民对家庭医生服务的评价情况

对于“医疗卫生领域最迫切需要改进的措施”，59.04%的居民选择“提高医师专业技术水平”，47.82%的居民选择“降低医药价格和医疗服务费用”（见表 3）。

表 3　医疗卫生领域最迫切需要改进的措施

单位：%

选项	比例	选项	比例
提高医师专业技术水平	59.04	扩大医保范围及统筹层次	32.82
降低医药价格和医疗服务费用	47.82	规范医疗卫生服务标准	23.94
		提升基层公共卫生服务能力	21.33
增加医疗健康机构数量	36.65	改革医保管理和支付方式	8.62
增加医护专业人员数量	33.83	其他	1.22

（五）老有所养：社区养老服务的居民满意度评价高于街镇和机构养老服务

“老有所养”满意度评价，包括居民对街镇养老服务、社区养老服务和机构养老服务分别进行满意度评价（见图7），以及对目前基本养老服务质量的总体评价。居民对社区养老服务的满意度相对较高，57.13%的居民认为“很好”和“较好”，实地调研发现，社区养老服务的可及性更强，需求度更高。机构养老服务满意度评价相对较低，48.85%的居民认为“很好”和“较好”，实地调研发现，机构养老服务主要服务于部分失能失智老人和少数高收入家庭的老人。居民对基本养老服务质量的评价较低。40.07%的居民认为目前基本养老服务质量“一般”，29%.00的居民认为“较好”，20.47%的居民认为“很好”，养老服务仍面临较大挑战。

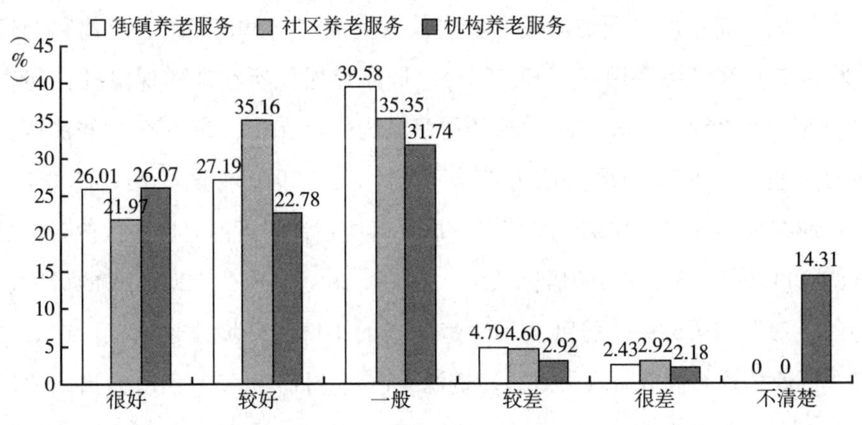

图7 居民对街镇、社区和机构养老服务的评价情况

对于“养老服务领域最迫切需要改进的措施”，52.29%和50.90%的居民选择“增加养老机构数量”和“提升养老服务质量”（见表4）。

表 4　养老服务领域最迫切需要改进的措施

单位：%

选项	比例	选项	比例
增加养老机构数量	52. 29	强化养老保障政府兜底责任	20. 90
提升养老服务质量	50. 90	提高养老保险缴费比例	18. 78
提高基本养老金	43. 09	促进养老产业发展	10. 21
扩大养老保险覆盖面	29. 79	加强孝文化教育	4. 73
发展机构养老、社区养老、以房养老、医养结合等多种养老模式	28. 56	其他	0. 90

（六）住有所居：居民对老旧小区改善情况的满意度评价较低

住有所居满意度评价分别考察了居民对保障性住房供给情况和老旧小区改善情况的满意度。受访居民主要居住在商品房（39. 31%）、自建私有房（26. 38%）和经济适用房（12. 77%）。居民对居住所在地的保障性住房供给情况的评价较为分散。23. 46%的居民认为供给充足，29. 63%的居民认为供给一般，16. 97%的居民认为供给不足，还有 29. 95%的居民“不清楚”居住所在地的保障性住房供给情况。居民对居住地附近的老旧小区改善情况的满意度较低。37. 13%的居民认为“很好”和“较好”，27. 34%的居民认为“一般”，19. 52%的居民“不清楚”老旧小区的环境改善情况。针对老旧小区改造这一问题，市规划自然资源委通州分局自 2020 年 10 月启动“新芽”项目，积极探索老旧小区的小微改造。但是，通州区老旧小区改造项目（如加装电梯、综合改造等）处于逐步推进阶段，仍无法满足量大面广的老旧小区改造需求。

对于“住房保障领域最迫切需要改进的措施”，53. 62%的居民选择“增加保障性住房数量”，50. 00%的居民选择“帮助困难群众改善住房条件”（见表 5）。

表 5 住房保障领域最迫切需要改进的措施

单位：%

选项	比例	选项	比例
增加保障性住房数量	53.62	提高公积金缴费比例	39.15
帮助困难群众改善住房条件	50.00	规范住房租赁市场秩序	25.69
改善性住房贷款政策放宽	48.78	其他	3.67

（七）弱有所扶：居民对儿童友好设施、无障碍设施的满意度评价较低

弱有所扶满意度评价考察居民对居住地附近的儿童友好设施、无障碍设施、残疾人康复服务及困难群众救助服务的满意度（见图 8）。居民对居住所在地附近的儿童友好设施、无障碍设施评价较低，实地调研发现，儿童友好设施、无障碍设施仍较为短缺，无法满足相应群体的需求。44.15%的居民认为儿童友好设施“一般”，38.88%的居民认为无障碍设施“一般”。四成左右的居民对残疾人康复服务、困难群众救助服务的满意度评价较高，38.94%的居民认为残疾人康复服务“很好”和“较好”，42.72%的居民认为困难群众救助服务“很好”和“较好”。

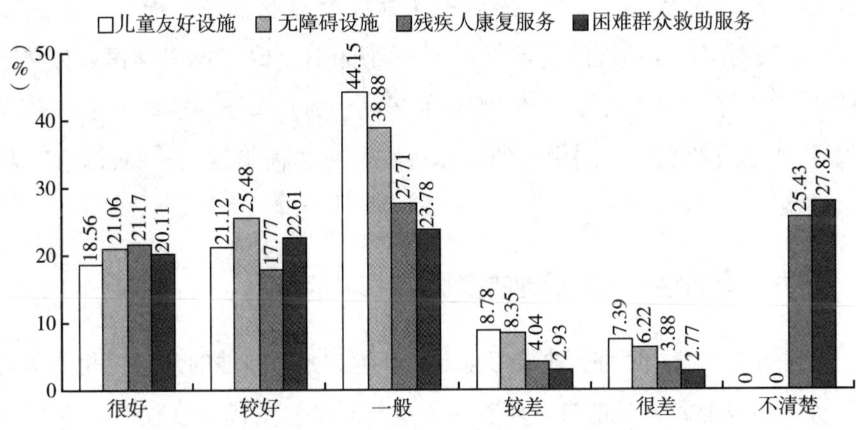

图 8 居民对儿童友好设施、无障碍设施、残疾人康复服务、困难群众救助服务的评价情况

对于“社会救助领域最迫切需要改进的措施”，53.40%的居民选择“提高最低生活保障水平”，47.61%的居民选择“积极开展困难群众救助服务”（见表6）。

表6　社会救助领域最迫切需要改进的措施

单位：%

选　　项	比例
提高最低生活保障水平	53.40
积极开展困难群众救助服务（如医疗救助、临时救助、受灾人员救助等）	47.61
增加困难残疾人生活补贴和重度残疾人护理补贴	41.12
提供法律援助	30.74
建立残疾人服务体系（如托养、康复、教育、职业培训和就业、文化体育等）	27.87
对困难人群开展针对性就业帮扶	23.35
加快残疾人和老年人无障碍环境建设	18.40
其他	0.90

（八）便利性：停车便利性的居民满意度评价较低

“便利性”满意度评价主要考察居民对便民商业服务、大型商业服务、交通便捷性、停车便利性和整体通勤情况的评价。居民对居住所在地的便民商业服务的满意度高于大型商业服务。55.79%的居民认为便民商业服务“很好”和“较好”，50.69%的居民认为大型商业服务“很好”和“较好”。居民对交通便捷性的满意度高于停车便利性。64.58%的居民认为交通便捷性“很好”和“较好”，53.61%的居民认为停车便利性“一般”及以下。各有三成的居民对副中心的整体通勤情况“很满意”、“较满意”和“一般”。

（九）宜居性：公园绿地的多功能性有所不足

“宜居性”满意度评价主要考察自然环境、公园绿地的开放性和多功能性。居民对居住所在地的自然环境（如空气质量）的满意度较高。55.59%的居民认为自然环境“很好”和“较好”。居民对公园绿地开放性的满意度高于多功能性。70.16%的居民认为公园绿地的开放性“很好”和“较好”，

56.91%的居民认为公园绿地的多功能性“很好”和“较好”。实地调研发现，由于通州区很多公园都是以腾退的方式建设的，按照设计规范，指标上有限制，这导致公园绿地的多功能性不足。

（十）多样性：居民对文化多样性的满意度评价优于体育多样性

“多样性”满意度评价考察文化服务情况。和居住所在地附近的公共文化服务设施相比，居民对副中心的公共文化服务设施评价更高。50.90%的居民认为居住所在地附近的公共文化服务设施“很好”和“较好”，53.56%的居民认为副中心的公共文化服务设施“很好”和“较好”。42.77%的居民认为副中心文化活动的丰富度“一般”。尽管居民对居住所在地附近的体育健身设施评价相对较低，但比较认可体育活动的便捷度。41.54%的居民认为居住所在地附近的体育健身设施“很好”和“较好”，41.17%的居民认为“一般”。51.01%的居民认为居住所在地附近的体育活动的便捷度“很好”和“较好”。

在提高多样性方面，52.07%的居民选择“增加跑道、健步道”，45.80%的居民选择“增加场馆类文化设施”（见表7）。

表7　多样性领域最迫切需要改进的措施

单位：%

选项	比例	选项	比例
增加跑道、健步道	52.07	增加政府事业单位文体场馆的开放性	35.11
增加场馆类文化设施	45.80		
增加球类体育设施	41.97	提高文体场馆的低费开放水平	27.07
提高场地配套质量（灯光、围网、看台等）	36.01	其他	1.86

（十一）公正性：居民对市民服务热线的满意度评价较高

居民对市民服务热线（12345）的信赖程度较高，59.52%的居民“非常相信”和“比较相信”市民服务热线能够处理相关公正问题，这体现出接诉即办工作已深入人心，且获得居民的较高信赖。43.08%的居民认为法律服务热线的服务“很好”和“较好”。

（十二）安全性：社会治安的居民满意度评价最高

居民对社会治安、消防安全和交通安全均予以积极的评价（见表8），其中，居民对社会治安的满意度评价最高。74.47%的居民认为社会治安“很好”和“较好”，67.87%的居民认为消防安全“很好”和“较好”，65.00%的居民认为交通安全“很好”和“较好”。近年来，通州区针对警情高发、治安复杂的点位开展综合整治工作，有效缓解了部分地区社会面秩序的突出问题，切实改善了社会治安环境。

表8　居民对社会治安、消防安全和交通安全的评价情况

单位：%

安全性	很好	较好	一般	较差	很差
社会治安	36.54	37.93	21.44	2.66	1.44
消防安全	32.82	35.05	25.59	4.36	2.18
交通安全	30.80	34.20	28.99	3.83	2.18

二　基本公共服务需关注的问题

（一）劳有所得与病有所医是居民最期待改善的领域

与5年前相比，居民在工作生活中感受到基本公共服务有明显改善，呈现积极向好趋势。在“七有”目标中，居民认为学有所教、病有所医的改善最大；在“五性”需求中，居民认为宜居性、安全性、多样性改善最大（见表9）。

表 9　通州区“七有”目标、“五性”需求改善情况

单位：分

“七有”“五性”类目	分值	“七有”“五性”类目	分值
生态环境	5.07	体育健身	3.39
社会治安	4.68	收入水平	3.30
教育质量	4.24	社会救助	3.29
医疗服务	4.07	养老服务	2.93
公共文化	3.83	住房保障	2.93
便民服务	3.74	平均值	3.76
社会公正	3.61		

注：居民对每一项内容的改善情况进行打分，大幅提高为 10 分，没有变化为 0 分，大幅下降为-10 分。

尽管如此，最期待改善的领域集中在“七有”目标，居民主要关注劳有所得、病有所医问题，分别有 57.34%、46.65%的居民关注和期待“就业收入”和“医疗卫生”的改善。“养老服务”和“公共教育”的关注度均在 30%以上，分别为 39.31%和 35.80%。除了“便民服务”之外，居民对其他“五性”需求的关注度均低于 20%（见表 10）。

表 10　“七有”目标、“五性”需求最期待改善的领域

单位：%

“七有”“五性”类目	比例	“七有”“五性”类目	比例
就业收入	57.34	生态环境	12.07
医疗卫生	46.65	体育健身	11.49
养老服务	39.31	社会公正	9.31
公共教育	35.80	社会救助	5.85
住房保障	28.46	社会治安	5.05
便民服务	21.76	公共文化	5.00

（二）基本公共服务的空间供需不平衡和不匹配问题仍然存在

基本公共服务的空间供需不平衡问题是指不同区域的居民公共服务需求与公共服务供给存在一定的错位。以就业服务为例，居民满意度问卷调查显

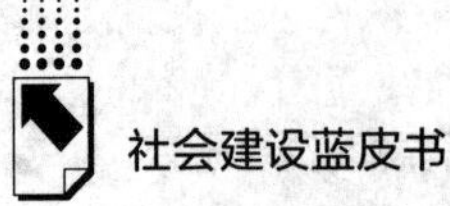

示，居住在乡镇的居民的了解程度和满意度普遍低于街道居民。结合问卷数据发现，台湖镇、宋庄镇、永顺镇、马驹桥镇、西集镇的居民较不清楚就业公共服务政策。这可能是因为部分创业就业、人才引进落户需求相对集中在街道，相应的政策推广比较熟练及时。

除了基本公共服务在中心城区内外的平衡问题需要着重应对之外，人群分布、区位特征需要匹配相应的公共服务供给。从中心城区内部来看，部分街道的医疗服务、养老服务需求较大。临河里街道、潞源街道、通运街道、文景街道、新华街道均有超过40%的受访居民认为家庭医生服务“一般”及以下。通运街道、潞邑街道、临河里街道均有略高于50%的受访居民认为居住地附近的基本养老服务“一般”及以下，有超过60%的中仓街道受访居民持有类似的判断。受空间规划及发展条件的影响，中心城区往往面临更为庞大的老旧小区改造任务，住房保障服务的需求较大。例如，中仓街道对于老旧小区改造表达了强烈的诉求，80%左右的居民对老旧小区改善情况评价为“一般”及以下。

（三）基本公共服务仍面临空间资源限制和政策阻滞

停车便利性、公园绿地的多功能性以及文体活动的多样性均和空间资源条件紧密相关，土地政策也对相应的“五性”服务供给产生重要影响。调研问卷的数据显示，居民对停车便利性问题比较关注，60%及以上的马驹桥镇、张家湾镇、中仓街道、梨园镇、潞邑街道、永顺镇、台湖镇、临河里街道、宋庄镇的受访居民认为停车便利性“一般”及以下。

随着居民生活水平的提高，其对“五性”服务质量提出了更高的期许，对公园绿地多功能性、文体活动多样性的期待就是居民需求的现实反映。问卷数据显示，60%以上的宋庄镇、永乐店镇、台湖镇、马驹桥镇受访居民认为公园绿地的多功能性“一般”及以下。究其原因，由于通州区很多公园以腾退的方式建设，按照设计规范，指标上有限制，这导致公园绿地的多功能性不足。从长远来看，应加强土地制度对公园用地的支持。70%以上的马驹桥镇、临河里街道、潞邑街道、张家湾镇、永顺镇、台湖镇、永乐店镇、梨园镇、中仓街道、宋庄镇受访居民认为副中心文化活动的丰富度“一般”及以下；80%以上的马驹桥镇、临河里街道、漷县镇、张家湾镇、台湖镇受访居民认为居住地附近的体育健身设施“一般”及以下。随着居民对文化、体育健身需求的提高，有必要增加居住地附近的文化、体育设施供给，进一步优化空间条件以及加强政策资源支持。

（四）居民诉求强烈的区域有待重点关注

基于对12345工单数据的分析发现（见表11），永顺镇的居民诉求覆盖范围最多，为8项，马驹桥镇次之，为7项，台湖镇和梨园镇各5项。具体从诉求数量来看，台湖镇有4项三星诉求，即幼有所育、学有所教、便利性、宜居性的工单数量在所有街镇中排名第一；永顺镇有3项三星诉求，即病有所医、住有所居、弱有所扶的工单数量同比最多；马驹桥镇也有3项三星诉求，即劳有所得、多样性和安全性的工单数量同比最多。梨园镇和潞邑街道各有1项三星诉求，分别是老有所养和公正性。北苑街道、漷县镇、临河里街道、永乐店镇均只有1项二星诉求，分别是学有所教、病有所医、弱有所扶和便利性，这一类目下的工单数量在各街镇中排名第二。通运街道、张家湾镇各有一项一星诉求，分别是劳有所得和老有所养，这一类目下的工单数量在各街镇中排名第三。

表11　“七有”目标、“五性”需求12345工单数据

分类	台湖镇	永顺镇	马驹桥镇	梨园镇	潞邑街道	中仓街道	北苑街道	漷县镇	临河里街道	永乐店镇	通运街道	张家湾镇
幼有所育	★★★	★		★★								
学有所教	★★★		★				★★					
劳有所得			★★★	★★							★	
病有所医		★★★				★		★★				
老有所养			★★	★★★								★
住有所居	★	★★★			★★							

续表

分类	台湖镇	永顺镇	马驹桥镇	梨园镇	潞邑街道	中仓街道	北苑街道	漷县镇	临河里街道	永乐店镇	通运街道	张家湾镇
弱有所扶		★★★				★			★★			
便利性	★★★		★							★★		
宜居性	★★★	★★	★									
多样性		★★	★★★	★								
公正性		★			★★★	★★						
安全性		★	★★★	★★								

注：在所有街镇的12345工单诉求数据中，★★★表示诉求量最多，排名第一；★★表示诉求量在各街镇诉求数量中排名第二；★表示诉求数量排名第三。

三　提高基本公共服务居民满意度的意见建议

（一）聚焦民生痛点，提高基本公共服务的居民满意度

围绕群众“七有”目标和“五性”需求，多领域提升公共服务水平。当前，一些优质医疗、教育资源的引入已较大限度地提高了居民的满意度，有必要进一步优化公共服务布局，特别是集中精力攻克劳有所得、病有所医问题。针对劳有所得问题，街道相关部门及工作人员应继续开展人才引进、就业创业政策的宣传与推广工作，吸引更多优秀劳动者来通州就业。就街镇的现实需求和基础条件而言，开展就业帮扶工作是“劳有所得”公共服务的重点内容，应明确定位，组织开展特色工作以更好地带动就业，提高居民对劳有所得的满意度。针对病有所医问题，尤其是家庭医生服务的满意度问题，应多举措加强家庭医生队伍建设，提升基层医疗卫生机构服务能力；完善签约服务政策支持，提高信息化水平，强化签约服务吸引力和便捷性。

（二）完善政策保障，促进基本公共服务的均衡匹配

以空间特征为核心，建立精准对接现实需求的街镇公共服务规划体系。根据街镇的差异，有针对性地开展医疗、养老、老旧小区改造等更加匹配中心城区发展需求的服务。针对养老、医疗服务，结合老年人口分布特征，建立供给端和需求端的双向匹配机制，提高精准服务水平。针对住有所居问题，在老旧小区问题突出的街道，有序规划综合整治项目，同时对于中心城区之外的街镇，推进小微改造项目，整合多方资源，积极引入社会资本参与改造项目。

（三）坚持规划引领，保障基本公共服务增量提质

以国土空间治理能力现代化助推高质量发展，是基本公共服务增量提质的必由之路。对于停车便利性问题，相关部门应结合居民停车需求和诉求，与属地街道乡镇、机动车停车场经营企业共同协商，深度挖掘社区内及周边停车资源，在有限地理空间上拓展空间维度，探索建设立体式停车设施。对于公园绿地多功能性问题，应积极开展微更新项目。例如，开展口袋公园等微更新项目，在公园草坪、林下空间以及空闲地等区域划定开放共享区域，完善配套服务设施，更好地满足人民群众搭建帐篷、运动健身、休闲游憩等亲近自然的户外活动需求。对于文体活动设施的多样性问题，首先应在摸清底数的基础上，合理配建相应文化、体育场地和设施；其次应用好平台，充分发挥各类公共文化、体育服务设施的作用；最后应拓宽渠道，多开展内容健康、形式活泼，群众乐于参与、便于参与的文体活动。可延用“15 分钟社区生活圈”的理念，在步行 15 分钟以内的生活范围，满足人民日常生活的基本文化、体育需求。

（四）坚持诉求驱动，以街镇为单元精准破解居民难题

基于居民满意度问卷数据以及市民服务热线的数据，科学研判各街镇面临的公共服务问题，重点关注市民诉求集中、基层治理基础薄弱的街镇，通过区域主动治理破解超大城市发展不平衡不充分的矛盾。一是补短板强弱

项，在总体规划的基础上，对市民诉求集中的街镇，如台湖镇、永顺镇和马驹桥镇等街镇，围绕其所面临的具体问题倾斜相关资源，回应居民的迫切需求。二是行政赋权激发街镇内生活力，在公共服务供给中赋予街镇更大的自主权，发挥街镇主动性，市、区、街镇三级分工协同，系统性解决市民诉求集中的重难点问题。

社会工作篇

B.13 北京市涉案未成年人的司法社会工作研究

赵丽琴　张月莹*

摘　要：　近年来，未成年人犯罪呈现低龄化、流动性、极端暴力化等新变化，司法领域亟须探索出涉案未成年人的特殊司法工作模式。在此背景下，未成年人司法部门引入涉案未成年人社会工作服务。北京市在理论研究与专业实践方面深入推进未成年人司法社会工作，实现了专业化办案和社会化服务的有机衔接，使未成年人的社会性保护得以有效落实。本报告通过对北京市某区未成年人司法社会工作的参与式观察和深度访谈，分析了未成年人司法社会工作在工作定位、服务理念和服务模式等方面出现的困境，从立法层面、机制层面和实践层面提出了相应的对策，以助推司法领域对未成年人的专业保护，构建和谐社会。

关键词：　涉案未成年人　司法社会工作　法治化建设

* 赵丽琴，北京工业大学社会学院教授，北京社会管理研究基地研究人员，研究方向为社会心理、青少年社会工作、心理健康；张月莹，北京工业大学北京社会管理研究基地研究人员，研究方向为社会心理、青少年社会工作。

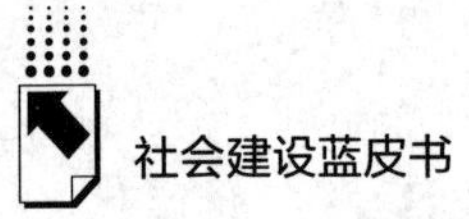

习近平总书记指出："当代中国少年儿童既是实现第一个百年奋斗目标的经历者、见证者，更是实现第二个百年奋斗目标、建设社会主义现代化强国的生力军。"未成年人的发展不仅关系个人及其家庭的幸福，而且关乎国家和社会的未来。然而，近年来各种影响极为恶劣的未成年人犯罪事件频发，低龄未成年人极端案件已经引发社会矛盾与公共舆论危机。新形势下，实施违法犯罪行为的未成年人呈现低龄化、极端暴力化、流动性等新特点。2018 年中国司法大数据的研究报告指出，上海、北京、浙江等省份是外来未成年人犯罪高发的地区。[①]

北京市自 2009 年起积极实践未成年人司法社会工作服务，以建立符合未成年人身心特点的特殊矫正机制为切入点，深入探索未成年人犯罪预防、涉案调查、案后观护的全链条司法工作机制，为未成年人提供认知矫正、保护救助、多方协同介入等服务。2022 年，最高人民检察院在首都师范大学设立"未成年人检察社会支持体系研究基地"，负责参与研发《未成年人司法社会工作服务规范》国家标准。北京市不断深化未成年人社会支持体系示范建设，以助推超大城市法治体系建设，推动大国首都法治化。北京市未成年人司法社会工作的理论研究与专业实践在很大程度上提升了未成年人检察工作的质量与效率，但在调研中发现，未成年人司法社会工作实践中仍然存在工作定位、服务理念和服务模式上的困境。本报告从中国未成年人司法社会工作的发展背景入手，通过对北京市某区司法社会工作的参与式观察和深度访谈来考察北京市司法社会工作的发展现状，总结北京市社会工作介入未成年人司法领域的服务内容与实践成果，分析未成年人司法社会工作在实践过程中的难点与困境，为北京市司法社会工作的推进提供相应的建议与对策，从而加强未成年人犯罪预防，推进和谐社会、法治城市的建设。

---

① 《从司法大数据看我国未成年人权益司法保护和未成年人犯罪特点及其预防》，中国司法大数据服务网（court. gov. cn）。

一　未成年人司法社会工作的发展背景

（一）未成年人司法领域的处遇理念与政策变迁

如何有效减少未成年人违法犯罪行为、降低社会整体犯罪率是司法领域未成年人工作中的重点问题。在传统刑事司法中，青少年违法犯罪的处置以惩罚为导向，强调收容与监禁刑。然而在这一刑罚理念指导下，被监禁的未成年人难以实现再社会化、涉案未成年人被“贴标签”等现象屡屡出现，不利于未成年人的身心健康，难以切实降低未成年人犯罪率与再犯率。考虑到未成年人心理与生理方面的特殊性，我国积极探索未成年人司法处置体系，“教育为主、惩罚为辅”的未成年人司法原则得以完善。这一未成年人司法理念的推行更好地适应了未成年人的身心发展，以矫正和挽救的方式彰显对未成年人的社会性保护，社区矫正、观护帮教等非刑罚措施也在这一原则的指导下逐渐开始配套发展，为进一步落实对涉案未成年人的专业性干预，社会工作逐步嵌入未成年人司法领域。

相关政策对未成年人权益保护的强调为社会工作介入未成年人司法领域创造了有利空间。2012 年修订的《刑事诉讼法》对犯罪未成年人社会支持体系的建设进行了诸多有益的探索，如明确指出应当为未成年人提供合适成年人到场、社会调查等服务，试图解决犯罪未成年人社会支持缺位的问题，为未成年人提供更为完善的社会支持。习近平总书记多次对青少年工作做出指示，“各级党委和政府、社会各方面要切实做好与儿童事业发展有关的各项工作，关心爱护少年儿童”。党中央深入贯彻习近平法治思想，印发《中共中央关于加强新时代检察机关法律监督工作的意见》，指出检察机关乃至全社会应当最大限度以教育挽救涉罪未成年人，强化对未成年被害人的保护救助，综合保障未成年人权益。2021 年新修订的《中华人民共和国未成年人保护法》《中华人民共和国预防未成年人犯罪法》更强调了社会工作在未成年人违法犯罪行为干预中的重要作用。而 2023 年 3 月发布的《未成年人司法社会工作服务规范》也意味着未成年人司法工作实践正朝着专业化、规范化方向发展。2024 年 4 月 26 日，第十四届全国人民代表大会常务委员会第九次会议通过了关于修改《中华人民共和国未成年人保护法》的决定。该法案的第 116 条规定，国家鼓励和支持社会组织、社会工作者参与涉及未成年人案件中未成年人的心理干预、法律援助、社会调查、社会观护、教育矫治、社区矫正等工作。而政府购买社会工作服务的模式为司法社会工作的发展提供了监管与长期性的支持，吸纳专业人士、心理咨询师等人员参与帮教活动，很大程度上弥补了各地司法资源的不足，推进了各地未成年人司法社会工作服务的实践，使政策真正做到立足未成年人的发展。

（二）未成年人违法犯罪的现状

中国社会伴随着改革开放和经济发展，未成年人违法犯罪的人数总体呈现下降的趋势。然而近年来，未成年人违法犯罪呈现顽固性，2018～2022 年，全国未成年人犯罪人数总体呈现波动上升趋势，犯罪的低龄未成年人数上升（见图 1）。

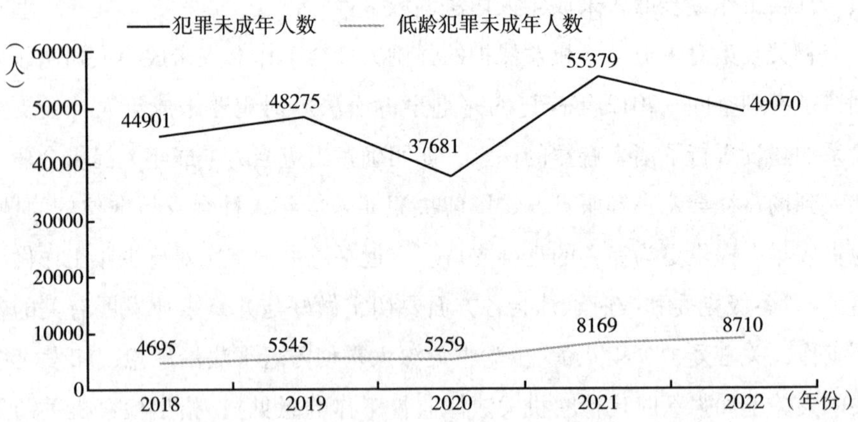

图 1　2018～2022 年全国犯罪未成年人数和低龄犯罪未成年人数

注：低龄未成年人指已满 14 周岁且不满 16 周岁的未成年人。

资料来源：《未成年人检察工作白皮书（2014—2019）》《未成年人检察工作白皮书（2022）》。

以北京市某社工机构在某区开展的服务为例，2021~2023年三年间共服务未成年嫌疑人500余名。在该地区实施违法犯罪的未成年人中，男性未成年人占多数，占总人数的72.1%。从年龄来看，未成年嫌疑人大多已满16岁且未满18岁，该年龄段的未成年人占总数的71.5%，绝大多数未成年人在义务教育阶段结束的15~16岁，即初中毕业后来京谋生。外来未成年人是北京市违法犯罪的高发人群，非本地户籍的未成年人违法犯罪的比例远高于本地户籍未成年人，未成年人大多来自农村。同时，外来未成年人户籍地省份集中于河北省、河南省等与北京相邻的省份。从案件严重程度来看，未成年人参与的多为行政案件，盗窃案是未成年人作案中最常出现的案件类型，卖淫、打架斗殴、寻衅滋事等扰乱公共秩序的案件也是未成年人违法犯罪中常见的案件类型。

二　北京市未成年人司法社会工作的发展现状

（一）未成年人司法社会工作的服务对象与内容

1. 服务对象

在各国的实践中，司法社会工作的发展无不得益于政府拨款或社会非营利组织的支持，司法社工的服务开端于社会对全体未成年人的保护。因此，未成年人司法社工的服务不仅聚焦涉案未成年人，更面向全体未成年人。

具体而言，未成年人司法社工的服务对象包括不良行为或者严重不良行为的未成年人、涉案未成年人，涉案未成年人又包括未成年嫌疑人与未成年被（侵）害人，根据违法情节的轻重，可以将未成年嫌疑人分为违法未成年人和犯罪未成年人。具体而言，违法未成年人违法的情节较轻，违反治安管理处罚法，而涉罪未成年人是指触犯刑法的未成年人。

2. 服务内容

未成年人司法社会工作服务为涉案未成年人提供更为开放性、社会化的环境，以关爱和保护的理念协助未成年人重返社会。司法社会工作者服务于未成年人司法的各个环节，辅助公安局、检察院、法院三大行政机关，从未成年人违法犯罪的预防、公安局的训诫教育到检察院的社会调查，再到法院的诉讼阶段（见图2）。未成年人违法犯罪预防面向所有未成年人开展学校社会工作、社区社会工作，做好法律科普等活动。未成年人被公安局抓获后，司法社工辅助公安局，为涉案未成年人提供合适成年人到场、训诫教育、被害人救助、家庭教育辅导等服务。针对刑事案件，部分未成年人需要检察院介入，因此这一阶段司法社工需要对未成年嫌疑人开展诉前社会调查、附条件不起诉考察帮教等服务。在未成年人法院审判阶段，司法社工负责提供开庭阐述社会调查报告、听证等服务，保证未成年人在审判过程中的合法权益。

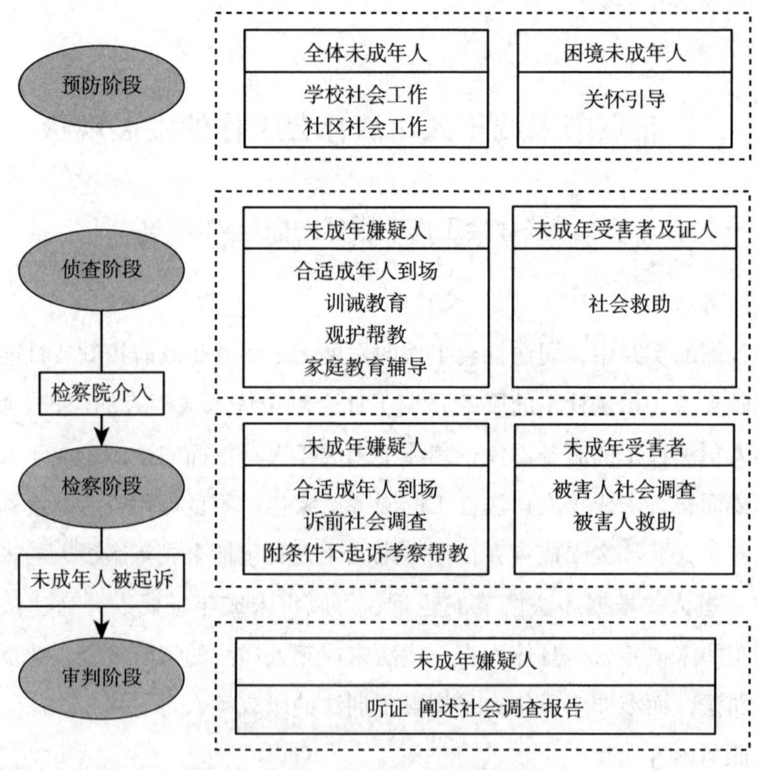

图2　未成年人司法社会工作服务内容

（二）北京市司法社会工作的工作模式

司法社会工作服务是政府长期购买社会工作服务的项目，由政府提供经费支持。以北京市某区为例，该区的司法社会工作服务依托社区青年汇的一个长期项目而存在。该区社区青年汇是以共青团为枢纽的地域性青年活动平台和基层青年组织，为该区青少年汇聚公益组织、社会组织等社会资源。未成年人司法社会工作大部分依托社区青年汇开展，线下帮教活动与社区青年汇的活动接轨，该区公安局、检察院和法院三大部门在涉及未成年人案件时联系司法社工并购买司法社工的服务。司法社工服务的项目制工作模式使司法社工在服务方式与内容上具有较强的灵活性，可以吸纳更多社会力量进入司法社工领域，如社区工作者、高校老师、心理咨询师、在校社工专业大学生等，联动了各方社会资源。

该区专职司法社会工作的人数稳定在 25 人左右，包括助理社工师 11 人、社工师 5 人，由 2 名督导负责司法社会工作的培训和报告审查，有 5~6 名社工进驻公安分局的执法办案中心，为违法犯罪的未成年人提供 7×24 小时全时段的服务。

（三）北京市未成年人司法社会工作实践的现状

2009 年以来，北京市司法社会工作在未成年人司法领域已取得一系列成果。未成年人司法社会工作由海淀区超越事务所开始推广实践，北京市少年司法社会工作经历了理念嵌入、服务嵌入、制度性建构这三个重要发展阶段，如今北京市司法社会工作在服务对象覆盖率、服务内容完善性、司法社工人才队伍专业性等方面得到全面发展。

第一，服务对象覆盖率高，覆盖范围广。北京市司法社会工作起初服务于本地违法未成年人，然而在北京市司法实践过程中发现，北京市越来越多的外来未成年人涉案，城市外来未成年人违法犯罪是城市化进程中亟待解决的问题，因此北京市司法社会工作逐步扩大服务覆盖范围，服务对象确定为在本地区涉案的未成年人与不良行为未成年人。北京市某区每年涉及未成年

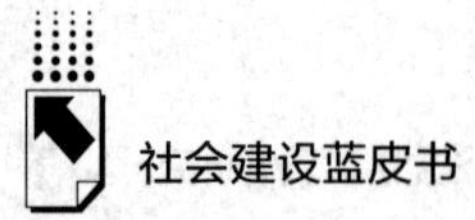

人的案件数量达200多件，案件涉及的未成年人有300余人，该区司法社工服务的涉案未成年人合适成年人到场服务基本可以覆盖本地区绝大部分涉案未成年人的权益保护工作。

第二，司法社工服务的专业化水平提升。司法社工人才队伍的建设与发展是促进司法社会工作服务专业化的内在要求，北京市司法社工积极推进考核制度的完善，开展司法社会工作认证工作，加强自身建设。北京市于2019年印发《北京市公安局执法办案管理中心未成年人案件社工服务工作规范》，该规范是全国第一部公安机关未成年人案件司法社工服务的行业标准，进一步明确了司法社工的服务流程，统一了服务的项目内容与标准，最大限度保障未成年人的合法权益，也使得司法社工服务的规范性得到极大提升。

第三，司法社会工作配套设施的健全化。北京市多区设立的观护基地以爱心企业、社会公益组织等为依托，对附条件不起诉的涉罪未成年人进行行为矫治、教育与技能训练。以海淀区为例，海淀区检察院合作的观护基地有科技公司、食品加工业企业、飞机制造业企业、餐饮公司等，此外还包括由北京市检察院带头在司法社工中心设立的“少年超越吧”观护基地，设计开发出一系列吸引未成年人的观护课程，如每周一次的“城市历奇”“DIY烘焙坊”等活动，[①] 对附条件不起诉的涉罪未成年人进行观护帮教以及教育矫治。观护基地为16岁及以上的涉案未成年人开展技能培训，是一种让涉案未成年人以劳动的形式换取相应报酬的帮教模式，采取定期组织涉案未成年人参与企业工作的服务方式，不仅解决涉案未成年人在取保候审阶段无收入的问题，更能让涉案未成年人再社会化，实现未成年人精准帮教和重返社会的目标。

司法社工行业规范的推行、考核制度的完善与观护基地的建立都彰显着北京市司法社会工作在未成年人保护领域深耕，为违法犯罪未成年人重返社会提供更专业、更规范的服务。

① 《海淀院立足未成年人司法专业化　推动司法社工服务全流程全方位可持续发展》，北京市海淀区人民检察院网站，https：//www.bjjc.gov.cn/c/haidian/hjdt/316650953.jhtml？zh_ choose=n。

三　北京市司法社会工作的困境和问题

（一）司法社会工作定位与服务理念的困境

1. 专业辅助的角色定位导致社会工作服务受阻

司法社工以政府购买服务的方式嵌入公检法三大政法部门中，为涉案未成年人提供及时、专业的社会工作服务。在服务过程中，部分涉案未成年人离开派出所后失联、服务过程中配合意愿低等情况增大了司法社工的工作难度。

之所以未成年人在离开派出所后对司法社工的工作配合度低，是因为司法社工缺乏执法部门的强制执行能力，司法社工的行动在很大程度上需要依托行政资源的硬性支持，涉案未成年人普遍了解民警有执法权，但不明白司法社工的工作内容与性质。而司法社工在观护帮教3~4个月的服务过程中也无法强制要求未成年人配合帮教活动，甚至部分未成年人在帮教过程中失联，强行中断帮教活动。

案例1　某未成年人从外地来京工作，后因盗窃被抓获，在公安局签署了帮教协议后返回原户籍地工作。司法社工多次联系该未成年人开展帮教活动，案主及其家长均不理睬。司法社工联系民警后，依托民警和案主进行沟通，得以顺利开展帮教活动。

司法社工服务的正常开展离不开派出所民警、检察院检察官等行政司法工作人员对司法社会工作的认可和支持。尽管未成年人在公安局签署了相应的帮教协议，但未成年人离开派出所后，帮教协议对未成年人的约束力不强，司法社工没有强制的措施让违法未成年人接受帮教，而无法实现教育与挽救越轨未成年人的行动目标。因此，司法社工在工作中容易产生畏难情绪，不得不做出让步，遇到实在无法联系到涉案未成年人的情况时，“那我们也没有办法，就不给他/她做服务了”。

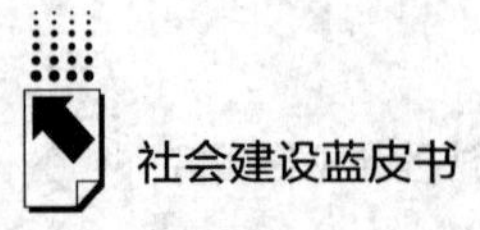

2. 工作内容的专业性与行政性的矛盾

司法社会工作最初以具备专业技能的角色介入未成年人司法领域，以分级分类干预为服务原则，搭建从犯罪预防到权益保护的多层级司法社工干预服务网络，探索未成年人分层次精准帮教的工作机制。在实践过程中，司法社工起到的预防违法犯罪的作用较小，更多在未成年人涉案被公安局抓获后对其不良行为进行介入矫正。同时，司法社工在服务过程中难以贯彻个别化的原则，针对不同违法性质的未成年人难以采用针对性的处遇模式。例如，涉刑事案件的未成年人与涉行政案件的未成年人在矫正与引导的内容上没有明显的区别，涉刑事案件的未成年人仅在服务周期上延长一个月，并且司法社工的服务结果以社会调查报告、帮教报告的形式提交给相应的行政部门，按照完成个案的数量来发放酬金。

可见，司法社工在行动中更多补位于公检法部门的行政性工作，以调查报告为主的行政性工作弱化了社工的专业理念，以完成政府购买服务的指标为行动目标，司法社会工作的专业方法在政府工作中始终处于“弱嵌入”的状态。

3. 服务的保护性与惩罚性难以平衡

司法社工介入涉案未成年人的服务以“最有利于未成年人”原则为导向，但值得注意的是，司法社工的服务对象与其他领域不同，司法社会工作面对的是罪错未成年人，服务应当具有惩罚性与改造性。司法领域若是仅强调教育与引导只会导致部分未成年人“钻法律的空子”，犯罪未成年人表示“在网上查过法律，知道不会受到大惩罚才做（违法行为）”，致使其在未成年人时期多次产生越轨或违法行为。司法社工在服务涉案未成年人过程中若是缺乏对未成年人行为的训诫功能，反而有可能成为罪错未成年人的“偏袒者”，有损法律的公正与严明，削弱司法的权威性，以何种形式为涉案未成年人提供帮教服务可以更好地兼顾服务的教育性与惩罚性是社工服务过程中的难点所在。

社会工作介入未成年人司法领域的初衷是保护未成年人，使其能够重返社会，但仅仅只用看纪录片视频、法律科普此类形式来教育未成年人，难以给未成年人带来警示，司法社工在“从严惩治侵害未成年人犯罪”和“感化挽救”之间如何找到服务的平衡点仍然值得进一步思考。

（二）司法社会工作的服务资源难以满足需求

1. 司法社会工作资源难以匹配现实需求

现阶段司法社工的全部活动仍然需要依赖政府拨款，经济支持直接来源于公检法三大政法机关。司法社工虽然入驻公安局，但相较于政府直接管辖的执法和司法部门，司法社工以政府聘请的社工机构这一身份进入司法部门，在经费等方面的支持相对不足，也导致各区从事未成年人司法社会工作的专业社工人数较少，人员配备不足，很多涉案未成年人在接受行政拘留不执行的裁决后，社工机构未能第一时间配备司法社工对其进行观护和帮教，存在几个月都尚未有社工介入的情况，使得未成年人在涉案后较长一段时间仍处于无监管的状态。

再者，许多涉案未成年人面临的困境是极为复杂的，对其偏差行为的纠正要求司法社工具有较高的专业水平，但未成年人司法社会工作的人才储备少，以司法社工为主，以大学生、大学教师为辅的司法社会工作队伍流动性强，专业知识与专业能力水平仍有待提升。

2. 司法社会工作对案主生态系统的干预效果不佳

绝大多数涉案未成年人为非本地户籍未成年人，外来未成年人在流入地缺乏家庭和学校的监护，导致越轨行为的产生。因此，司法社工在服务过程中应当关注涉案未成年人各个层次的支持因素和风险因素，更需要从多个维度为其链接资源，推动家庭、工作单位、学校等多方合力帮助未成年人获得生活上的相关保障。

家庭系统的教育和监护功能对青少年健康成长有深远的意义，家庭教育辅导是司法社工的服务内容之一，但司法社工在实际活动开展中普遍表示“我们是可以做家庭教育的，但是基本上不做（家庭教育）”，未成年人司法社工开展问题家庭的教育辅导存在以下两个困境：第一，涉案未成年人的监护人对司法社工的工作不理解，更不愿意配合开展家庭教育辅导工作；第二，许多涉案未成年人长期处于被家庭忽视的状态，在涉案后社工难以与其家人获得联系，因而无法提供家庭教育辅导。

案例 2 某未成年人，男性，15 岁，在京多次实施盗窃行为后被抓获。该案主的母亲从小对其管教严格，案主表示“自己可能是想通过偷东西来寻求刺激、追求自由的感觉”。司法社工给该案主做帮教期间，只能通过母亲与他联系，案主多次不按约定好的时间参与帮教，案主的母亲以“我家孩子学习紧张，要写作业”“学校周末有活动”等理由让孩子免于参与帮教活动。

在案例 2 中，未成年人监护人对司法社工工作的不理解很大程度上增加了社工对该案主行为矫正的难度，该未成年人越轨行为的产生与家庭对其管教方式不当存在很大的关联，但司法社工受限于自身的角色定位，难以对案主的家庭系统进行干预，即便进行了家庭教育辅导，干预的效果也不佳。

案例 3 某未成年人，女性，15 岁，为帮男友还钱从河北到北京市被迫从事卖淫赚钱，被抓获后回到原籍工作。该未成年人与其父亲常有矛盾，与其母亲也失去联系。司法社工 Z 在接到帮教委托后对其开展线上观护帮教，约一个月后，该未成年人在朋友圈发布带有性暗示的多个视频后，拉黑了司法社工的微信，电话也联系不上，民警推断该未成年人又参与到卖淫活动中。

在案例 3 中，涉案未成年人处于与监护人长期失联的状态，回到原籍后仍处于无监护的高风险环境中，司法社工了解到该案主越轨行为背后是负面的朋辈交往和缺失的家庭监护，但司法社工没有联系其监护人的渠道，也无法依托帮教工作的开展满足其复杂的社会需求。司法社工在服务中可调动的社会资源无法适应涉案未成年人复杂的现实需求，这也进一步导致司法社工在服务过程中产生无力感和职业倦怠。

四　对策与建议

（一）立法层面：健全未成年人司法保护制度

尽管2021年新修订的《预防未成年人犯罪法》指出，社会组织、有关机构在适当场所对有不良和严重不良行为的未成年人进行教育、监督和管束，但对于社会工作介入未成年人司法领域的相关规定以及司法社工的地位仍然未予以明确的规定，仅仅简单地提出“在对未成年人进行矫治教育时，公安局、检察院可以根据需要或自行委托有关社会组织、机构对未成年犯罪嫌疑人或者被告人的成长经历、犯罪原因、监护、教育等情况进行社会调查”。在《未成年人保护法》将民政部门确定为未成年人保护的政府部门的背景下，许多地区的民政部门并未强调未成年人司法社工服务的建设，构成了未成年人司法实践的空白，[①] 这也使得社会工作介入未成年人司法领域遭遇“合法性困境”，[②] 在实际工作过程中处于辅助性地位。

因此，推动对司法社会工作进行统一规范的立法，对未成年人保护制度与司法社会工作进行立法研究，才能真正地使社会工作进入司法领域，以其专业的价值观与伦理服务未成年人。同时，民政部门与司法领域应当提高未成年人司法社工的社会知晓度，提升全社会对未成年人保护的实感，进而增强社会对司法社工服务工作的认同，保证未成年人司法社工在服务中有合法的地位和充足的可调用资源，为涉案未成年人提供社会层面的综合保护。

（二）机制层面：观护主体共同行使观护责任，多地联动构建监护网络

未成年人社会保护体系的构建是预防未成年人进入高风险环境的重要渠

---

① 席小华：《“两法”修改背景下未成年人司法社会工作服务体系建设研究》，《华东理工大学学报》（社会科学版）2021年第5期。

② 席小华：《我国少年司法社会工作的实践困境及行动策略——以B市实践为例》，《华东理工大学学报》（社会科学版）2016年第6期。

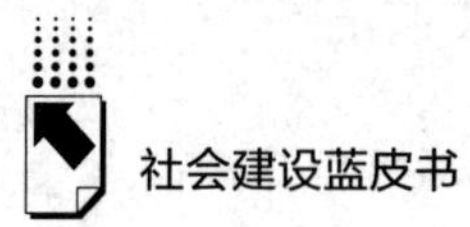

道。外来未成年人在地域上的流动造成其社会环境的改变、家庭监管的缺位，是其做出越轨行为的重要因素。因此，司法社工的服务应当注重为涉案未成年人链接各方资源，促进多方观护主体共同行使观护责任，在帮教服务中强调家庭的监护作用，重视家庭教育在预防未成年人违法犯罪中的重要作用。

同时，各地区应当关注本地区未成年人违法犯罪的特点，多地区联动构建未成年人社会支持网络，对跨省流窜违法犯罪的未成年人给予持续的关注。值得注意的是，外来未成年人实施不良和越轨行为多是在流动到城市的一年内。来京一年内实施违法行为的未成年人占一半以上，而从犯罪场所角度可以看到未成年人违法犯罪常常具有就地性，即未成年人实施越轨行为的地点与其所在工作单位、住宿场所距离接近，[①] 且案件类型以盗窃为主。针对此类型的犯罪，单位在聘用未成年人时，应多加关注未成年人就业过程中的合法权益，对未成年人进行适度引导，保护未成年人利益不受损害。

针对服务过程中发现的留守儿童、困境儿童和散居儿童，司法社工应当为其联系该未成年人或其监护人所在的社区，通过儿童主任等为其安排家庭走访、监护指导、政策链接等服务，协助开展未成年人的观护指导工作，推动民政部门与司法部门的工作衔接，为困境未成年人提供切实有益的社会支持。

总而言之，司法社工需积极联动涉案未成年人家庭、学校、工作单位、社区等多个主体为未成年人的健康成长护航，筑牢社会保护的防线。

（三）实践层面：提升司法社会工作服务水平

司法社工在面对涉案未成年人的复杂社会需求时，要求具备复合型专业能力，如犯罪学、心理学、社会学等多学科知识，才能更好地理解涉案未成年人实施越轨行为背后的原因。因此，提升司法社工专业素质才能有效降低未成年人再犯率，更好地突破司法社工服务中的难点和制约点。社工机构应

---

① 常进锋：《时空社会学：青少年犯罪成因的新视角》，《中国青年社会科学》2020 年第 1 期。

当阶段性总结优秀案例和典型案例的经验，加强对未成年人犯罪成因与预防措施的实践研究，并对有意参与司法社会工作服务的对象进行持续的培训教育，推进司法社工队伍的壮大与司法社工整体专业能力的提升。

同时，社工介入未成年人司法领域应当贯彻社会工作的专业原则，如个别化原则。个别化原则要求司法社工将每个未成年人都视为独立的个体，开展专门化的矫正措施。因此，在司法实践过程中，本报告提出以下建议。第一，对不同类型的青少年进行分类管理，针对初犯、违法程度轻微的未成年人与涉刑事案件的未成年人应当在服务内容与方式上有明显的区别，对其进行分级分类监护，明确不同犯罪类型的未成年人犯罪成因与预防再犯的思路，对不同犯罪性质的未成年人开展有针对性的帮教活动，由专门的司法社会工作者负责观护帮教，促进司法社工资源的合理利用。第二，丰富未成年人帮教方式，对涉案受害者集中开展小组工作，对缺乏家庭监护的未成年人开展家庭教育辅导。亲职教育在未成年人司法社会工作中应是重要的组成部分，家庭的经济功能与社会化教育功能对预防未成年人越轨行为的出现有着重要作用。

总之，未成年人司法社会工作的高质量发展依赖其合法性地位的确定，在此基础上链接各方主体、各地区的资源，以构建对未成年人综合全面的社会支持体系，切实运用社会工作的专业理念与方法介入未成年人司法领域，推进中国社会以“良法”和“善治”保护未成年人。

B.14

党政群团社会工作与专业社会工作的融合研究

——以北京市新就业群体服务为例

李君甫　刘 硕*

摘　要：　党的社会工作、群团社会工作与专业社会工作的融合是应对社会转型、落实党的领导、发展社会工作、改善党群关系、完善社会治理的大趋势。本报告通过考察北京市朝阳区共青团、朝阳区将台地区总工会的新就业群体服务实践，发现党的社会工作、群团社会工作与专业社会工作越来越呈现融合的趋势，一是党组织和群团组织不断吸纳与培养社会工作专业人才队伍，二是党的社会工作者和群团社会工作者日益专业化，三是党政群团社会工作吸纳社会工作专业的理念和方法，四是专业社会工作者和专业机构承接了大量党的社会工作和群团社会工作任务，拓展了社会工作的范围。党政群团社会工作与专业社会工作融合发展，聘用专业社会工作人员，利用专业机构，采用专业社会工作的理念、方法，既有助于加强和改善党政群团社会工作，也有助于发展壮大专业社会工作。

关键词：　党的社会工作　群团社会工作　专业社会工作　新就业群体

一　引言

推动党的社会工作和群团社会工作的创新，是新时代加强党的社会工作

* 李君甫，北京工业大学社会学系教授，北京社会建设研究院执行院长，研究方向为城乡社会学、社会政策等；刘硕，北京工业大学北京社会管理研究基地研究人员。

的必然要求。2023 年 2 月，党的二十届二中全会审议通过的《党和国家机构改革方案》提出，组建中央社会工作部（以下简称“中央社工部”），“负责统筹指导人民信访工作，指导人民建议征集工作，统筹推进党建引领基层治理和基层政权建设，统一领导全国性行业协会商会党的工作，协调推动行业协会商会深化改革和转型发展，指导混合所有制企业、非公有制企业和新经济组织、新社会组织、新就业群体党建工作，指导社会工作人才队伍建设等”。[①] 中央社工部成立，党的社会工作职能得到明确，党对社会领域工作的领导得到进一步加强。

党的社会工作主要是思想政治工作和群众工作，是指党培育政治支持基础、反映民众意见、改造政治态度、提升社会整合程度的综合性工作。[②] 党政群团社会工作过去被视作行政性社会工作，由行政主体开展，有上对下的不平等关系和明显的政治元素等，在新的时代开展服务需要与时俱进改善和加强。而专业社会工作作为一门基于利他主义价值观、以科学知识为基础、以专业方法为手段、帮助有需要的人特别是困难群体解决其生活困难，协助个人与环境良性适应的专业和职业设置，秉持接纳、平等、助人自助的价值理念，此种独特的学科优势能够有效弥补新的历史条件下传统党的建设、群众工作、思政工作等在理念、方法、手段诸方面存在的不足。[③] 本报告通过对朝阳区团区委和将台地区总工会的新就业群体服务实践，分析当前党政群团社会工作与专业社会工作的关系与实践，以期更好地理解中国特色的社会工作，完善党的社会工作、群团社会工作，更好更快地发展专业社会工作。

二　党政群团社会工作与专业社会工作

（一）党政社会工作和群团社会工作

党和政府长期以来走群众路线，一直开展各类联系群众、服务群众、动

---

① 《党和国家机构改革方案》，http：//www. gov. cn/gongbao/content/2023/content_ 5748649. htm。

② 肖塈涛主编《党的社会工作探索》，上海人民出版社，2006，第 11 页。

③ 李迎生：《拓展社会工作的传统界限》，《社会工作》2023 年第 6 期。

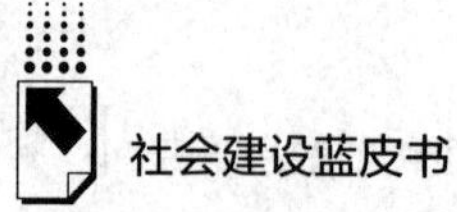

员群众、引导群众、教育群众、组织群众等社会性工作。传统的党的社会工作、政府社会工作、群团社会工作被统称为行政性社会工作。

党的社会工作是党培育政治支持基础、反映民众意见、回应群众需求、提升社会整合程度的综合性工作。构建社会主义和谐社会，加强社会建设，改革和创新社会治理体制，继承和发展党的群众工作传统，正确处理新时期人民内部矛盾，推进社会全面进步等，成为党的社会工作的重大课题。在中央社工部成立的新背景下，党的社会工作涵盖基层社会治理、"两新"组织党建、新就业群体党建、制定社会工作政策、建设社会工作队伍等主要内容。

政府社会工作包含民生和社会治理两部分。2015 年以来，社会工作 7 次被写入政府工作报告，2024 年政府工作报告中关于"社会工作"的表述主要是完善社会治理体系。包括强化城乡社区服务功能，引导支持社会组织、人道救助、志愿服务、公益慈善等健康发展，保障妇女、儿童、老年人、残疾人合法权益，坚持和发展新时代"枫桥经验"，推进矛盾纠纷预防化解，推动信访工作法治化。我们可以看到，政府社会工作实际上主要包括两方面：一方面是民政的工作，负责社会救助、养老抚幼扶弱等；另一方面是加强社会治理，推动矛盾纠纷预防化解。

群团社会工作是指中国共产党通过群团组织开展的工作，工会、共青团、妇联、残联针对职工、青年、妇女开展的思想政治工作、权益维护和服务工作。群团工作既要围绕党和政府的中心工作进行管理，又要以疏解群众问题和满足群众需求为使命开展服务，从而兼具服务与管理的双重属性。党的十九届五中全会通过的《中共中央关于制定国民经济和社会发展第十四个五年规划和二〇三五年远景目标的建议》中强调，"发挥群团组织和社会组织在社会治理中的作用"。

党政群团社会工作都是服务团结群众的社会工作，但是各有侧重，党和群团的社会工作更注重联系群众团结群众、培育群众基础、做好思想政治工作以提升社会整合程度；而政府的社会工作更关注民生服务与社会治理。

（二）行政性社会工作与专业社会工作的联系与区别

多位学者对行政性社会工作和专业社会工作做出区分，[①] 行政性社会工作（又称本土社会工作）与专业社会工作的差异表现在以下方面：助人行动的性质，助人者的组织框架与行动准则，助人行动的主体、对象与方法，助人行动的目标。

第一，助人行动的性质。行政性社会工作被视作党和国家的职能或责任，是党和国家关心群众的具体表现，是集体主义的，具有明显的政治色彩；专业社会工作的助人行动强调集体主义的同时充分尊重个人价值，助人活动被看作政府、社会对其成员的关怀，也是政府和社会的责任，是社会共同体责任的表现。

第二，助人者的组织框架与行动准则。行政性社会工作中等级性的组织是提供服务的组织框架，统一的政策规定是助人者的行动准则；专业社会工作中社会服务机构是提供服务的组织框架，学科的价值理念是助人者的行动准则。

第三，助人行动的主体、对象与方法。行政性社会工作中助人服务是组织中的一般分工而非专业分工，任何组织成员都可以充当助人者或服务的提供者，行动主体没有受过专门训练，基本上也不强调科学的助人方法，受助对象一般是全民性的；专业社会工作中由持证的专业社会工作者提供服务，助人服务者受过专门训练，强调科学的助人方法，服务对象主要是弱势群体。

第四，助人行动的目标。行政性社会工作的行动目标主要是维持社会秩序、保证社会稳定发展，也包含困难群体的服务和救助；专业社会工作提供综合性服务，其目的是协助有困难者克服困难和增强其能力，进而增进其与社会环境的协调。

---

① 王思斌、阮曾媛琪：《和谐社会建设背景下中国社会工作的发展》，《中国社会科学》2009 年第 5 期；何雪松、杨超：《中国社会工作的本土化：政治、文化与实践》，《济南大学学报》（社会科学版）2009 年第 1 期。

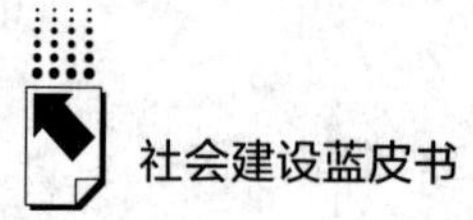

行政性社会工作主要由政府的社会福利部门、党组织和群团组织等开展，具有完备的组织体系和合法性，但在服务中存在服务者与服务对象的上下级不平等关系，以及明显的政治属性的特征；而专业社会工作秉持尊重、接纳和助人自助的价值理念，以专业的工作方法为服务对象增权赋能，以实现助人自助的工作目标，但在服务过程中存在“重微观、轻宏观”“重服务、轻倡导”的不足。①

行政性社会工作和专业社会工作在区别中也存在共性，都强调以人为本，目标是促进人与社会的协调发展，当前社会工作的发展呈现两种路径：“一是专业社会工作嵌入行政性社会工作，在党和政府的领导下，在具体工作中相对独立地开展工作，并能够重新建构行政工作，如政府购买服务的形式。二是行政吸纳专业的行政化发展路径，主要承担行政工作，专业属性下降。但是在中央社会工作部成立的背景下，国家话语中的社会工作已然并非传统的、专业的社会工作二分状态，而是要求行政社会工作者要具备专业社会工作知识；社会工作服务对象从弱势群体向全体人民转变；社会工作领域从党的群众工作局部向党的群众工作全局转变；社会工作功能从福利服务向福利服务与社会治理的复合角色转变，专业社会工作从外来学科向本土学科转变。”②

通过北京的新就业群体社会工作，我们可以看到党、群团社会工作与专业社会工作在理论指导、工作方法、服务内容等方面逐步走向融合。2006年10月，党的十六届六中全会通过的《中共中央关于构建社会主义和谐社会若干重大问题的决定》明确指出：“建设宏大的社会工作人才队伍，造就一支结构合理、素质优良的社会工作人才队伍，是建设社会主义和谐社会的迫切需要。”社会工作首次被纳入党中央全会的决策议程，得到最高决策层的重视。2023年2月，党的二十届二中全会审议通过的《党和国家机构改革方案》提出，组建中央社会工作部，统筹推进党的社会工作；2024年4月，中共中央办公厅、国务院办公厅发布《关于加强社区工作者队伍建设

① 郭施宏、王宁、何雪松：《嵌入性倡导：中国社会组织政策倡导的行为逻辑》，《社会学评论》2024年第2期。

② 李迎生：《拓展社会工作的传统界限》，《社会工作》2023年第6期。

的意见》明确指出，积极吸纳社会工作专业人才，持续优化社区工作者队伍结构。北京市委2007年成立了北京市委社会工作委员会和北京市社会建设办公室，在北京市委社会工作委员会的领导下，北京的社会工作机构和社会工作队伍得到了大发展，社区社会工作者待遇得到质的提升，吸引了一批专业人才，一大批专职的社区工作者通过考取社会工作职业资格和在职研究生实现了专业化。群团组织也聘用了一大批专业社会工作者，社区青年汇社工、工会专职社工活跃在北京的东南西北。截至2023年，北京市社会工作者数量达到9.2万人，10年来年均增长率达9.3%，是北京市专业技术人员中增速最快的群体。社会工作人才在首都加强基层治理体系和治理能力现代化建设中发挥重要作用，不断发展壮大。10年来，社会工作人才队伍快速增长，年均增速居6支人才队伍首位，总量增加近一倍，初步培养了一支具有首都特色、紧扣时代发展、体现专业优势、聚焦服务需求的社会工作专业人才队伍。

三　北京市新就业群体服务工作中党政群团社会工作与专业社会工作的融合

为全面落实《中共中央关于构建社会主义和谐社会若干重大问题的决定》和《中共中央　国务院关于加强和创新社会管理的意见》要求，努力造就一支高素质的社会工作专业人才队伍，为构建社会主义和谐社会提供有力的人才支撑。2011年，中组部等18部门发布《关于加强社会工作专业人才队伍建设的意见》。[①] 2015年，为了改善与加强党和群团社会工作，推动党政群团工作的专业化发展，发布《中共中央关于加强和改进党的群团工作的意见》。[②] 为响应中央关于群团工作的号召，中国共产主义青年团、中

① 中央组织部、中央政法委、民政部等18部门：《关于加强社会工作专业人才队伍建设的意见》，https：//www.gov.cn/gzdt/2011-11/08/content_ 1988417.htm。

② 《中共中央关于加强和改进党的群团工作的意见》，https：//www.gov.cn/xinwen/2015-07/09/content_ 2894833.htm。

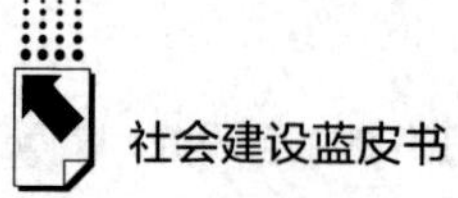

华全国总工会、中国妇女联合会、中国残疾人联合会等群团组织开始着手建设专业化的社会工作队伍。中华全国总工会等发布《关于加强工会社会工作专业人才队伍建设的指导意见》。[①] 团中央等部门发布《关于做好政府购买青少年社会工作服务的意见》。[②] 后者认为"近年来，不少地方围绕政府购买青少年社会工作服务的政策制度、体制机制、方法路径等方面开展了大量实践探索，在拓宽服务领域、提升服务质量等方面取得了明显成效，青少年社会工作在服务青少年健康成长方面发挥的作用日益凸显"。要求"各地各有关部门要从贯彻落实中央要求、服务青少年成长发展、促进社会和谐稳定的高度，充分认识政府购买青少年社会工作服务的重要性和紧迫性，以改革创新精神，采取有力措施，深入推进政府购买青少年社会工作服务"。"力争到2025年，青少年事务社会工作专业人才队伍初具规模，社会力量参与和提供青少年社会工作服务的氛围更加浓厚，青少年社会工作服务的内容日益丰富，服务水平和质量显著提高。"

为适应新时代青年工作的需要，共青团北京市委积极建设青少年事务社会工作者队伍，通过政府购买服务的方式，为514家社区青年汇购买780个青少年事务社会工作岗位，为全市每个街道和乡镇配备1名青少年事务专职社会工作者。青少年社工"主动联系在京新兴青年群体、新的社会阶层青年群体，加强对这两类青年群体的交流、引导和团结凝聚。整合资源帮助其解决实际困难，推动建立完善的新兴青年群体发展保障措施，加强相关的社会保障等政策宣传、就业创业支持、职业发展指导"。"搭建符合新兴青年群体、新的社会阶层青年群体特征的社会治理参与平台，提升其社会认同感和社会参与度。"近年，服务新就业群体成为青年社工的新任务。

为了建设服务型工会，打造一支政治素质好、业务能力强、服务水平高的职业化、社会化专职工会社会工作者队伍。北京市总工会自2009年开始

① 《中华全国总工会民政部人力资源社会保障部关于加强工会社会工作专业人才队伍建设的指导意见》，http：//mz. ah. gov. cn/ztzl/2021njhsgzztxchd/zcyl/gjjzc/120279311. html。

② 《关于做好政府购买青少年社会工作服务的意见》，http：//www. ccgp-beijing. gov. cn/fwxx/zcfg/zyxx/t20181029_ 1043704. html。

探索建立专职工会社工队伍，承担工会服务（帮扶）工作。2013 年，北京市总工会制定了《北京市专职工会社会工作者管理办法（试行）》，招募了一大批工会社工派驻区县职工服务中心、街道乡镇职工服务站和园区职工服务站工作。工会社工的任务是："（一）宣传党的路线方针政策和劳动关系领域法律法规，帮助引导辖区内职工依法维护自身权益；（二）密切联系职工群众，广泛收集社情民意，掌握职工思想动态，反映职工诉求，做好职工群众的思想工作；（三）指导基层单位建立工会组织、采集会员信息，协助开展工会经费税务代收工作；（四）组织开展工资集体协商、劳动关系调解、帮扶救助、劳动保护和与职工利益有关的信访接待等工作；（五）做好京卡·互助服务卡办理、职业介绍、职工素质教育培训工作，组织协调辖区内职工和用人单位开展健康有益的文体活动；（六）做好上级工会交办的其他工作。"截至 2019 年 7 月底，北京市工会专职社工达到 1681 人。社会招聘的大学生占 90.72%，在街乡园区工作的占 78.17%，在区级工会和工会服务中心工作的占 20.35%，在市级工会工作的占 1.49%。41.11%的工会专职社会工作者持有社会工作类、劳动关系协调类或心理咨询类职业资格证书。[①] 共青团北京市委积极建设和培养青少年事务社会工作专业人才队伍，截至 2016 年，北京市在岗青少年社会工作者及督导近 800 人。[②]

总的来看，共青团北京市委和北京市总工会设置了大量的专职青少年社工和专职工会社工岗位，招募大批专职社会工作者从事青少年和职工服务工作，推动群团组织社会服务的专职化和专业化，为新阶段新就业群体服务打下了良好的基础。

（一）"小哥加油站"的新就业群体服务实践

随着新业态经济的发展，快递员、外卖员等新就业群体队伍日渐壮大。

① 冯丽君、陈丽丽、冯晶：《北京市专职工会社会工作者队伍建设探析》，《北京市工会干部学院学报》2019 年第 4 期。

② 袁光亮：《北京市青少年事务社会工作专业人才队伍建设现状、问题与对策——基于对北京市 2019 年第二期社区青年汇专职社工胜任力训练营学员的调查》，《北京青年研究》2020 年第 2 期。

据不完全统计，北京市参与快递、外卖配送的骑手超80万人，其中活跃的骑手约为30万人，针对平台经济下新就业群体劳动保障权益缺位的状态，2021年人社部等8部门联合发布《关于维护新就业形态劳动者劳动保障权益的指导意见》，指出要加快城市综合服务网点建设，推动在新就业形态劳动者集中居住区、商业区设置临时休息场所，解决停车、充电、饮水、如厕等难题，为新就业形态劳动者提供工作生活便利。北京市也发布了《关于促进新就业形态健康发展的若干措施》，提出要为新就业形态劳动者提供人文关怀关爱帮助，调动企业和社会各界力量帮助新就业形态劳动者解决劳动间隙的休息、餐饮、停车、充电等困难。对因突发事件导致基本生活暂时出现严重困难的新就业形态劳动者按照相关规定给予临时救助。

为响应中央和北京市委的号召，共青团北京市委依托社区青年汇积极开展“小哥加油站”综合服务网点建设。目前，建设、运作约1000家小哥加油站，并培育出朝阳区费家村小哥加油站·社区青年汇、CBD骑士驿站和小哥加油站·老君堂社区青年汇等示范服务站点。针对新就业群体的现实需求，团市委对小哥加油站提出三点功能定位：第一是加油站，提供小哥日常所需的便民服务，如歇脚充电、爱心餐食、公益理发等暖心服务；第二是会客厅，满足小哥社会交往的实际需求，聚焦外卖、快递骑手等小哥群体的成长发展、婚恋交友、城市融入等需求，对接社会资源，提供精准服务；第三是成长营，关注小哥个体成长和新就业群体发展，解决小哥诉求，组织开展新青年学堂骑手班、城市体验营、骑手子女夏令营等多元化、个性化的成长提升服务。小哥加油站建设形成了三类模式：共青团主导型、党群阵地型、团企合作型。

其中，共青团主导型的新就业群体服务有专职社会工作者专门从事小哥服务工作，聘任小哥担任服务站站长，小哥志愿者参与服务工作，形成了独特的工作模式。如朝阳区费家村建立的小哥加油站·社区青年汇，费家村毗邻望京商圈，村内居住着6000余名新就业形态从业者，小哥加油站正是建立在小哥的生活区域，为小哥提供了一个工作、居家休息之外的“第三空间”，站内的专职常驻社工针对小哥们的需求开展相应活动，畅通的“倾诉—回馈”机制也为进一步提升小哥加油站的服务效能奠定基础。团企合作型小哥加油站主要位于小哥们的工作场所——商圈内，它与商城、店铺合办，覆盖面最广，服务满足小哥迫切需要，主要为小哥提供工作之余的歇脚、饮水等服务，满足了小哥在午高峰和晚高峰之间休息的迫切需要。党群阵地型小哥加油站由党群服务中心主导，工青妇共同参与合办，开展节假日慰问、发放物资、政策咨询等服务活动（见表1）。

表1　三类小哥加油站

类型	特征	长处	不足
共青团主导型	拥有独立的活动区域，以共青团活动和服务内容为主	小哥更感到自由和认同；开展活动能够更加深入，满足发展型需求，有效发挥引导作用	独立的服务空间，建设、运营负担较重
党群阵地型	街道党工委与群团组织借助街道的党群服务中心创建，挂牌“小哥加油站”	充分利用已有资源，党政工青妇合作	活动限于节日，日常服务有限，小哥一般不会自主进入
团企合作型	共青团与商城、商铺合作，借助社会场所为小哥提供服务	盘活社会资源；点位多、辐射面广，满足迫切的现实需求，能够涵盖工作区域和生活区域	站点服务主要针对基本需求，发展型、引导型服务不足

共青团主导型小哥加油站的发展型服务重视“系统整体”的需求满足策略。小哥加油站内有每月活动日程表，呈现站内常态化、日常化服务：每两周一次的公益理发、日间的中医义诊和晚上的电影放映厅，以及每月一次的老乡会、小哥集体生日会等；针对小哥与子女在暑假期间依旧分离的状态，朝阳团区委依托小哥加油站策划举办“红领巾暑期成长营”，十余名小哥子女来京参与，开启了为期一周的城市体验，孩子们白天由费家村小哥加油站·社区青年汇的专职社工照护，促进亲子团聚的同时，不影响骑手白天跑单；同时，启动了为外卖骑手量身定制的“2023年新青年学堂骑手班”，为他们提升学历和发展技能搭建平台，并设立“骑手奖学金”，给予通过入

学考试的骑手50%的学费补贴，已经有两位在职骑手分别就读于国家开放大学和北京交通大学。

组织架构上，专业社工与党政共同参与，并且具体服务主要由专职社工和长期志愿者来提供。以朝阳区费家村小哥加油站·社区青年汇为例，在朝阳团区委和崔各庄乡党委的领导下，费家村小哥加油站·社区青年汇的工作框架包括：专业社会工作者担任督导，高校教授担任指导专家，并请一位外卖骑手小哥担任发展顾问，为项目发展带入小哥视角，站点的专职社工包括店长和一位持证社工，在小哥志愿者的支持下开展工作。

（二）将台地区“将小爱”暖心驿站的新就业群体服务实践

为积极应对“两新”组织发展和新就业群体不断增加的新形势，北京市朝阳区将台乡党委按照北京市委、朝阳区为推动新就业群体融入城市基层党建格局的要求，探索实践党建引领新就业群体融入城市治理的有效路径。将台乡党委制定了《将台乡推动新就业群体融入城市基层党建格局试点工作实施方案》，成立将台地区“将小爱”工作领导小组和办公室，将台地区总工会主席任办公室主任。北京同福安社会工作发展中心具体运营“将小爱”基层慈善治理体系项目，为新就业群体服务筹集资金；地区党群服务中心动员基层单位和社区开展新就业群体摸排，走访掌握外卖快递网点、新就业群体类别、党员数量、整体需求等情况。创建“将小爱”爱心企业联盟，建立党、政、企、群及专业社会服务机构共商共治的沟通协调机制。

将台地区新就业群体主要涵盖外卖行业和快递行业，其中有外卖站点2家（美团、饿了么）和快递网点5家（顺丰、中通、韵达、顺心捷达、极兔），外卖从业人员为270人左右，快递从业人员为180人左右。新就业群体、新居民很大部分从事户外工作，他们在街头奔走，无处歇脚、无处充电，冬天吃不到热饭、喝不到热水，夏天无处避风雨。这些问题长期困扰着他们，针对辖区新就业群体从业状态、实际困难和需求，“将小爱”在将台地区陆续建设了21家暖心驿站，为每日奔波的小哥们提供喝水、歇脚、纳凉取暖的休息站点。暖心驿站配备沙发、座椅、空调、微波炉、饮水机、充电器、图书角、宣传栏，成为户外工作者休憩、学习的精神家园。驿站成立3年多来，累计服务快递员、外卖员、环卫工人等“两新”群体和新居民超过3000人次。

暖心驿站中的服务人员由专职志愿者担任，工会服务站的专职工会社会工作者负责暖心驿站的服务设计、考勤及日常管理；依托“将小爱”服务平台成立了新就业群体流动党员党支部，强化新就业群体的组织引领，支部有10余名新就业群体党员，以党建引领新就业群体发展，实现了“用铁打的营盘兜住流水的兵”。坚持定期组织学习、让新就业群体为地区发展出谋划策，充分发挥党组织的引领作用。

具体服务内容上，推行“四补六免”。四补指补助用餐、洗澡、理发、超市购物；六免包括免费法律援助、心理咨询、图书资源、医疗资源、休息场所、用水用电，满足新就业群体的基本需求和发展型需求；建立公益公寓，地区办事处将平房整合为公益公寓，共有41间，优先为新就业群体和积极参与地区公益活动的人群提供；积极构建双向服务体系，在服务新就业群体的同时，积极引导新就业群体参与基层治理，担当社区风险巡视员、志愿者。

过去3年来，“将小爱”开展了“凌晨四点送暖心早餐”“冬至送爱心饺子”等100多场暖心活动。“将小爱”服务活动也让辖区居民与快递小哥、外卖骑手等群体的关系发生改变，彼此从陌生人变成了见面时聊上几句的“邻居”，相互之间有了更多的体谅与包容。支持配送员们冬天主动扫雪、清理驻地垃圾，为高龄老人、残疾人送菜、送餐上门，积极参与社区治理，回馈爱心帮扶，是城市社会治理的重要力量。“将小爱”暖心驿站通过举办一系列活动，极大促进了社区与新就业群体的进一步融合，有效提升了新就业群体的获得感、归属感与幸福感。

四 党政群团社会工作的传统优势与专业力量的融合

通过朝阳区共青团、将台地区“将小爱”暖心驿站的新就业群体服务

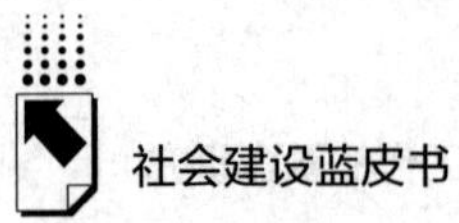

实践，我们看到党群组织开展服务工作的过程中专业社会工作与行政性社会工作传统优势相融合，基层治理与社会服务得到统筹推进。党政、群团组织的社会工作既具有社会效应，也具有政治效应，专业社会工作与群众工作和政治工作在此是一种融合的状态。“以红领专”是党的社会工作的重要特征，前文我们对行政性社会工作和专业社会工作的区别做了分析，在实践中我们看到了二者的融合状态，具体的融合状态有以下几点：第一，行政性社会工作的专业化；第二，引入专业社会工作的理念和方法，增权赋能、助人自助；第三，社会工作机构承担与运营新就业群体和“两新”组织服务项目。

（一）行政性社会工作的专业化

第一，行政主体委托社会工作机构直接参与服务。朝阳区共青团委托北京市青少年社会工作协会参与服务项目的设计、运营，且每个小哥加油站都配备了1名专职社工参与服务运营；将台地区委托北京市同福安社会工作发展中心共同参与项目设计和运营，专业社会工作参与到项目的服务中来。第二，行政社会工作者资格证持证率不断提高。原有参与服务的行政社会工作人员，如社区青年汇的社区工作者和工会都在积极招聘持证社工，通过工资激励的形式鼓励现有工作人员考取社会工作者职业资格证，初级社会工作者资格证补贴200元，中级400元，高级800元，还有很多行政工作人员在读社会工作专业的研究生。2024年，朝阳工会社工有196人，持证率达42%，其中将台地区早在2012年就确定了社工持证率稳步增长的战略目标。

（二）服务内容的增权赋能

新就业群体服务站点提供基础型服务和发展型服务两类服务。工作时段商场内的服务站点主要为小哥提供歇脚休息、饮水、纳凉取暖等基本服务；而新就业群体集中居住区的站点能够为小哥提供深入的发展型服务，如学历提升、技能学习、沟通技能培训等，费家村小哥加油站·社区青年汇着力发挥群团组织主导的优势，利用独立的空间多次开展老乡会、集体生日趴、小哥职场加油站及小哥子女夏令营等发展型活动。

小哥的需求不仅是物质上的，更是情感上的。访谈过程中发现不少小哥称自己为底层人员、弱势群体，原因在于平台经济中骑手维权难，劳动关系不清晰导致的不平等感、不安全感。小哥群体中不少是青年人，平均年龄在32岁，这种不平等的诱因难免激化社会矛盾，媒体报道中外卖小哥与门卫的冲突事件屡见不鲜，我们在调研中也发现过类似事件。共青团在服务站点开展老乡会、集体生日趴和小哥子女夏令营等活动，是从系统的层面来缓解劳资冲突，包括家庭系统、同乡系统，通过集体活动达到增权赋能、助人自助的目标。

五　结论

通过朝阳区共青团、将台地区党群服务中心和工会领导的“将小爱”新就业群体服务实践，可以看到党和群团社会工作与专业社会工作呈现融合状态与趋势。

从服务主体来看，党和群团干部与专业社会工作者相向而行。一方面，党和群团的工作人员聘用社会工作专业人才，党和群团干部在职攻读社会工作专业硕士学位，考取社会工作者资格证书，党和群团组织干部不断走向专业化；另一方面，专业社会工作机构承接党和群团社会工作，委派专业社会工作者进入党群服务中心和小哥服务站指导与开展专业服务，邀请高校社会工作专家指导新就业群体服务工作。

从服务内容与方法来看，党团社会工作从系统的视角来做增权赋能。通过家庭系统、同期群、老乡群体来为小哥注入“情感能量”，开展多样化的生活服务、健康服务、咨询服务和技能提升服务，吸纳新就业群体参与服务活动，助人自助，培养小哥担当服务站领导工作；培养小哥成为长期志愿者，参与社会治理。

从工作性质来看，党政群团的社会工作兼具政治属性和社会属性，通过结合专业社会工作的理念、方法，有助于促进党政群团社会工作改善。专业社会工作机构和专业社会工作具有专业性与社会性，中国的专业社会工作机构和专业社会工作人员接受党的领导，承接党和群团的社会工作，服务党的大政方针，解决社会问题、参与社会治理、维护社会秩序，在服务群众的过程中不断发展壮大。

通过两个案例的研究，本报告认为，党政群团社会工作和专业社会工作将进一步融合，实现互嵌发展。行政性社会工作的优势和专业社会工作的优势都将进一步得到发挥。各级党委社会工作部的成立将拓展社会工作的服务范围，成为社会工作发展的重要机遇和动力，有利于社会工作在服务大局中发展壮大，形成中国特色的社会工作。

B.15

党建引领，数字赋能：基于网约工新就业形态的北京市工会工作模式调查*

杨桂宏　潘照霖**

摘　要：　数字经济转型背景下网约工个体化数字他者的就业身份，使其社会支持弱化，各项保障权益缺失，需要工会组织对其赋权增能。本报告通过对北京市工会针对网约工新就业形态的工作调查，总结工会组织“党建引领，数字赋能”的工作新模式。新模式在发展网约工会员、扩大组织覆盖、建立暖心驿站、提供贴心服务、维护合法权益方面具有明显优势。但由于网约工就业与传统工会工作存在一些悖论，工会工作面临一些困难。本报告提出推动相关立法、加强统筹协调、规范行业秩序等建议，以促进工会组织更好地为新就业群体服务。

关键词：　工会　网约工　权益维护

一　问题提出：网约工①劳动权益维护组织缺位

近年来，随着移动互联网、大数据、人工智能、云计算等数字技术与实

*　本文为国家社科基金重点项目“共同富裕视角下网约工社会保护政策创新研究”（22ASH018）的阶段性成果。

**　杨桂宏，北京市社会管理研究基地研究人员，北京工业大学社会学院教授，硕士生导师；潘照霖，北京工业大学北京社会管理研究基地研究人员。

①　网约工主要指无固定劳动关系的新就业形态劳动者。

体经济的深度融合，产生了许多平台经济、零工经济、共享经济等新业态，与之相伴去雇主化的平台新就业形态也蓬勃发展。根据中华全国总工会第九次全国职工队伍调查结果，我国新就业形态劳动者达 8400 万人。新就业形态已经成为我国新时期解决失业和结构性就业矛盾的重要途径，网约工也成为我国当前以及未来就业者中一个不可忽视的群体。

新就业形态虽然解决了数字时代很多年轻人的就业问题，但是由于其劳动关系较为模糊且形式多样，传统劳动法无法为外卖骑手、快递小哥等新就业形态从业人员提供劳动保护。因此，近年来平台企业与网约工之间的劳资关系基本上是通过劳动力市场机制双方博弈的一种自发秩序。网约工为了增加收入，极限增加在线时长，加大劳动强度，职业伤害风险骤增，但因较难获得法律支持，维权成本也很高，急需代表这一群体利益的组织来维护他们的劳动权益。工会作为维护劳动者权益的代表性组织，维护网约工的劳动权益成为新时期不可推卸的历史任务。党的二十大报告要求“完善促进创业带动就业的保障制度，支持和规范发展新就业形态”，并且强调“完善劳动者权益保障制度，加强灵活就业和新就业形态劳动者权益保障”。这些论述为加强灵活就业和新就业形态劳动者群体的权益保障提供了根本遵循。但在数字时代，网约工作为新业态从业者，与平台企业间没有明确的劳动关系，无法参加企业工会和职工代表大会。那么个体分散的网约工如何才能组织起来？怎样加入既有的劳动者权益组织——工会，成为工会会员？现有工会组织如何维护他们的劳动权益？这些都成为新时期工会组织维护网约工权益工作面临的巨大挑战。

北京作为首都，居住人口众多，生活服务消费市场广阔，对于快递、外卖、出行等有巨大的需求和增长空间，这也为北京市新业态市场打下了坚实的基础，吸引越来越多的年轻就业者来到北京，成为网约工，为北京的经济社会建设做出贡献。更为重要的是，北京市互联网头部企业聚集，如出行方面的滴滴、外卖方面的美团、快递方面的京东等。总的来说，北京市网约工数量庞大，市委、市政府对于维护新业态健康有序发展、新就业群体合法权益都非常重视。因此，北京市工会组织维护网约工劳动权益的社会调查对全国范围的工会工作具有很好的借鉴作用。

二　北京市工会的新就业群体工作成效

北京市总工会在中华全国总工会的领导下，于2021年9月颁布《北京市总工会推进新业态、新就业群体工会工作实施方案》，从强化思想政治引领、加快推进建会入会、及时提供优质服务和切实维护合法权益四个方面推动维护网约工的合法权益。目前，北京市积极推动17家互联网平台头部企业、14家品牌快递企业和28家在京全国互联网百强企业全部建会，建成互联网和快递等市级行业工会联合会19个、园区和商务楼宇等区域联合工会1125个、北京市街道乡镇新就业形态劳动者联合工会361个。新增单独建会企业4138家，累计发展新就业形态劳动者会员35.58万人。[①] 市总工会已累计建成公共区域职工之家381家、户外劳动者暖心驿站11011家。[②] 北京市工会通过量身定制平台企业建会、专项服务包和新就业形态劳动者群体服务项目，使网约工群体急难愁盼的工作生活难题得到了较好的解决。

（一）建会入会，扩大组织覆盖

网约工群体与传统的企业职工不同，他们与企业间不具备劳动合同关系，不是传统意义上的劳动雇佣关系。这就使原来的企业建工会、员工加入工会的传统职工建会入会模式不能适应新就业形态的网约工的工作实际。因此，网约工建会入会工作就面临数字时代劳动关系变迁所带来的新挑战。

根据调研的情况，北京市工会在推动新业态人员建会入会方面，坚持党建带工建，合力推进工会组建，扩大工会组织有效覆盖。以互联网平台头部企业和品牌快递企业及其下属企业、关联企业为重点，组成市、区、街道乡镇三级联合工作组全力推进企业建会，这些头部企业的入会员工大多是存在

① 白莹：《北京市总工会推动新就业形态劳动者工会工作向纵深发展》，《劳动午报》2023年6月15日。

② 王天淇、代丽丽：《北京超一万家工会暖心驿站成街头巷尾的温暖“坐标”》，中工网，https：//www.workercn.cn/c/2024-01-25/8128772.shtml，2024年1月25日。

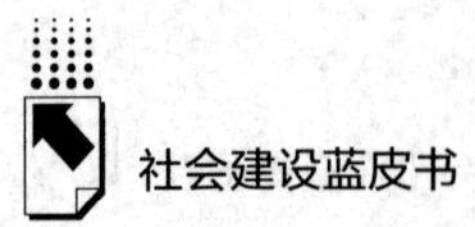

劳动雇佣关系的员工，网约工相对较少。针对快递员、外卖送餐员等网约工主要通过在各街道乡镇设立流动会员联合工会，如快递网点周边、商场、社区门口等区域，利用休息、等餐时间开展专项职工沟通会，摆摊设点，宣传推介，第一时间服务，广泛吸引快递员、外卖送餐员等加入工会组织；拓宽职工入会渠道，灵活运用现场入会、网上入会、指尖入会、热线入会等方式，借助互联网等企业平台发布入会信息吸纳会员，打破属地限制，实现职工全域实时入会，会籍动态管理。从走访的各基层工会的实际工作来看，对于这项工作工会工作人员可谓投入了大量的时间精力，虽然工会工作取得一定的成效，但相对于企业职工建会入会来讲，这项工作难度大大增加。访谈中，一些工作人员甚至谈及“能否建议以后工会工作的内容别再涉及这个了”，由此可见，基层区域工会对流动网约工的入会工作感到很棘手。

（二）建暖心驿站，解决急难愁盼

网约工的工作主要集中在居民消费出行等领域，与人们的日常生活密切相关，是北京市经济社会有序运行非常重要的保障。所以作为承担这项工作的网约工来讲，如何解决他们日常工作生活中的难题，就不仅是解决这一群体的难题，也是整个城市有序运行的必要保障。为了更好地帮助网约工，北京市总工会近年来大力推进暖心驿站建设。目前，全市已建成超过10000家工会暖心驿站。随着市人社局、市妇联等相关单位和群团组织以及社会企业的纷纷加入，北京的街头巷尾涌现出越来越多可供户外工作者驻足休息的各类站点。

不同于以往的户外驿站建设，北京市积极创新，按照行业特点进行户外驿站建设。例如，海淀区全市首家网约车司机小站，是按照出行类型开展的站点建设。中华全国总工会工作人员走进一线司机，调研了解网约车司机“泊车难、如厕难、吃饭休息难”的困扰，于是协调各种资源，指导海淀区上地街道总工会联合中国职工服务集团，针对网约车司机工作的特殊性，打造了“网约车司机小站”。这个专属于网约车司机的暖心驿站集休息、用餐、交流等多功能于一体，配备了专属停车位、工“惠”小厨餐饮机、饮水机、微波炉、应急药箱等设施设备，提供优惠便餐、手机充电、便民医药等服务。这样建设驿站，可以更方便网约车司机间的工作沟通，促进这一群体间的联系，加强他们与平台企业和工会组织间的交流，也更方便工会组织为其提供服务。

（三）送福利保障，提供社会支持

网约工群体作为互联网零工就业，因无明确雇主，缺少企业内职工福利和服务，也因他们大多是跨区域流动就业，缺少家庭、社区等社会支持。因此，如何对这一群体进行社会支持和服务，提供他们急需的福利与保障成为工会工作首要考虑的问题。

经过调研，北京市向入会网约工提供“6+6”专项保障和送温暖活动，即开展重大疾病、女工特疾、意外伤害、子女意外、因病身故、家财损失（火灾、水渍）“六送”专项保障；同时，面向网约工开展送政策、送健康、送慰问、送关爱、送清凉、送温暖“六送”会员活动。2023 年，北京市“六送”专项保障参保总人数为 37. 36 万人。与 2022 年同期（32. 04 万人）相比，增加 5. 32 万人，增长 16. 6%。其中，续保职工 31. 22 万人，占参保总人数的 83. 57%，新参保职工 6. 15 万人，占参保总人数的 16. 46%。物流快递员、网约送餐员、货车司机、网约车司机四个重点群体参保人数为 15. 15 万人。2023 年，专项保障活动累计理赔、慰问 409 人次，金额为 283. 01 万元。①

2023 年，北京市职工互助保障服务中心开展“六送”会员活动，“送政策”结合保障服务中心走基层调研活动，积极宣传“六送”专项保障。“送慰问”对网约工给付日常互助互济慰问金。“送清凉”为坚守岗位的快递员等网约工发放清凉包 3000 套。“送健康”配发运动器材 3000 套，向全市暖心驿站发放急救箱 5000 个。“两节”期间，为网约工送福袋、温暖包 3000

① 张晶：《为新就业形态劳动者打造“保障网”！市职工互助保障服务中心继续开展“6+6 活动”》，《劳动午报》2024 年 3 月 1 日。

个，让他们感受到工会组织的温暖。在“送关爱”答题抢订活动中，共发放1万台肩颈仪。此外，保障服务中心还积极与市总工会相关部门协作，全年累计办理网约工诉求104件，办结率达100%。“6+6”活动开展以来，切实保障了网约工劳动健康权益，增强网约工的获得感、幸福感、安全感。

（四）强化源头参与，维护网约工合法权益

网约工的劳动权益受损，主要集中在与平台企业的劳资关系方面。因就业的方式多样、形态不一，且很多无法运用现有劳动法规，导致劳资矛盾没有办法在企业内部通过制度规范或协商解决。因此，为了维护这一群体的劳动权益，北京市各级工会强化源头参与，积极推动将新就业形态劳动者集体协商纳入《北京市集体合同条例》修订内容，为进一步规范企业用工管理、维护职工合法权益提供法律保障。加大对网约工的维权力度，推动京东签订两份集体合同，实现平台企业的首家突破，成为国家协调劳动关系三方集体协商十佳案例；指导美团、滴滴等召开恳谈会，建立协商协调机制，畅通劳动者诉求表达、利益协调渠道；开通绿色维权通道，受理新就业形态劳动者法律援助案件1116件，挽回经济损失1948.2万元；加强风险监测分析和预防处置，“12351”职工服务热线受理新就业形态劳动者各类诉求1448件，办结率为100%。[①]

三 “党建引领，数字赋能”的工作模式创新

（一）党建引领

工会组织维护网约工的劳动权益，要开展的第一项工作就是如何使这一群体加入工会，成为工会会员。由于企业认为这一群体与企业间不存在劳动关系，

① 白莹：《北京市总工会推动新就业形态劳动者工会工作向纵深发展》，《劳动午报》2023年6月15日。

他们不属于企业员工，自然不会在企业工会中发展网约工会员。而对网约工来讲，之所以选择这种无雇主的工作，就是没人管，追求自由，更何况来大城市送外卖、送快递和打零工首要目的是赚钱。因此，当区域工会开展这项工作时，他们或因社会信任不足，或因不感兴趣等多重原因，会员发展速度很慢。即使以一些小礼物为入会奖励，效果提升也不明显。在这种情况下，北京市总工会坚持加强政治引领，积极发挥"党建带工建，工建服务党建"作用。一些区域基层工会开展这项工作获得街道和社区党委支持，通过"党建带工建，工建服务党建"，网约工入会效果明显提升。一些地区通过组织化的方式推动网约工的党建和工建，甚至一些快递员、送餐员成为基层移动的网格员，利用他们在区域内不断流动的特点，成为参与基层社会治理的有效力量。

党建引领工建，入会效果明显提升。以昌平区回龙观街道网约工入会为例，早期街道工会发展会员缓慢，党建带领工建以后，效果明显提升。"成立这个党组织之后，在对接宣传上更完善，更有系统性。比如，如果是党组织成员，很多都是他们站点的负责人，依托他们去开展工作，肯定更好开展。"① 分析党建引领，入会效果明显提升背后的原因主要有三方面。第一，党建本身是一个组织化的过程，党建为工建奠定了一个很好的组织基础。在开展党建工作过程中，为了把这一群体组织起来，先对他们进行组织化，创建党建品牌。如回龙观街道的党建品牌——路客联盟党支部，在支部推进入会工作是非常顺利的。第二，党建为入会工作开展提升了信任度。此前，工会入会工作也为网约工提供一些福利和保障，但是由于缺少社会信任，很多网约工不愿加入。党建工作背景下的入会工作打消了网约工对这项工作的不信任。第三，扩大入会宣传网络。党支部的党员大多是辖区内各个快递或外卖站点的负责人，对于自己片区的人员管理具有一定的领导和组织能力，具备一定的威信，通过熟人关系网络能更顺利地开展入会工作。

（二）数字赋能

网约工大多入职门槛低，就业方式多元，流动频繁。这给工会的日常管

① 街道党群访谈内容。

理工作带来了非常大的挑战。线下区域工会管辖范围与就业者的高流动性之间有非常大的张力和矛盾。为了更好地实现群体权益，搭建有效沟通桥梁，区域工会曾与各服务站点展开合作，但依然很难解决高流动就业之间的矛盾。

针对新业态人员流动性大、工作时间紧迫的工作特点，北京市总工会推动数字赋能建设，通过微信小程序、“12351”App 等，更加便于新业态人员通过手机实现快速入会。优化工作流程，大力推进智慧工会建设，开发“北京市工会基层组织建设系统”和“北京工会 i 会员”小程序，升级北京工会“12351”App，建会入会、工会经费税务代收、互助保障个人理赔等业务实现“一网通办”，会员服务实现“一端通享”。

以“北京工会 i 会员”微信小程序为例，该小程序目前包含申请入会、签字确认、修改会员信息、会籍关系转接、电子会员证等多项功能。移动终端包含核实单位信息、基层工会组建、沟通会、信息变更组织关系转接、审批工作、会员管理、档案管理等多项功能。有意愿申请加入工会的用户可以通过小程序提交入会申请，经过申请人签字确认后，由相关工作人员在移动终端进行审核，通过审核后即正式成为一名工会会员。推广使用“北京工会 i 会员”微信小程序办理入会，切实降低了建会入会的各项成本，有力助推用人单位工会数字化组建进程。与过去传统的入会模式相比，使用“北京工会 i 会员”微信小程序、基层工会二维码扫码、“12351”App 等线上方式入会，不仅能够简化入会流程，还能够推进建会流程标准化，从而方便新业态人员入会和基层工会开展工作。

“党建引领，数字赋能”的工作新模式优势体现在以下三方面。第一，“党建引领，数字赋能”有利于新就业群体加入区域工会，加强新就业群体组织建设。第二，“党建引领，数字赋能”有利于工会通过基层党组织调动区域内的各种资源为新就业群体提供各项暖心服务。第三，“党建引领，数字赋能”有利于区域工会组织调节新就业群体与平台企业间的劳资矛盾，协调劳资关系。与此同时，通过新就业群体工会组织建设，也加强了党与新就业群体之间的联系，工会组织作为枢纽型社会组织，成了新就业群体与党组织间的有效链接和桥梁纽带。

新就业群体权益维护是数字经济转型过程中我国经济社会发展出现的新问题，“党建引领，数字赋能”既是北京市创新网约工权益维护的新工作模式，也是数字经济转型背景下中国本土化的工会建设理论来源。我国工会具有群团组织和法团组织的双重特性，决定了新就业形态下党建引领工会建设的新模式。实践证明，这种新模式最大化地把新就业群体组织起来、团结起来，形成对北京城市社会的认同与归属。

四　工会维护网约工权益工作面临的困难

北京市工会组织在维护网约工权益方面进行了大量的创新探索，并取得了一系列的经验和成绩。但在调研中也了解到工会在推动网约工建会入会和权益维护工作中还存在一些问题和困难。

（一）高流动就业与会员身份唯一性之间的悖论

平台企业业务范围大多是跨区域的，不仅是跨街道、区和市，甚至跨省。网约工流动就业也是跨区域的，尤其是北京大都市的网约工，他们80%以上是外来劳动力。他们虽然就业在北京，但就业非常不稳定，一项工作从事的时间短，频繁更换工作，这就给区域基层工会管理工作带来了非常大的挑战。区域工会工作是在地化的，为本区域范围内的企业工会和零工劳动者提供工会福利和帮助。但网约工工作高流动性以及跨区域流动就业给基层区域工会工作和会员管理工作带来了非常大的不便。工会要求会员身份唯一性，网约工流动就业就必然要求工会会员身份管理的动态化，这对习惯了相对稳定会员身份管理的工会工作提出挑战。

（二）平台企业跨区域性与基层区域工会管理在地化间的矛盾

由于网约工与平台企业间的劳资关系模糊，二者在劳动保护和权益保障方面的权责并不清晰，双方关于薪资的纷争也时有发生。当劳资存在矛盾和纠纷时，除了劳动部门介入外，工会作为维护劳动者权益的组织，也为网约工提供法律咨询和权益维护服务。但是网约工大多是在区域基层工会入会，而就业的平台企业并不一定在基层工会行政区域内，有的平台企业注册地是跨省级行政区域，这就导致工会在帮助网约工维权过程中，很难与企业工会或平台企业取得联系，致使相关工作难以开展。因此，目前区域工会为网约工提供服务大多是统筹本行政区域范围内的资源，利用公共权力资源调动本行政区的社会力量，如社会组织、商家企业和各种帮扶资源等，为网约工提供夏季纳凉、冬季歇脚、免费饮水、优惠午餐、充电休息等服务。在访谈中，基层工会工作人员谈道："也不能要求我们工会单方面给他们提供服务，他们也得为我们片区做服务和贡献。"从中我们能够看到，基层工会在为网约工提供各项保障和服务的同时，也希望这一群体能够为本区域范围内的社会治理提供服务，有些基层工会把网约工纳入社区治理网格员，成为社区治理的一分子。这对于网约工的反社会歧视，获得更多社会支持和融入社区有很大的帮助，但这种在地化的社会融入不能解决网约工在平台企业共治中的话语权缺失问题。

（三）依法维权与无法可依的悖论

新就业形态主要打破了传统的劳动雇佣就业形式，劳动者用工形式多样，致使现有的劳动法规无法覆盖，劳动者权益更多是劳动力市场多方博弈的结果。一旦网约工劳动力市场供大于求，劳动权益就处于无法可依的真空状态。工会作为劳动者的权益组织，其维护劳动者权益的原则是依法维权。因此，这就形成了一个悖论，网约工就业供大于求，劳动权益无法保障，急需工会组织帮助。但在维权过程中，基层区域工会在劳动法规政策方面能够发挥作用的空间是在本区域内，可以通过联系基层政府以及党组织进行相关政策调整，且不违反现行法律法规。在网约工与平台企业间的劳动关系不明确，双方权责无法确定的情况下，工会组织维权的空间也极为有限。

（四）区域基层工会与网约工群体利益不完全一致的悖论

工会作为劳动者权益组织，维护劳动者的权益是组织合法性的主要来源。但是由于网约工群体与基层工会组织在某些层面存在一定的利益不一致，致使工会组织在维护网约工群体权益时存在悖论。由于工会组织具有行政性和群团性双重属性，一方面，基层区域工会组织受地方一级政府行政管辖，接受基层党和政府的管理，具有维护本区域经济社会和谐稳定与发展的功能诉求；另一方面，尽管基层工会组织吸纳网约工群体入会，但是在有关网约工的地方行政法规制定等方面网约工缺少话语权，更多的是单方面接受政府的服务与管理。北京市作为科技创新一线城市，政府要求维护平台经济和新业态快速健康发展的同时，又不希望平台经济新就业形态的劳资关系无序，所以加强对平台经济的行政管理。总体来看，很多平台经济总部所在地就是北京，因此这些企业是北京市财政的缴税大户。作为行政管理的对象，在企业创新阶段，劳资秩序非定型化阶段，政府的管理要保证平台资本有一定的盈利空间。相对而言，作为依附平台的网约工，由于绝大部分是非京籍，相对于就业机会成本而言，来京打工也是为了获得更多的经济收入，而非社会保险类的社会权益。因此，类似社会保险权益和劳动保护等社会权益为平台企业、网约工和区域工会组织三方所忽视，甚至在某种程度上达成默契。企业通过劳动形式的多样化，规避了社会保险缴费责任，降低了劳动力成本；网约工通过延长劳动时间和形式自由获得了较高的打工收入；地方政府和工会组织通过送温暖和社会支持获得网约工的认同。这样工会维护网约工的劳动权益进程并没有取得实质性的进步。

五　完善工会维护网约工权益保障工作的政策建议

（一）加强党建引领，推动相关立法

工会作为劳动者的权益组织，首先要积极呼吁有关网约工权益的相关立法。依法治国是新时代社会管理的基本方略。平台经济快速发展，且从业门槛低，出入自由，能让更多劳动者有事可做。但平台企业利用自身的技术优势制定算法，模糊企业管理和公共管理的边界，规避企业保障劳动

者就业基本权益的社会责任。因此，国家应通过制定相应的法律法规进行强制规范。

我国工会组织是党领导下的群团组织，是密切党与职工群众联系的桥梁纽带。习近平总书记在中华全国总工会新一届领导班子成员集体谈话时强调，我国工运事业是在党的领导下发展起来的，工会是党领导的工人阶级群众组织。坚持党对工会的全面领导，任何时候、任何情况下都不能动摇、不能偏离。① 因此，工会组织要在党的引领下，推动社会各界取得共识，尽快建立健全相关法律法规，解决新就业形态劳动者权益保障问题。有了相应的法律规范，新就业形态劳动者的权益保障才能从源头上予以规范和管理。工会相关维权工作才能用看得见、管得住的措施来进行规范。

目前，工会维护网约工劳动权益的一个难点就是很多工作无法可依。从形式上来看，平台企业很多做法并没有违反现有劳动法规，基层区域工会没有办法对平台企业进行指导工作。网约工不是企业员工，无法参与到企业工会中，对企业的相关规定也没有话语权。因此，工会要维护网约工的劳动权益，就必须推动有关网约工劳动权益的相关立法，使工会相关工作有法可依。如对劳资关系的界定、劳资双方相互的职责和权力、劳动者的相关保障权益等，都要通过国家立法的形式进行清晰的界定，这样工会维权工作才能有法可依，也才会取得相关工作成效。

（二）改革工作体制，增强统筹协调能力

目前，工会组织在对网约工开展劳动者权益保护工作的过程中，在很多方面有一定的创新，但从调研过程中我们还发现工会工作存在一系列困难，这就需要在体制上加以进一步创新。当基层工会工作遇到困难，必然需要与上级工会和地方政府进行协调和统筹。因此，在体制上要强化工会组织间及其与政府部门的协调联动，推动平台行业领域相关规范性文件的

① 《习近平在同中华全国总工会新一届领导班子成员集体谈话时强调　坚持党对工会的全面领导　组织动员亿万职工积极投身强国建设民族复兴伟业》，《中国工人》2023 年第 10 期。

制定出台，为行业规范管理奠定制度基础。发挥工会一元体制优势，利用政府、工会、企业三方协调机制，针对新就业形态劳动报酬、劳动强度、社保待遇等问题开展集体协商，推动新就业形态劳动者权益得到有效保护，实现平台经济的健康可持续发展。因此，工会工作要与政府部门、社会组织、平台企业等统筹协调，各司其职，制定具体方案，确定具体职能，将维权服务、优化工作环境、增强职业认同感落到实处，实实在在地惠及新就业形态劳动者。

（三）建立行业工会，规范行业秩序

推动建设行业工会。就新就业形态劳动者而言，他们的职业发展路径不清晰，行业相对不规范，社会认同度较低，导致从业者普遍缺乏身份认同感，行业归属感不强。工会应从开展集体协商的角度，对同时需要与几个跨区域的平台企业集体协商的行业，宜在中华全国总工会之下组建一级行业工会，或者至少在省级行政单位组建省一级行业工会，报中华全国总工会批准。行业工会能够有效解决受地域限制和跨区域流动的不利问题。面向新业态劳动者的行业工会不宜采取“以地方工会领导为主”的体制，更宜由中华全国总工会根据网约工所在行业特征确定其领导体制。

B.16
北京市商务楼宇党建工作的现状与重难点问题研究

安永军 仝孟娇*

摘 要： 商务楼宇党建既是夯实城市基层党建的关键举措，也是基层党建的主要挑战。北京市楼宇经济发达，在商务楼宇党建领域进行了一系列的改革创新，总结梳理北京市商务楼宇党建现状和重难点问题并提出针对性对策建议，对于推动商务楼宇党建的进一步发展具有重要意义。研究发现，北京市商务楼宇党建经过探索创立、巩固提高、典型提炼、深化拓展四个阶段，从样板先行、模式借鉴、需求切入和服务支撑四个方面形成了实践创新，同时也面临理念转型难、党组织设置难、服务提升难、保障能力不足等重难点问题。对此，本报告提出总结提炼可推广的楼宇党建工作模式、以邻近多栋楼宇为单元合理设置党组织、依托楼宇党组织积极拓展服务功能、财政支持与社会动员相结合提升保障能力等对策建议。

关键词： 商务楼宇党建 “两新”党建 北京

楼宇党建工作破题是适应经济社会发展新形势的必然要求。商务楼宇作为产业集聚、企业汇聚、人才广聚的“垂直式街区”，大量年轻活跃、富有创造力的从业人群工作、生活的“立体化社区”，已经成为新时代城市经济发展最活跃的主要经络，成为增强发展新动能、开辟发展新境界的重要力

* 安永军，北京工业大学社会学院副教授、硕士生导师，研究方向为城乡基层治理、农村社会学、县域发展；仝孟娇，北京工业大学北京社会管理研究基地研究人员，研究方向为城乡基层治理。

量，在推动经济转型、产业升级、城市发展、社会治理等方面发挥着重要作用。

党的二十大报告提出要“增强党组织政治功能和组织功能”，“把基层党组织建设成为有效实现党的领导的坚强战斗堡垒”。[①] 商务楼宇是非公有制经济组织和社会组织高度集中、成熟发育、成长更新的活力区域，被称为“竖起来的社区”。2018 年，习近平总书记在上海陆家嘴金融城党建服务中心了解城市楼宇党建工作情况时指出，随着经济成分和就业方式越来越多样化，在新经济组织、新社会组织就业的党员越来越多，要做好其中的党员教育管理工作，引导他们积极发挥作用。[②] 2019 年，中共中央办公厅印发的《关于加强和改进城市基层党的建设工作的意见》指出，“创新党组织设置和活动方式，依托物业服务企业、产权单位、骨干企业等建立楼宇党组织”。[③] 可见，加强商务楼宇党建工作，是夯实城市基层党建的关键举措，是党建引领新经济新业态发展壮大的重要驱动。

2023 年，中共中央、国务院印发的《党和国家机构改革方案》提出组建中央社会工作部，“统筹推进党建引领基层治理，指导混合所有制企业、非公有制企业和新经济组织、新社会组织、新就业群体党建工作”。[④] 中央社会工作部的成立从顶层设计层面解决了长期以来商务楼宇党建主管机构缺位的问题，改变了以往碎片化的商务楼宇党建工作，有利于从整体上开展商务楼宇党建工作。

与社区党建相比，商务楼宇党建具有党员分散性强、党员流动性强、白领思想多元、企业体量庞大、企业主体多元、企业效益为先等特点，这使得

---

① 《习近平：高举中国特色社会主义伟大旗帜　为全面建设社会主义现代化国家而团结奋斗——在中国共产党第二十次全国代表大会上的报告》，求是网，http：//www. qstheory. cn/yaowen/2022-10/25/c_ 1129079926. htm。

② 《习近平在上海考察》，半月谈网，http：//www. banyuetan. org/jrt/detail/20181108/1000200033134991541641535740761430_ 1. html。

③ 《中共中央办公厅印发〈关于加强和改进城市基层党的建设工作的意见〉》，中国政府网，https：//www. gov. cn/zhengce/2019-05/08/content_ 5389836. htm。

④ 《中共中央　国务院印发〈党和国家机构改革方案〉》，中国政府网，https：//www. gov. cn/gongbao/content/2023/content_ 5748649. htm。

其面临党组织成立难、组织稳定性低、思想引领难度大、协调难度大、服务难度大、党建与业务结合难度大等挑战，为此，在借鉴社区党建经验的基础上，借助社会工作部成立的契机，需要探索面向楼宇企业和白领的社会工作新模式。北京市是国际化大都市，楼宇经济非常发达，以北京市商务楼宇最为集中的朝阳区为例，全区共有1000平方米以上的商务楼宇1140座，总面积达4300万平方米，楼宇经济贡献量占全区经济总量的70%，其中纳税亿元以上商务楼宇有88座。目前，北京全市已推动在市级园区、亿元楼宇组建区域性党组织，但全市亿元楼宇党组织覆盖率仅达60%，重点园区覆盖率达77%。北京市高度重视“两新”党建工作，将“两新”党建职责从社区提到街道，开展一系列体制机制改革，并进一步加大了“两新”党建的资源保障力度和政策支持力度，各个街道也积极结合自身实际开展实践探索。在此基础上，本报告将梳理北京市楼宇党建现状和重难点问题，并提出针对性对策建议，以推动北京市商务楼宇党建工作的进一步发展。

本报告采用文献研究和实地研究相结合的方法开展研究。通过文献阅读，对中央和北京市的相关政策进行系统梳理，对北京市及其各区政府网站等渠道发布的党建信息进行搜寻。在此基础上，先后选取叶青大厦、中海广场、华贸中心等商务楼宇和建外街道、呼家楼街道、三里屯街道等街道的典型案例进行实地调研。

一 北京市商务楼宇党建工作的发展历程

自上海嘉兴大厦于1999年成立全国第一个楼宇党组织以来，楼宇党建工作逐渐得到了各地政府的重视，并从多个方面进行了积极探索。北京市作为超大城市，商务楼宇较为集中，较早开展楼宇党建工作的实践探索，其发展历程可以划分为以下四个阶段。

一是探索创立阶段（2008~2010年）：以组织建设为核心，以建支部为抓手，楼宇党建工作依赖独栋单干。2008年以来，在北京市委社会工委的领导下，以开展商务楼宇社会工作站试点为突破口，在商务楼宇形成稳固的楼宇基层党建基地。截至2010年9月底，全市已建立1128个商务楼宇社会工作站，覆盖1156座商务楼宇，覆盖5.95万余家商户、75万名就业人员和29600余名党员。2010年8月，丰台区马家堡街道协调税务、工商、交通等8个职能部门入驻时代风帆楼宇，是北京市第一家建立在楼宇工作站，集咨询、受理、投诉于一体的楼宇管理服务平台。

二是巩固提高阶段（2011~2017年）：以组织规范化为核心，以“五站合一”为抓手，楼宇党建工作实现党群联动。这一时期形成了“五站合一”服务格局，站内设置和工作、服务内容趋于规范化。第一，实体阵地有标准。2011年，《北京市商务楼宇工作站建设管理办法（试行）（征求意见稿）》指出，按照“有办公场所、有专职人员、有经费保障、有规范制度、有作用发挥”的要求，大力推进商务楼宇党建工作站建设，把党组织建在商务楼宇，把政府公共服务延伸到商务楼宇，把群团组织引进商务楼宇。[①] 截至2017年，北京市共有商务楼宇1297座，“五站合一”的工作站1138个，组建了2370个党组织（含127个商务楼宇党组织），覆盖了4.9万余名党员、7.7万多个“两新”组织、93万余名从业人员。第二，人员配置有保障。从2012年开始，全市每年聘请1200名离退休党员干部担任非公党建工作指导员，从2015年开始聘请名额增加到1500名，依托商务楼宇党建工作站开展工作。截至2017年，共配备了3918名商务楼宇党务工作者、社会工作者，基本做到每个楼宇有3名以上专兼职社会工作者和党建指导员。

三是典型提炼阶段（2018~2019年）：以组织差异化为核心，以提供服务为抓手，楼宇党建工作打造特色品牌。2018年，北京市委社工委与市民政局合署办公，在此影响下，商务楼宇党建工作的全面发展进程放缓。一方面，部分兼职的党建指导员由于身体等各方原因，无法继续承担相应工作，同时公开招聘的专职党建指导员数量较少，楼宇党务工作的人员配置出现困境；另一方面，商务楼宇党建工作的经费支持有限，党支部的组织能力、动

① 《北京市商务楼宇工作站建设管理办法（试行）（征求意见稿）》，https：//www.inrrp.com.cn/html/ca1be39020 c26de8.html。

员能力较弱，仅能保障开展常规化的党务工作，而政务工作、服务工作无法获得常规化的人财物保障。由此，北京市虽然出现了一些党建品牌，例如丰台区马家堡街道的“风帆港湾”、海淀区海淀街道“红帆”系列党建品牌、叶青大厦党委“以党建带统战、以统战促党建”的楼宇统战工作新模式，但商务楼宇党建工作可推广的经验依然缺乏。

四是深化拓展阶段（2020 年至今）：以组织制度化为核心，以社会治理为抓手，楼宇党建工作引领功能全面凸显。从新冠疫情防控开始，各级党委政府结合辖区特点，加强商务楼宇党建功能，探索创新工作机制，使其不仅成为疫情防控中的重要组织力量，而且商务楼宇党委的政治优势进一步转化为基层社会治理优势，为推进基层治理体系和治理能力现代化提供坚强组织保障。

二　北京市商务楼宇党建工作的实践探索

在加强“两新”党建的背景下，北京市围绕商务楼宇组织覆盖提出了一系列有力的举措，并取得了初步的成效，对这些举措进行分析，并总结提炼其有效经验对于下一步工作的开展具有十分重要的意义。

（一）样板先行：探索建立示范样板实现以点带面

商务楼宇组织覆盖面临任务繁重、经验缺乏、资源有限等约束性条件，为此北京市采取样板先行的覆盖路径，选择具有代表性的重点楼宇进行集中打造，并从中提炼出一个样板模式再进行批量化的推广复制。如中海广场处于北京市 CBD 核心地段，纳税总额达到 79.8 亿元，具有示范作用；同时楼宇产权方支持党建工作开展，条件较为成熟，因此成为建外街道打造的第一个样板。区委组织部、建外街道、产权方各出两人成立了筹备组，在党员摸底和上门问需的前期工作基础上成立了楼宇党委，其中街道党群办副主任担任书记、区委组织部干部兼任第一书记、中海公司副总担任副书记。

丰台区马家堡街道楼宇企业类型多、行业分布广、人员流动性大等特点，使得各楼宇党建工作艰难，为改善楼宇党建工作，街道党群办科长出任时代风帆楼宇党委书记，楼宇党委不断完善组织体系、创新服务方式、引领凝聚周围企业，创新“风帆港湾”楼宇党建工作服务品牌，不断破解楼宇党建工作难题，为区域楼宇经济高质量发展、社会和谐稳定提供有力支持和保证。

位于朝阳区中西部的三里屯街道积极探索以“实、专、新”为标志的商圈党建模式，基于该地发展特点设立长虹、雅秀和工体三个商圈并成立商圈党委，在街道党工委的直接领导下选举专职党委书记，下设党群办，承担落实党委决策和指导所属“两新”组织党组织党务工作两项职能。①

样板先行的覆盖路径具有以下三个优势。一是总结经验，形成样板。商务楼宇党建工作目前仍处于探索阶段，前期经验较为匮乏，样板先行在总结经验的基础上提炼出组织覆盖的典型模式，为进一步批量复制提供了模板。二是集中资源，形成示范。代表性楼宇在周边区域的影响力较大，率先突破能够对其他楼宇形成示范作用。三是锻炼人才，形成团队。在样板打造过程中培养建立专业化的筹建团队，能够专门进行楼宇党委的筹建工作。

（二）模式借鉴：学习社区管理模式建立组织体系

社区作为城市基层党建的成熟领域，为商务楼宇提供了借鉴学习的模板。在中海广场的试点经验中，街道借鉴社区的管理模式设计了“楼宇党委—楼委会—楼宇服务站”的“两委一站”组织体系，目前已经成立楼宇党委和楼宇服务站，楼委会尚在筹备阶段。在组织体系建立的初期，采取高配的组织策略，以加大对楼宇党组织的行政支持力度，如中海广场楼宇党委书记由建外街道党建办副主任兼任，架构起统一领导、上下贯通、执行有力的“街道党工委—楼域党委—楼宇党组织”的简约组织体系，实现楼宇党建工作的高起点和快发展。

---

① 《创新　做实　做专——北京市朝阳区三里屯街道探索商圈党建新模式》，北京市朝阳区人民政府网站，http：//www.bjchy.gov.cn/dynamic/jxdt/4028805a803db5af01803dda7c270079.html。

“两委一站”的组织体系具有以下两大优势。一是将党建与治理结合起来，使党建引领有了抓手。党建引领必须依靠具体的载体，而楼委会具有开展楼宇党建工作、优化营商环境、参与社会治理等三大职能，其楼宇治理职能为楼宇党建工作提供了抓手，楼宇党建工作则反过来为楼宇治理注入了政治动能。二是扩大了党组织的辐射范围。楼宇党委的主要覆盖对象是党员，党群经费的使用也局限于党员群体，与非党员群体则缺乏互动接触的载体，而楼委会则是面向楼宇所有成员的自治或半自治组织，能够为党组织提供与非党员群体互动接触的机会，为楼宇党组织影响力的进一步扩大创造了条件。

（三）需求切入：加大需求回应力度提升党组织政治领导力

“两新”党建的首要目标是增强党在“两新”群体中的政治领导力，而从需求回应出发是贴近“两新”群体的第一步，也是建立党的政治领导力的切入点。如三里屯商圈党委刚成立时为摸清企业需求，以“面对面”走访的方式进楼宇、建底账、理问题、列需求，在一手打伞抗疫一手着力干活的情况下，高质量走访38家企业，收集近80项需求、问题和建议。①

建外街道在把握高管“三高”的高端性特征基础上，针对性打造高端党课和高端社会服务，如邀请具有影响力的知名专家学者举办讲座，吸引他们逐渐向党靠拢，增强党组织政治功能和组织功能。时代风帆则打造“楼宇+健康智慧服务”平台，成立“一总七分”楼宇健康委员会和志愿服务队，为楼宇企业提供健康指导和志愿服务。②

党组织在需求回应的过程中并不是直接进行需求供给，而是组织其他主体进行需求供给，尤其是基于“两新”群体的内生需求建立自组织，进而

① 《以主题教育为契机　打造一批楼宇商圈党建品牌　以红色力量助推经济社会高质量发展》，北京市人民政府网站，https：//www. beijing. gov. cn/ywdt/gzdt/202312/t20231231_ 3521444. html。

② 《丰台区：马家堡街道“六平台”赋能　让企业全身心扑在经营上》，北京市人民政府网站，https：//www. beijing. gov. cn/ywdt/gqrd/202304/t20230414_ 3032941. html。

实现自我管理和自我服务。如中海广场打造“海米荟”高品质社会服务品牌，吸纳白领建立六大兴趣社群，以此为起点形成加入兴趣社群—加入群团组织—发展入党—担任“两代表一委员”的四级筛选机制，从每一级筛选出先进分子作为下一级的培养对象，吸引白领中的先进分子逐步向党靠拢，满足其政治地位需求。叶青大厦则将统战作为党建的抓手，成立了侨界联合会、新的社会阶层人士联谊会等组织，并依托这些组织建立党组织。时代风帆成立楼宇商会、新联会、留联会三大社团组织，通过共享服务平台和组织企业家沙龙，举办推介会、路演等活动，为创业者和转型者提供指导和培训。

在回应企业需求方面，楼域作为离企业和白领最近的“块块”，通过整合“条条”政策资源，实现从“九个水龙头流水”向“一个水龙头流水”的转变，满足企业政策整合需求。建外街道探索成立北京市第一家街道级人才工作站，集成区委组织部高层次人才中心、区人社局等不同部门的人才政策，并向下对接企业需求，帮助企业懂政策、办成事，梳理资源、需求、服务三项清单，定期发布企业营商需求白皮书，开展政策宣讲对接论坛，促进各类生产要素的有序流动、需求供给的有效对接，生产出更多契合楼域经济社会发展的产品和服务，实现资源有效统筹、需求有效对接、服务有效落地。

时代风帆楼宇着力提升营商环境服务“软件”，升级服务方式，探索完善企业分类管理，因企施策，推出“定制服务”，增强服务针对性；加强各项保障，提升服务能力，完善企业服务“先丰站”和“微蓝+”税费流动工作室配置，开展政务服务技能大练兵活动，积极参加各业务部门组织的新政策、新规定培训。①

需求回应的关键是让党成为“两新”群体的组织者，进而将其聚拢到党的身边，为党的政治领导奠定基础。“毛泽东同志早在 1934 年就说过：

① 《打造“党的一切工作到楼宇”全周期管理新模式　马家堡街道时代风帆楼宇党委“风帆港湾”党建品牌》，北京市丰台区人民政府网站，http://www.bjft.gov.cn/ftq/zwyw/202312/c893818a54cb435b9866973acd0ca253.shtml。

‘一切群众的实际生活问题，都是我们应当注意的问题。假如我们对这些问题注意了，解决了，满足了群众的需要，我们就真正成了群众生活的组织者，群众就会真正围绕在我们的周围，热烈地拥护我们。’”[①] 这里的关键在于党组织不是单纯的提供服务，而是动员和组织“两新”群体自我组织和自我服务，在自我组织的基础上提高党组织的需求回应能力，同时也提高党组织在“两新”群体中的威信。

（四）服务支撑：加强资源整合提升党组织服务支撑能力

楼宇党委成立后，“两新”领域的各项工作以党组织为主渠道进行整合，体制内外的各项资源得以集中起来提升党组织的服务支撑能力。一是加强政策支持和政策统筹。将群团工作和经济工作与楼宇党建工作结合起来统筹使用相关资源，将经济政策与社会政策结合起来为企业提供服务。如三里屯商圈按照“同在楼里，就在身边”的思路，通过商圈党委搭建起企业间的“朋友圈”，让资源流动起来；工体商圈党委搭建资源互通平台，促成中赫国安落户海隆石油大厦。

二是注重专兼结合加强党建工作力量。一方面加强专职党建力量，另一方面依托楼宇党组织动员物业企业等各类兼职力量。华贸集团公司党委设有负责党建的专职副书记，虽然组织关系不在街道，但仍协助开展楼宇党建工作，中海广场则由产权方人员兼职参与楼宇党建工作。建立“三楼长”机制，充分发挥区委下派“第一楼长”作用，选派区级部门科室负责人担任第一楼长，协调部门资源更精细化地服务楼宇。三里屯商圈则通过返聘具有丰富社区经验的书记来担任商圈党委书记以加强党建力量。

三是经费保障持续加强。“财政拨、党费返、企业支、上级奖”的保障体系初步建立，落实新建“两新”党组织经费补贴要求，按照单独建立的基层党委不低于 2 万元/年、单独建立的党总支不低于 1.5 万元/年、单独建立的党支部不低于 1 万元/年的标准，为新建立的“两新”党组织连续两年

---

① 《习近平谈治国理政》（第二卷），外文出版社，2017，第 374 页。

提供启动经费，由街乡在年度预算中进行申报并保障。

四是夯实阵地建设。对于规模较小或不具备条件的楼宇（企业），可结合实际利用楼宇大厅公共服务平台、员工活动室、会议室、物业办公室等灵活设置党群服务站，构建街乡党群服务中心—企业社区党群服务分中心—楼宇（企业）党建服务站三级阵地保障体系和由不同阵地形式组成的立体阵地体系，如长虹商圈前期筹备时缺少办公空间，商圈内一家企业主动协调自身资源，从自己的办公空间中拿出60平方米作为党委办公室，与商圈党委共享超100平方米的办公室，并让出走廊、会议室的墙面作为商圈党委的宣传阵地。

资源整合具有以下几方面优势。一是提高了资源使用效率，充分发挥党组织的统筹作用，将不同部门、不同主体的资源整合使用，形成了1+1>2的资源使用效果。二是减轻了财政压力，楼宇党建工作的体量较大，如果完全依靠财政投入，将面临较大的财政压力，充分整合体制内外的资源尤其是动员社会资源能够有效减轻财政压力。

三　北京市商务楼宇党建工作的重难点问题

北京市商务楼宇党建工作在积累了宝贵实践经验的同时，也面临一些突出的重难点问题，这些问题也是下一步发展需要着力破解的突出梗阻点。

（一）理念转型难

从历史沿革来看，在传统的楼宇党建工作机制中，楼宇党建工作职责归属于社区，依靠“街道党工委—社区党委—楼宇党委—企业党组织”四级组织体系开展工作，“两新”党建工作并未成为一个独立的工作领域。而当前“两新”党建工作理念转型，在街道党委领导下其已经成为一个独立的工作领域，同时“两新”党建仍处于探索阶段，尚未形成较为成熟的工作模式，这也意味着各个街乡需要根据自身实际情况进行积极探索。但由于历史形成的工作惯性，街乡仍习惯依托社区开展“两新”党建工作，对新的工作理念的认识和理解仍有待加强。

（二）党组织设置难

商务楼宇的类型非常多元，各个楼宇现有的“两新”组织数和党员数差别很大，尤其是组织关系能转入的党员数差别很大，实践中大多数楼宇的党员数量只能成立党支部，只有少数规模较大的楼宇能够成立党委。在多数楼宇党员数量只能成立党支部的情况下，楼宇党组织的领导力就会受到限制，且由于商务楼宇数量较多，以楼宇为单元配备专职党务等工作力量也会面临较高的行政成本。在实践中，无论是建外街道的楼域党委还是三里屯街道的商圈党委，都超出了单个楼宇的范围，虽然具体的名称不同，但思路是一致的，都是以若干邻近楼宇为单元成立实体党组织，并配备专职党务、阵地等行政资源。

（三）服务提升难

商务楼宇党建工作的服务提升难主要有以下几个因素。首先是服务对象多层性，与社区党建服务居民相比，楼宇党建工作的服务对象具有两重性，即各类组织及其从业人员。其次是思想多元性，商务楼宇内的组织主体非常多元化，规模不等、行业广泛，且各类组织的政治思想水平有高低，参与楼宇党建工作的积极性有差异；“两新”组织的从业人员多具有“三高一低”的特征，即学历高、收入高、素质高和年龄低，思想活跃，受各种思潮影响大，因此通过党建实现价值引领难度也较大。最后是人企流动性高，在自由就业市场下，企业员工流动性较大，与之相对应则党员流动性也较强；同时，在高度竞争的市场经济环境下，企业面临激烈的市场竞争，随时可能面临破产风险，或可能随着经营形势的变化而流动，例如从租金高的楼宇流动到租金低的楼宇。

基于以上三方面因素，商务楼宇党建工作的服务提升陷入一定困境，如当前楼宇党建工作的服务能力与企业和白领的需求还存在很大差距，需进一步扩展服务平台，整合各方资源，为楼宇党组织、驻楼“两新”组织党组织充分赋能，助力解决企业和白领切身难题。楼宇党建工作还需要培育各类自组织来提升企业和白领的自我服务能力，如建立常态化的企业商务交流机制、成立各类兴趣小组，将企业和白领聚拢到党组织身边。此外，各类组织及其从业人员的需求更新变化速度快，迫切需要调整传统的服务方式加以应对。

（四）保障能力不足

商务楼宇党建工作目前仍然处于局部探索的阶段，尚未全面推广，资源保障的压力相对较小，而未来如果进一步推广，由于北京市商务楼宇的总量较大，保障能力不足的问题就会暴露出来。一是人员保障不足，最突出的表现就是专职党务不足，如建外街道共有 140 多栋商务楼宇，但是目前只有 10 多个专职党务，远远无法满足实际需求；而且专职党务以年轻人居多，在与老板、高管等群体打交道时容易发生怯场现象，大多只能承担一些事务性工作，无法自主地和各类群体建立联系，综合能力有待提升。二是经费保障不足，楼宇党建工作尚无专门的党群服务经费支持，各项服务的支出主要依靠街道统筹，缺少稳定的经费支持。三是阵地保障不足，虽然目前部分地区已经实现街乡党群服务中心全覆盖，但阵地建设仍需持续加强，并且由于商务楼宇寸土寸金，楼宇党建工作在楼宇内的办公和服务空间仍然较为缺乏。

四　北京市商务楼宇党建工作的对策建议

针对北京市商务楼宇党建工作现存的重难点问题，结合先行探索的实践经验，借鉴其他城市的先进做法，提出可行的对策建议，以进一步推动楼宇党建工作的高质量发展。

（一）总结提炼可推广的楼宇党建工作模式

“两新”党建从社区党建中独立出来之后，楼宇党建工作作为推动“两新”党建的工作抓手，应该如何开展，目前尚无统一的模式，街乡层面进行了积极探索，但主要集中在少数的点上，尚未普遍推广。因此，应当对现有的经验进行总结提炼，明确楼宇党建工作的组织体系和运行机制，并进行波浪式的推广，成熟一批再推进下一批，逐渐做到街道楼宇党建全覆盖。此外，为了加强街道对楼宇党建工作的业务指导，在街道成立专门的内设科室，作为街道党工委领导楼宇党建工作的部门，专门对楼宇党建工作进行指导。

（二）以邻近多栋楼宇为单元合理设置党组织

由于单栋楼宇党员数量较少，且行政资源配置压力较大，应当将楼宇党建工作的组织重心放在由邻近的多栋楼宇组成的楼域。可借鉴建外街道的经验，在行业相关、利益相连、地域相近、功能互补、发展共促的楼宇聚集区域建立楼域党委，加强中心楼宇的辐射带动和楼宇之间的协同联动。在楼域党委之下，各个楼宇可以成立联合党支部等形式的楼宇党组织，具有地标性质、规模等级高、经济效益好、党员数量多的标志性楼宇，也可以单独作为一个楼域成立楼域党委，最终建立“街道党工委—楼域党委—楼宇党组织”的简约组织体系，实现楼宇党建工作的高起点和快发展。

（三）依托楼宇党组织积极拓展服务功能

企业作为市场主体，最看重的是经济效益，针对企业的服务可以从以下两个方面拓展。一是优化营商环境。街乡一级缺乏政策制定权，但是在政策执行中能够发挥其服务功能，包括政策解读、政策集成、政策递送、需求上传等服务。楼域党委可以将不同部门的相关政策打包集成并及时递送给相关企业，如建外街道提出的“惠企十八条”服务包，同时链接街道科室或区级部门进行政策解读，帮助企业正确理解政策和最大化利用政策。此外，还能够将企业的相关政策需求自下而上地向上传递，帮助政策制定部门及时了解企业需求。

二是助推企业合作。借助楼宇党组织的公信力，搭建楼宇之间和企业之间的自由交互平台，可定期举办“研基地”“党建下午茶”活动，邀请楼宇企业党组织负责人，围绕楼宇党建为各行业企业搭建双向赋能平台，营造研工作、研理论、研事业的良好氛围；组织地区国际化高端产品推介会，统筹地区各类推介平台，发挥楼宇党委助推器、联络官作用，加强各领域、高层次的交流合作，为企业创造产品展示和商务合作机会，助力楼宇党建与企业经营共赢发展。

（四）财政支持与社会动员相结合提升保障能力

针对保障能力不足的问题，在加强财政支持的同时，也应该动员社会力量的积极参与，实现二者的有机结合。首先，扩大专职党务编制规模，采用边建边招、边招边培的思路，根据商务楼宇党建工作的实际需要来扩大专职党务编制规模，同时采用招聘、返聘、下派等多种不同的方式组建老中青结合、年龄结构合理的专职党务队伍，为此应该拓宽专职党务的来源渠道，尤其是注意吸纳经验丰富的体制内退休干部。另外，还可吸纳产权单位或物业公司代表、企业代表、白领代表、外卖小哥代表等进入党委会或楼委会。其次，建立楼宇党建工作专项经费，参照社区设立党群服务经费和公益金两种经费，分别对应楼宇党委和楼委会的经费需求，在确保资金使用安全性的前提下赋予楼宇自主支配权，为楼宇党建提供日常经费支持。最后，拓展阵地资源，一方面通过租赁、动员产权方等方式建立固定阵地，依托固定阵地提升楼宇党组织的服务能力；另一方面链接企业闲置资源建立共享阵地，拓展阵地空间。

B.17

困境儿童成长需求与社会支持现状分析

——基于北京市 A 区的研究

魏 爽　王潇然*

摘　要：　本报告以北京市 A 区共青团系统登记在册的困境儿童为研究对象，分析困境儿童在学校教育、家庭照顾、社会保障、安全保护、身心健康等方面的现状和需求，分类分析困境儿童社会支持的现状与问题，提出以数据库台账为基础，形成困境儿童社会支持信息共享体系；以“一人一策”为依据，形成困境儿童社会支持协同体系；以风险等级为标准，形成困境儿童社会支持风险管理体系。

关键词：　困境儿童　社会支持体系　成长需求　风险管理

一　引言

困境儿童是我国民生保障的重要对象，困境儿童福利治理是国家治理体系的重要组成部分，建立和发展困境儿童社会支持体系是福利治理的必然要求。当前，我国困境儿童的成长面临个体风险多重性、社会支持碎片化、福利供给精准性不足等问题。2016 年，国务院印发《关于加强困境儿童保障工作的意见》（以下简称《意见》），明确了困境儿童的范围，困境儿童包

* 魏爽，博士，北京工业大学社会学院社会工作系副教授、副系主任，北京社会管理研究基地研究人员、硕士生导师，研究方向为儿童青少年社会工作、学校社会工作与家庭社会工作；王潇然，博士，北京工业大学社会学院社会工作系讲师，北京社会管理研究基地研究人员，研究方向为困境儿童家庭支持政策和社会工作教育。

括因家庭贫困导致生活、就医、就学等困难的儿童，因自身残疾导致康复、照料、护理和社会融入等困难的儿童，以及因家庭监护缺失或监护不当遭受虐待、遗弃、意外伤害、不法侵害等导致人身安全受到威胁或侵害的儿童。同时，《意见》提出了家庭尽责、政府主导、社会参与、分类保障四个基本原则，并提出构建包含县、乡镇、村三级工作网络，建立部门协作联动机制、充分发挥群团组织作用、鼓励支持社会力量参与的困境儿童保障工作体系。

本报告以北京市A区共青团系统登记在册的困境儿童为研究对象，分析困境儿童在学校教育、家庭照顾、社会保障、安全保护、身心健康、职业发展等方面的现状和需求，分类分析困境儿童社会支持系统的特点与问题，提出相应的应对策略。本报告采取定量研究与定性研究相结合的方法。定量研究基于项目组自编调查问卷的调查数据，定性研究基于困境儿童入户访谈资料。问卷调查以A区共青团系统2022年在库困境儿童帮扶对象为基准（包括尚未退出帮扶的18岁以上超龄帮扶对象），调查基线人数为863人。考虑到不同年龄段帮扶对象存在需求差异，分别编制并发放18岁以下家长调查问卷533份，12~18岁困境儿童自答问卷379份，18岁以上困境儿童自答问卷329份。A区各街乡采取以走访调查为主、电话访谈为辅的方式，联系困境儿童及其家庭，完成问卷调查。根据街乡统计，在基线人数863人中，退出帮扶61人，拒访33人，联系不上12人，因精神残疾等其他特殊情况无法完成的42人。最终，723名困境儿童帮扶对象完成调查，问卷回收率为83.8%。

二　困境儿童成长现状与需求分析

本报告以完成调查问卷的18岁以下困境儿童及其主要照顾者为需求分析样本，包括387位完成18岁以下家长调查问卷的主要照顾者和262位完成12~18岁困境儿童自答问卷的儿童。以下分析数据均为相关问题回答的有效百分比。

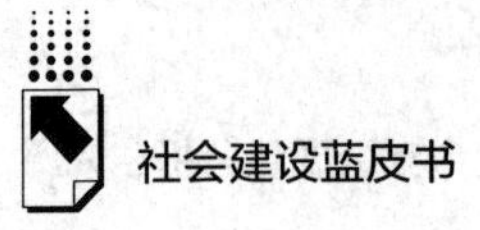

（一）基本人口特征

总体样本中，性别分布均衡，男性占比 52.3%，女性占比 47.7%；在户籍分布方面，城市户口占比 94.8%，农村户口占比 5.2%；在年龄分布方面，7 岁以下占比 4.1%，7～11 岁占比 27.6%，12～17 岁占比 68.2%（见图 1）。

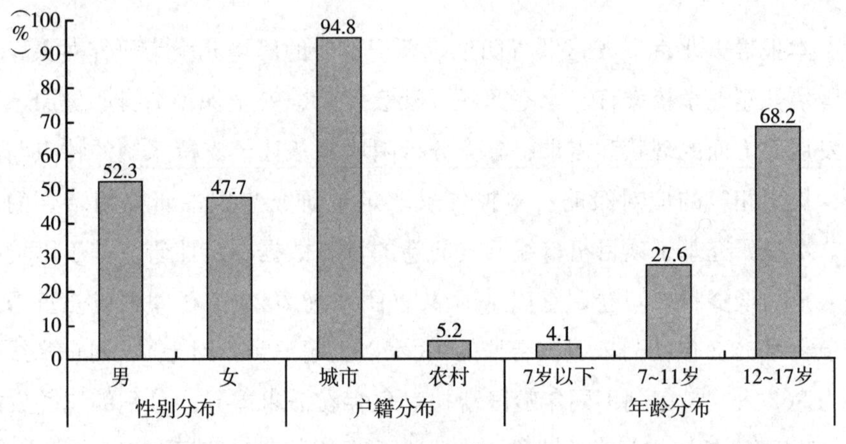

图 1　困境儿童基本人口特征

（二）在学情况

在学方面，就读于幼儿园的占比 3.4%，义务教育阶段中小学占比 65.4%，高中与职业中学占比 27.9%，各阶段特殊学校占比 2.1%（见图 2）。其他在学情况包括无随班就读能力 3 人、休学 1 人和幼儿未入园 1 人。

（三）社会保障情况

基本生活保障的覆盖率最高，占比 82.3%；其次为基本医疗保险，占比 76.3%；公共教育资助占比 51.6%（见图 3）。其他形式的社会保障包括特困供养 1 人、临时救助 1 人、残疾人补贴 25 人和重残护理 14 人。

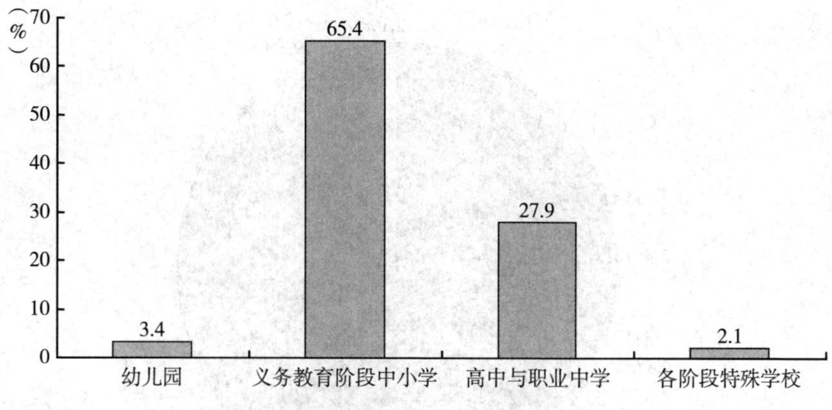

图 2　困境儿童在学情况

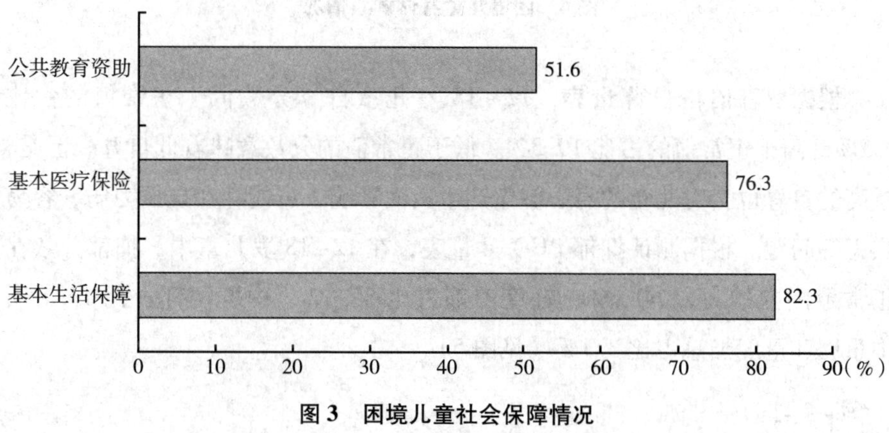

图 3　困境儿童社会保障情况

（四）身心健康状况

身体健康的困境儿童占比 88.6%，残疾占比 9.3%，患病占比 2.1%（见图 4）。在患有残疾的 36 名困境儿童中，智力残疾占比 27.8%，多重残疾占比 16.7%，肢体残疾占比 13.9%，精神残疾占比 13.9%，听力残疾占比 11.1%，视力残疾占比 8.3%，其他残疾和没有说明残疾类型的占比 8.4%。在患病的 8 名困境儿童中，所患疾病包括哮喘、慢性肾炎、发作性嗜睡、语言发育障碍等。

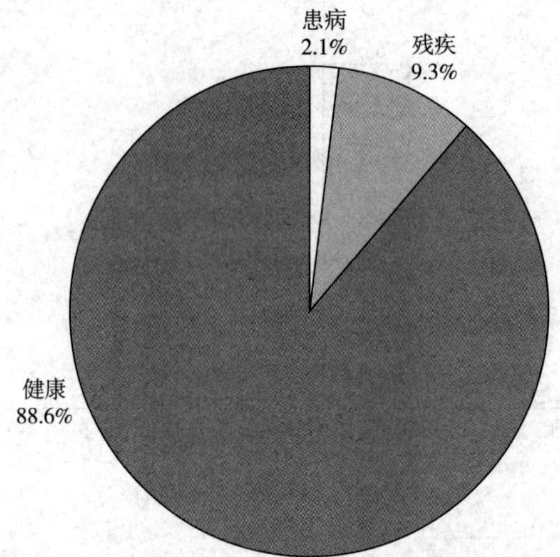

图 4　困境儿童身体健康情况

根据罗森伯格自尊量表，12～18 岁儿童自尊分数低于正常值的占比 6.2%，高于正常值的占比 19.5%。低于正常值的分数意味着低自尊。但是，过高的自尊也会对儿童的身心健康产生负面影响，可能存在抗压力弱、容易焦虑等问题。根据测评抑郁 PHQ-8 量表，在 12～18 岁儿童中，抑郁分数在正常范围内的占比 60.6%，轻度抑郁占比 25.2%，中度抑郁占比 11.1%，中重度和重度加总占比 3.1%（见图 5）。

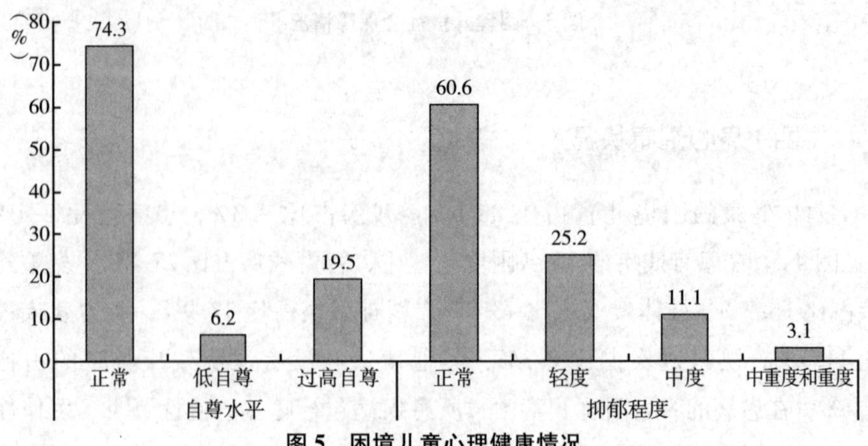

图 5　困境儿童心理健康情况

针对12~18岁儿童心理发展特点，调查问卷询问了他们所担忧的事情。最普遍的是担心家中的经济条件（44.4%）和学习成绩不好（50.8%）。其次是担忧人际交往能力（28.5%）、自我保护能力（15.1%）、孤单孤独和父母不在身边（14.9%）、没有机会学习课外知识（12.6%）和生活无人照顾（12.5%），如图6所示。

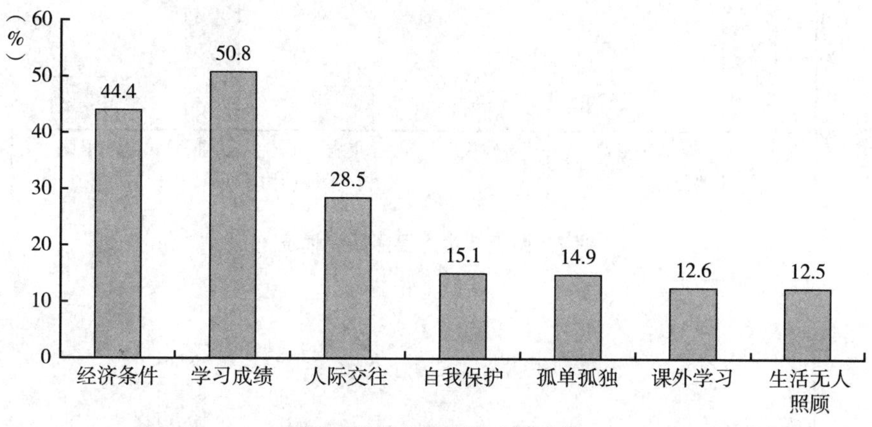

图6　困境儿童所担心的事情

（五）家庭照顾者情况

在样本中，父母为主要照顾者的占比89.6%，祖辈为主要照顾者的占比10.2%，亲戚为主要照顾者的1人。同时，家庭照顾者照顾能力不足的情况普遍。主要照顾者有残疾的占比10.7%，患有重病的占比11.8%，失业的占比72.4%，退休的占比14.1%（见图7）。

在困境儿童主要照顾者中，抑郁分数在正常范围内的占比36.6%，轻度抑郁占比29.4%，中度抑郁占比22.3%，中重度和重度加总占比11.7%。在残疾儿童照顾者中，感到照护压力比较大的占比53.8%，感到照护压力非常大的占比38.5%（见图8）。

（六）帮扶需求情况

经济支持是困境儿童主要照顾者最突出的帮扶需求。在样本中，主

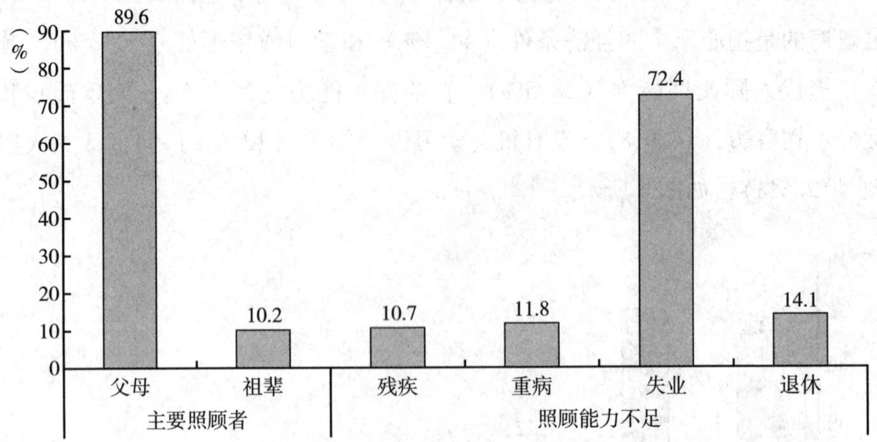

图 7　困境儿童主要照顾者情况

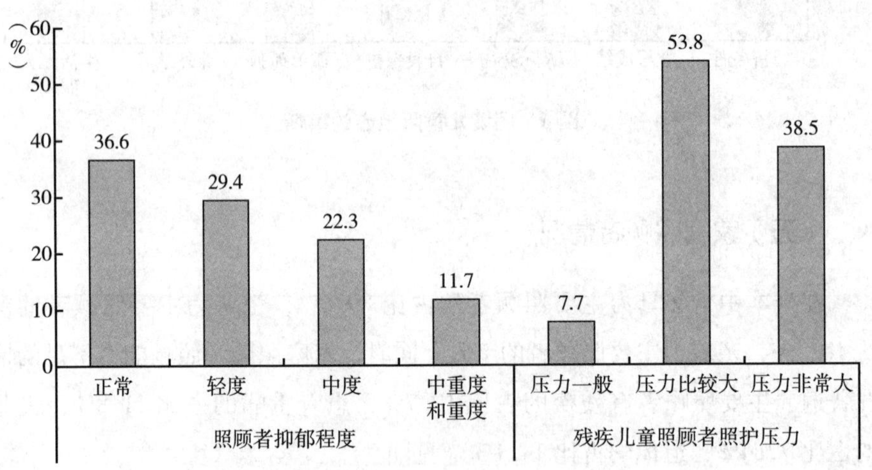

图 8　困境儿童主要照顾者心理健康情况

要照顾者感到家庭开支压力不大的仅占比 2.4%，感到压力一般的占比 12.4%，感到压力比较大的占比 28.9%，感到压力非常大的占比 56.3%（见图 9）。

在社会服务需求方面，12～18 岁困境儿童最需要的是拓展兴趣爱好（53.0%），其次为学习辅导（42.7%）、社区娱乐活动（25.3%）和人际交

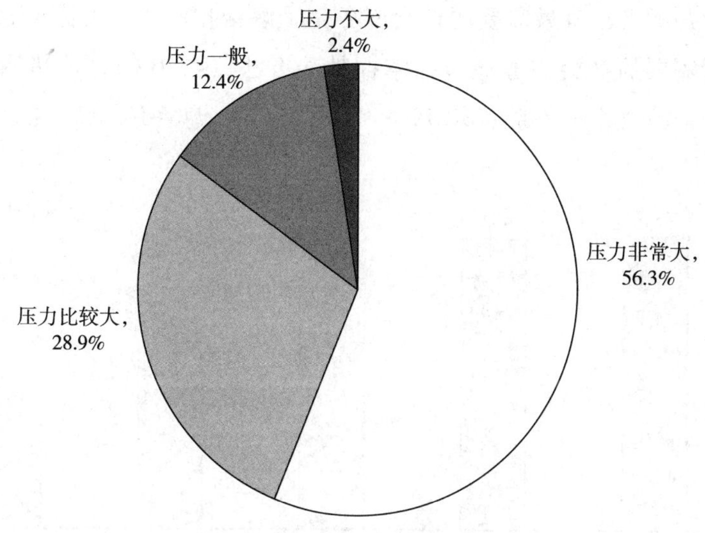

图 9　困境儿童家庭开支压力

往提升（20.0%），情绪疏导和安全自护的服务需求分别占比 12.3% 和 12.9%。对比之下，主要照顾者对困境儿童发展支持的诉求更为强烈，对学习辅导、能力提升和压力缓解的服务需求占比分别高达 70.7%、58.4% 和 37.6%（见图 10）。

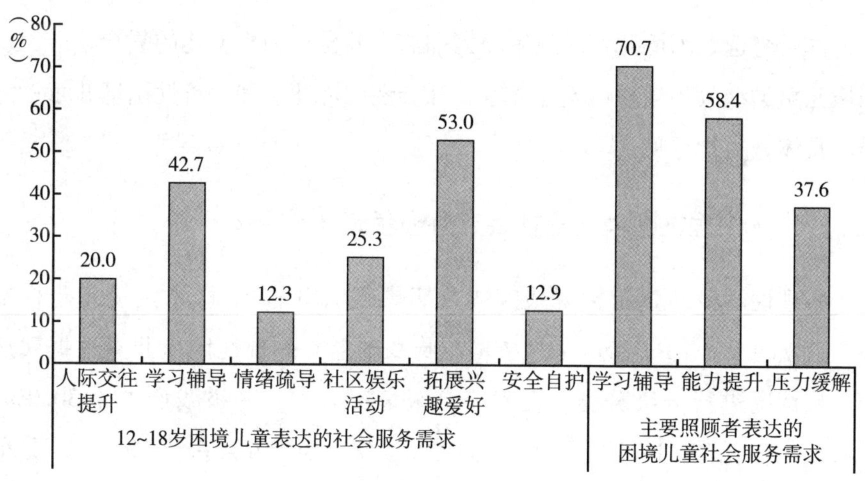

图 10　困境儿童社会服务需求

主要照顾者自身最需要的社会服务是了解帮扶政策，占比43.5%。主要照顾者需要的社会服务还包括掌握教养方法（43.0%）、情绪调试疏导（37.1%）、改善亲子关系（27.7%）和日间照料喘息（16.5%）（见图11）。

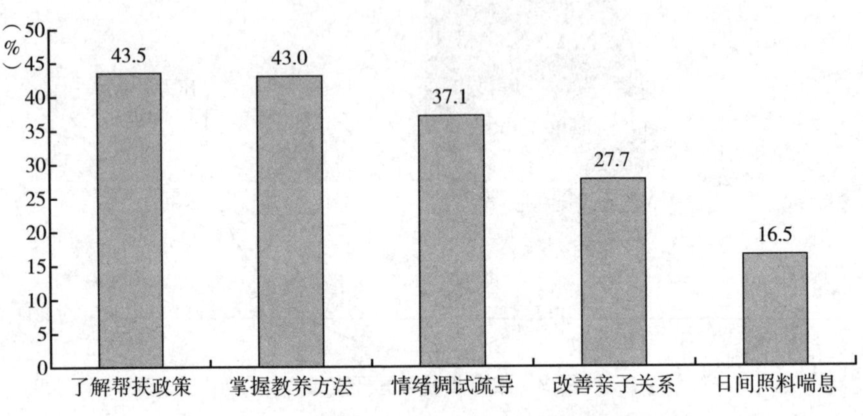

图11　困境儿童主要照顾者社会服务需求

三　不同类型困境儿童社会支持现状分析

本研究选取困境儿童的致困原因和需求差异作为类型化的复合标准，将困境儿童类型分为生理性困境儿童、社会性困境儿童和经济性困境儿童三大类。具体分类指标见表1。

（一）生理性困境儿童社会支持现状

生理性困境儿童是指因残疾或重病导致困境的儿童。[①] 困境儿童样本中，残疾占9.3%，患病占2.1%。在此基础上，生理性困境儿童根据残疾与患病情况进行分级分类。在残疾分级情况方面，一级残疾占比30.0%，二级残疾占比33.3%，三级残疾占比23.3%，四级残疾占比13.3%。分布

① 行红芳：《困境儿童分类保障制度建构路径探析》，《中州学刊》2016年第8期。

表 1　困境儿童分级分类对照表

一级分类	二级分类	三级分类	等级划分(国家标准)
生理性困境儿童	重病儿童	恶性肿瘤、严重心脑血管疾病、需要进行重大器官移植的手术、有可能造成终身残疾的伤病、晚期慢性病、深度昏迷、永久性瘫痪、严重脑损伤、严重帕金森病和严重精神病等	用恶性、晚期、重度、深度、永久性、严重等词进行程度分级描述
	残疾儿童	1. 智力残疾	一级、二级、三级、四级
		2. 肢体残疾	一级、二级、三级
		3. 精神残疾	一级、二级、三级
		4. 视力残疾	一级盲、二级盲、一级低视力、二级低视力
		5. 听力残疾	一级、二级、三级、四级
		6. 言语残疾	一级、二级、三级、四级
		7. 多重残疾	有以上二项或二项以上
社会性困境儿童	父母重病或重残	1. 父母一方	按照上述重病分类标准进行诊断 按照上述残疾分类及标准进行诊断
		2. 父母双方	按照上述重病分类标准进行诊断 按照上述残疾分类及标准进行诊断
	父母长期服刑或强制戒毒	1. 父母一方	服刑期限或强制戒毒期限
		2. 父母双方	服刑期限或强制戒毒期限
	父母去世	1. 父母双方	去世的时间
		2. 父母一方去世、另一方无法履行抚养义务或监护职责的儿童	去世时间+无法履行抚养义务的原因
经济性困境儿童	城乡低保家庭	享受最低社会保障待遇	依照北京市最低生活保障标准

情况体现一级极重度残疾和二级重度残疾的占比较高，合计在60%之上，反映出A区生理性困境儿童的帮扶工作任务较重。在患有重病的困境儿童中，所患疾病包括先天性心脏病、慢性肾炎、发作性嗜睡、语言发育障碍等。但这些疾病情况尚未达到重病标准。

在生理性困境儿童中，最低生活保障、医疗保险和残疾补贴的覆盖率均不高，医疗保险和残疾补贴覆盖率未达到80%。在家长问卷调查中，有27名家长对承担康复费用感到比较有压力或非常有压力，有30名困境儿童存在需要康复治疗但尚未获得服务的情况。根据家长访谈的内容，阻碍康复治疗的主要原因是费用太高、交通不便和家庭人力因素。在配备矫治器具方面，在63名已配备矫治器具的困境儿童中，需要自费矫治器具的人数为12人，占比19.0%。其中，有听力障碍的困境儿童配备人工耳蜗的需求强烈，但因自费金额过万元，导致应配未配的情况发生。在学方面，残疾儿童尚未完全实现随班就读或进入特殊学校。

基于对残疾儿童照顾者的访谈数据，生理性困境儿童的支持需求有以下三方面突出特点。第一，照顾者感到日常照顾存在困难。一方面是照顾者在体力和精力上透支，希望能有日间照料服务减轻负担；另一方面是照顾者感到在照顾技能上不足。例如，在照顾患有自闭症和其他精神障碍的孩子时，感到需要专业人员的帮助和指导。第二，困境儿童及其照顾者对医疗康复的需求高，但康复费用难以负担。一些生理性困境儿童随着年龄增长病情加重，导致所需的康复和医疗费用不断增加，加剧了家庭的经济压力。第三，残疾儿童的社会交往受限，照顾者感到残疾儿童的生活较为封闭，期望孩子能够有朋辈陪伴和专业心理支持。生理性困境儿童的代表性社会支持需求表达详见表2。

表2　生理性困境儿童的代表性社会支持需求表达

支持领域	代表性支持需求表达
照顾支持	“我就是想让孩子得到国家的照顾，比如养老院这样的基地” “随着孩子长大，病情也加剧，需要全职照顾，康复和机构的费用增多了”
康复医疗	“希望有国内资深的脑外科神经科专家会诊，是否可以通过治疗缓解当前病症” “（希望）医疗费用提高报销比例，附近建立针对孩子疾病的专项机构”
社会融入	“社会对孩子不理解、不了解，希望对自闭症有正确的宣传及开展活动” “需要社会的包容和人文关怀”

生理性困境儿童及其家庭的支持主体是民政、教育、卫健部门，以及三级政府、群团组织、社会组织和爱心企业等。支持介体方面，康复救助与医疗保险覆盖率低；共青团与民政部门缺少协同；温馨家园、职康站、社会工作机构服务残疾儿童的能力与资源有限；社区服务难以覆盖生理性困境儿童及其家庭。支持客体方面，高职和大学阶段教育经济负担重；低保边缘户的困境儿童救助资源有限；学业辅导需求多但资源有限。从以上分析可以看出，生理性困境儿童及其家庭在社会支持体系方面主要呈现社会支持资源问题。

（二）社会性困境儿童社会支持现状

社会性困境儿童是指因父母重病、重残、去世、服刑、强制戒毒、长期在外打工、失联等导致有监护缺失情况的儿童。[①] 在总样本中，父母双方身体健康的仅占 51.5%，38.3%的儿童父母一方残疾或重病，10.1%的儿童父母双方残疾或重病。在家庭人员构成方面，13.7%的儿童父母一方过世，2 名儿童父母双方过世，3 名儿童父母一方失联，4 名儿童父母一方长期在外打工。

基于对 18 岁以下残疾儿童照顾者的访谈数据，社会性困境儿童的支持需求集中在以下三个方面。第一，社会性困境儿童与父母的沟通较少，容易出现抑郁情绪和自卑心理，需要心理疏导。主要照顾者也反映，随着孩子进入青春期，亲子关系更难处理，容易发生摩擦不快，希望在家庭教育的方式方法方面有学习的机会。第二，因为父母在日常生活中辅导孩子学业的能力有限，儿童和父母对学业支持帮扶、发展兴趣爱好的需求较多。尤其是考虑到儿童的升学直接关系到未来家庭的脱贫和有更好的经济条件，初三和高三的儿童家长在学习辅导上的诉求更为强烈。第三，由于父母残疾或重病，社会性困境儿童的父母较少有时间陪伴孩子拓展学习或外出娱乐。同时，很多儿童的父亲或者母亲一方承担着家庭中全部的照顾责任，无暇陪伴孩子。因

① 行红芳：《困境儿童分类保障制度建构路径探析》，《中州学刊》2016 年第 8 期。

此，访谈中有家长提到希望能有机会让孩子更多接触社会，参加实践学习，发展兴趣爱好。社会性困境儿童的代表性社会支持需求表达详见表3。

表3　社会性困境儿童的代表性社会支持需求表达

支持领域	代表性支持需求表达
心理支持	“担心孩子自尊心受挫,需要心理辅导” “心理上需要老师一对一辅导,孩子比较爱和家长对着干” “心理上,需要给孩子做做心理疏导,因为我们夫妻离异,对孩子影响大”
学业支持	“希望在孩子薄弱的学科上得到帮助,如果有公益的课程,线上也可以” “由于父母没能力照顾孩子,跟姥姥住,姥姥 80 岁了力不从心,孩子需要在学习方面给予辅导”
兴趣拓展	“孩子快要进入青春期,需要参加一些活动,能树立正确人生观,丰富生活知识” “让孩子多参加一些活动,见见世面”

社会性困境儿童及其家庭的支持主体是民政部门、三级政府、群团组织和社会组织。支持介体方面，对因贫因病监护能力有限的家庭缺少政策支持；学校和社区参与帮扶工作的程度较低；社会工作者提供心理服务和家庭干预的能力有限。支持客体方面，自卑和抑郁情绪难以排解；学业辅导和兴趣拓展需求强烈；家庭沟通问题较为普遍。从以上分析可以看出，社会性困境儿童及其家庭在社会支持体系方面主要呈现社会支持方式问题。

（三）经济性困境儿童社会支持现状

经济性困境儿童是指所在家庭接受最低生活保障救助或者父母一方或双方失业。① 以是否接受最低生活保障救助为标准，经济性困境儿童在样本中占比 75.5%。以父母一方失业或双方失业为标准，经济性困境儿童在样本中占比 68.8%。

访谈发现，社会性困境儿童和经济性困境儿童在帮扶需求上具有很大的重合性。具体而言，经济性困境儿童的社会支持体系呈现如下特点。第一，

① 行红芳:《困境儿童分类保障制度建构路径探析》,《中州学刊》2016 年第 8 期。

经济困境常与父母重病、重残和缺位有关，最低生活保障依然难以负担困境儿童及其家庭的日常开支，居住条件困难与医药费开支庞大都是常见的问题。第二，经济性困境儿童的学业支持需求随着年龄增长而更加迫切。有困境儿童的主要照顾者提出，随着儿童进入高中，家庭教育支出增多，但是相比于在义务教育阶段有“两免一补”政策支持，高中阶段的教育资助不足。第三，父母祖辈年龄增大，家庭中身体不好的家庭成员增多，家庭医疗支出增大，造成困境儿童及其照顾者在经济和心理方面的双重负担。经济性困境儿童的代表性社会支持需求表达详见表4。

表4　经济性困境儿童的代表性社会支持需求表达

支持领域	代表性支持需求表达
经济支持	“都挺糟糕的，我们俩身体不好，省吃俭用，经常去捡垃圾补贴家用，给孩子生活费” “自费药物较贵，每年各项检查用药过万，孩子爸爸失业，家庭负担比较重” “居住环境差了，由于收入少，没有固定住房，目前是与他人合租，租期到了面临搬家，再找房居住”
学业支持	“家里收入太低了，孩子在学习紧张阶段，需要补习但负担不起” “孩子现在学习需要上网，家里没有电脑，手机有时无法用于学习，有的网站看不了”
代际支持	“经济压力非常大，老人病情越来越严重” “母亲身体状况每况愈下，医疗方面需求大、压力大” “孩子父亲生病，母亲心力交瘁，感到父母健康状况越来越不好，孩子怎么办”

经济性困境儿童及其家庭的支持主体是民政、教育、卫健部门，以及三级政府、群团组织、社会组织、爱心企业等。支持介体方面，救助政策对低保户未成年人的发展性支持不足；共青团系统与民政部门缺少协同，社会救助业务办理后缺少转介服务；社区相关工作人员流动快，协同工作能力不足，政策了解不足。支持客体方面，高职和大学阶段教育经济负担重；低保边缘户的困境儿童救助资源有限；学业辅导需求多但资源有限。从以上分析可以看出，经济性困境儿童及其家庭在社会支持体系方面主要呈现社会支持范围问题。

四　加强困境儿童社会支持体系建设的对策建议

基于北京市 A 区困境儿童成长需求与社会支持现状分析，本报告提出通过以下方式加强困境儿童的社会支持体系建设。

（一）以数据库台账为基础，形成困境儿童社会支持信息共享体系

1. 建立动态信息管理机制

充分依托互联网平台，对台账中的困境儿童信息进行动态管理。从致困原因来看，社会性困境儿童的生存状况会随着社会环境与资源的变化而发生改变，既有可能变好，也有可能变得更糟。因此，系统中的困境儿童台账需要进行动态调整，如以年度为单位进行更新，脱困的儿童要退出，新产生的困境儿童要准入。

2. 建立关键信息共享机制

困境儿童的帮扶是一项系统工程，很多问题的解决需要跨部门协同。因此，困境儿童的关键信息，如身心健康状况、学业状况、监护状况、安全状况、社会保障状况等关键信息，要实现跨部门的信息共享，以提高协同帮扶效率。

3. 建立分级分类管理机制

困境儿童的现实处境与帮扶需求存在较大的个体差异，不能一概而论。因此，需要对困境儿童群体进行类型学的划分，再将相同相近的类型群体整合起来，统筹协调资源，精准施策。对于目前困境儿童分级分类的结果也应根据具体情况实施动态管理。

（二）以“一人一策”为依据，形成困境儿童社会支持协同体系

1. 区、街乡和社区三级工作网络上下协同

依托区、街乡和社区三级工作网络，形成上下联动的困境儿童精准帮扶协同体系。遵照综合协调、分类管理、分级负责、属地为主的原则，明确高

风险困境儿童协同帮扶程序，进一步理顺生理性、经济性、社会性等不同类型困境儿童精准帮扶协同机制。运用“五社联动”，即以党建为引领，以需求为导向，以社区为平台、以社会组织为载体、以社会工作者为支撑、以社区志愿者为依托、以社会慈善资源为助推，打造困境儿童精准帮扶共同体。

2. 民政部门、群团组织、社会组织、家庭、学校横向协同

强化部门协同。充分发挥群团组织自身优势，广泛开展适合困境儿童特点和需求的关爱、帮扶、维权等服务，发挥示范带动作用。广泛动员广大职工、团员青年等开展多种形式的困境儿童关爱服务，依托儿童服务指导中心，链接更多社会组织和爱心企业，加强对困境儿童及其家庭的指导和帮扶。学校是困境儿童在家庭之外活动最多的地方，学校有责任和义务针对困境儿童的心理问题进行干预。因此，应当在学校建立起相应的发现和干预机制，为困境儿童建立心理、学业档案，定期记录与跟踪困境儿童学业和心理状况。对于未上学儿童，社区应加强监测，建立起困境儿童的监测防护网。社区青年汇应成为困境儿童拓展兴趣爱好和学业辅导的阵地。从调研数据可知，困境儿童最需要的帮扶内容是拓展兴趣爱好和学业辅导，此外还有文化娱乐和人际交往，这些需求都能够在社区青年汇实现。社区青年汇要因地制宜，结合不同街乡的文化特点和资源优势，根据困境儿童的实际需要，开展有针对性的成长发展类儿童活动。困境儿童台账中的中重度风险人群，可以通过政府购买服务的方式，委托专业社会工作机构开展帮扶工作。

（三）以风险等级为标准，形成困境儿童社会支持风险管理体系

1. 强化风险等级评估的标准化建设

2024 年 1 月，民政部发布《困境儿童风险等级评估规范》行业标准的征求意见稿。困境儿童的精准帮扶工作要更加强化困境儿童评估的标准化、规范化建设。具体来讲，就是对生理性困境、经济性困境和社会性困境三类困境儿童的风险等级进行细分，并且用风险等级色进行区别。社会性困境儿童的风险明确具体的行为风险指标，针对困境儿童行为风险采取相应的干预策略。

2. 运用行业标准进行风险管理

对困境儿童数据库运用风险管理体系与方法进行精细化梳理，建立指标体系，将各类风险进行赋值及评估，使每一位困境儿童拥有一个风险等级编码，按照红色（高风险）、黄色（中高风险）、蓝色（中低风险）、绿色（低风险）进行标注。将介入行动相应地分为四类，一级高风险立即介入，二级中高风险定期介入（每月），三级中低风险定期介入（每季度），四级低风险保持关注。

困境儿童风险等级具体分为四级：一级为高风险等级（红色）；二级为中高风险等级（黄色）；三级为中低风险等级（蓝色）；四级为低风险等级（绿色）。监护风险具体分为四级。红色一级风险：监护完全缺失，风险严重，应立即介入；黄色二级风险：监护严重不足，影响儿童发展，宜定期介入；蓝色三级风险：监护存在不足，可定期介入；绿色四级风险：能正常监护，保持关注。生理风险具体分为四级。红色一级风险：生存危机或严重生理风险，应立即介入；黄色二级风险：较强生理风险，影响儿童成长，宜定期介入；蓝色三级风险：较轻生理风险，可定期介入；绿色四级风险：无明显生理风险，保持关注。行为风险具体分为四级。红色一级风险：有严重行为问题，应立即介入；黄色二级风险：有明显行为问题，宜定期介入；蓝色三级风险：有轻微行为问题，可定期介入；绿色四级风险：无明显行为问题，保持关注。

3. 将有限资源投放到高风险等级困境儿童群体

根据困境儿童的现实处境，将有限的资源投放到最需要帮扶的高风险人群，实现资源利用最大化。对中高风险等级的困境儿童实施动态监管。中高风险等级的困境儿童数量大、需求多，解决好这部分儿童的问题也就稳定住了困境儿童群体的基本面。对该群体要实施动态评估，主要针对儿童的安全处境、监护情况、身心健康状况等进行调查评估，有针对性地安排监护指导、医疗救治、心理疏导、行为矫治、法律服务、法律援助等专业服务。

B.18

北京市社会工作与公益慈善融合发展策略研究

杨荣　王悦*

摘　要：　社会工作人才作为参与基层治理的社会力量之一，在专业价值、工作方法和服务领域等方面与公益慈善事业发展有契合之处。公益慈善是完善基层治理体系，促进治理能力现代化的重要力量，是立足社区面向居民提供社会服务必不可少的形式。社会工作与公益慈善之间还存在融合路径不畅、资源共享不足、专业人才缺乏等问题。通过合作机制创新、人才双向培养、资源平台共建等方式，培育社会工作专业人才进入公益慈善领域，引导公益慈善资源进入社会工作服务，是促进社会工作与公益慈善融合发展的积极策略。

关键词：　公益慈善　社会工作　融合发展

中共中央、国务院印发《关于加强基层治理体系和治理能力现代化建设的意见》，要求发展公益慈善事业，创新社区与社会组织、社会工作者、社区志愿者、社会慈善资源的联动机制。2023 年北京市颁布的《首都社会工作专业人才队伍建设行动计划（2023 年—2025 年）》明确指出，要引导社会工作专业人才在“五社联动”中发挥专业作用，整合慈善资源。2024 年，北京市委社会工作部指出要加强社会工作人才队伍建设，致力于提升社

* 杨荣，北京工业大学社会学院教授，北京社会管理研究基地研究人员；王悦，北京工业大学北京社会管理研究基地研究人员。

会工作服务质量，促进社会公益事业的发展。北京市积极推动社会工作人才队伍建设，促进公益慈善事业发展，充分发挥专业服务和慈善资源的优势，探索融合发展的新路径。

一　北京市社会工作与公益慈善发展现状

（一）社会工作人才队伍建设发展迅速，效果明显

北京市坚持“党管人才”，将社会工作专业人才队伍建设纳入首都人才发展战略，建立了社会工作服务体系。北京市出台由18个部门、单位参加的社会工作专业人才队伍建设联席会议制度，形成了以社区社会工作为基础、“三社联动”为支撑，覆盖民生保障、心理健康、禁毒戒毒、矫治帮教、青少年事务、妇女儿童关爱等多个领域的社会工作服务体系。

北京市积极建设综合服务平台，以社会工作服务站建设为抓手，提出资源联动、专业服务和人才服务相结合的策略。同时，继续实施“优才计划”，培育社会工作专业人才，提升社会工作专业服务质量，提高社区工作者综合能力，逐渐形成社区社会工作人才体系。

北京市发挥社会工作在基层社会治理中的专业优势，优化了城乡社会服务供给。2022年，市委社会工委市民政局牵头制定《北京市社区社会工作服务目录》（以下简称《目录》），用四级目录的形式详细梳理了社区社会工作在兜底民生服务、促进城乡社区治理、突发事件应急响应等方面的服务内容和方法，健全了社区社会工作的政策依据，为社区开展社会工作提供了服务指导和参考。尤其是在实践层面，《目录》规定，社区社会工作服务主体包括落地社区的社会工作服务机构等社会组织，各类基层服务平台，具有公益服务、社会福利职能的事业单位和群团组织等。例如，三级指标“资源链接”明确指出“在党建引领下，链接企业、基金会、社会团体、社会服务机构等社会资源，为服务对象提供服务、资源和支持”，这一政策明晰公益组织作为服务主体之一的身份和作用，为公益慈善组织融入社区服务体

系提供了政策依据和渠道。

北京市建立较为完善的社会工作人才队伍建设的政策体系（见表 1）。北京市先后出台两份社会工作专业人才队伍建设规划，时间跨度为 2011~2025 年。规划明确了社会工作的内涵、服务领域、主要功能，指出社会工作人才培养的目标、层次和规模。同时，北京市出台了加快推进社会工作服务机构发展的实施意见，建立健全民办社会工作服务机构中社会工作专业人才的培养、评价、使用、流动、激励机制，落实薪酬待遇和社会保障待遇。推动民办社会工作服务机构完善职位晋升制度，建立健全职业发展体系，激励社会工作人才不断提升专业能力。

表 1　北京市在社会工作建设领域的政策文件

年份	名称	发文机构
2012	《首都中长期社会工作专业人才发展规划纲要（2011—2020 年）》	中共北京市委组织部、中共北京市委社会工作委员会、北京市民政局、北京市人力资源和社会保障局
2016	《北京市民政局关于进一步加快推进民办社会工作服务机构发展的实施意见》	北京市民政局
2016	《“北京社会工作者”徽章和宣传标识使用管理办法（试行）》	北京市民政局
2017	《北京市关于加强社会工作专业岗位开发设置与人才激励保障的实施意见》	北京市民政局
2022	《北京市社区社会工作服务目录》	中共北京市委社会工作委员会、北京市民政局
2022	《北京市政府购买社会工作服务预算管理实施细则》	中共北京市委社会工作委员会、北京市民政局、北京市财政局
2023	《首都社会工作专业人才队伍建设行动计划（2023—2025 年）》	中共北京市委社会工作委员会、北京市民政局等

（二）公益慈善站点建设逐步完善，影响力日益扩大

近年来，北京市慈善组织数量比较稳定，形成了较为完善的慈善组织体系。截至 2021 年底，北京市累计登记认定慈善组织 844 家。其中，2021 年

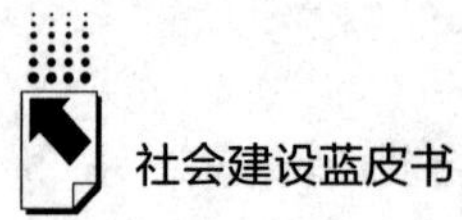

新增慈善组织22家。全市慈善组织中基金会、行业性组织、枢纽型组织和专业服务机构类型齐全，专业化程度相对较高。2021年，北京市慈善组织年度总收入达129.76亿元，年度总支出达111.31亿元，年末净资产为163.16亿元。2021年，北京市745家慈善组织共开展4354个慈善项目，项目总支出为90.01亿元。其中，超过80%投向教育、医疗卫生、扶贫与社区发展、灾害救助等领域。与此同时，北京市慈善服务内容不断丰富，逐步从助医、助老、助学、助困等传统救助领域拓展到新农村建设、法律援助、心理援助、公益项目孵化等领域，基本形成了结构合理、门类齐全、层次丰富、覆盖广泛的慈善服务体系。

北京市逐渐搭建起在市政府领导下的市、区、街道（乡镇）、社区（村）四级慈善工作体系，建立以慈善会体系为载体、基层慈善站点为骨干、慈善救助专项基金为支撑、广大捐赠站点为网络的基层慈善框架。北京市于2020年9月启动基层公益慈善试点工作，在社区（村）建设基层公益慈善站点，围绕宣传公益慈善、组织捐款捐物、帮扶困难群众、公益慈善活动、支持志愿服务等方面开展工作。截至2021年底，全市共建立起54个社区（村）慈善基层站点，累计募集互助金545万元，开展各类公益活动200余次，惠及市民7000余人次。2022年，北京市试点建设35个街道（乡镇）慈善工作站，互助互济、助力基层治理、服务居民群众。截至2022年7月底，各慈善工作站共设立“慈善互助基金”35个，基金规模达971.48万元，惠及7000余人次。截至2021年底，北京市共有社会捐赠接收站点和慈善超市2153个。截至2021年底，北京市共有慈善救助专项基金263个，慈善救助专项基金总规模达2.47亿元，累计救助39万人次。[①] 慈善分会依托北京市各区慈善协会设立街道（乡镇）慈善救助专项基金，动员辖区内社会力量参与慈善救助。以慈善会系统主导的市、区、街道（乡镇）慈善会工作体系在北京市基层慈善服务中发挥着重要作用。

① 北京市民政局慈善工作处、北京师范大学中国公益研究院：《2021北京市慈善事业发展报告》，2022年9月。

二　北京市社会工作与公益慈善融合发展的问题分析

（一）发展过程中出现“疏离现象”

在社会工作产生之初，社会工作者与志愿者保持着一种平等合作的关系，注重在社区工作场景中把个人改变和社会处境的改善相结合。但是，在随后的社会工作专业化的探寻过程中，社会工作者放弃了与志愿者的平等合作关系。[①] 后来，社会工作逐渐发展为以利他主义理念和科学方法为基础的专业助人活动，在助人机制和助人内容等方面与公益慈善渐行渐远。两者的逐渐疏离虽然使社会工作得到长期的独立发展，但这种“失联”在现阶段不利于公益慈善资源向基层下沉，也不利于社会工作在本土化过程中的发展。

（二）参与社区治理时产生“利益冲突”

社区是居民生活的基本单元，是居民之间直接交往并对其有认同感和归属感的公共空间。人们在社区中有共同的利益诉求，也容易产生情感纽带，因此在社区中开展慈善活动具有天然的优势。此外，社区作为基层社会治理的重心、社会治理的基本单元，容易成为各方产生利益纠葛甚至冲突的场所，社会治理中出现的各种问题往往集中于基层社区。

与此同时，大量繁杂事务经过各级政府堆积到社区，社区可能无暇回应并处理社区居民的诉求。由于政府层面很难妥善解决社区居民面对的实际问题，因此社区也往往欢迎各种社会资源和力量的共同参与。[②] 在调研中，部分社区慈善组织和社会工作者认为社区慈善作为政策补充，应该明确自身定位，补足政府公共服务中管不到的部分。

---

① Barck，O. T.，Lefler，H. T.，*Colonial America*，New York：Macmillan，1958，p. 35.

② 朱健刚：《论社会工作与公益慈善的合流》，《社会科学辑刊》2016 年第 4 期。

（三）提供社会服务时出现“功能重合”

公益慈善是具体的帮扶与救助，开展慈善活动需要发掘并了解帮扶对象的基本情况以实现扶危济困的慈善目的。弱势群体生活在社区，以社区基金会为代表的社区慈善组织应该深入社区、扎根基层，了解社区困难群体多样化的需求。以社区为载体开展慈善事业，不仅可以使受助对象的需求获得精准对接，而且能够有效弥补公共服务的遗漏和空白。专业社工组织同样也扎根社区并与社区慈善组织有功能重合的部分，社会工作者不仅是连接政府和社区居民的中间环节，也是连接慈善资源和社区居民的桥梁。社会工作是开展社区慈善必不可少的支持手段，社会工作者可以用专业方法开展社区公益活动并为社区居民提供多样化的服务。两者的重合不利于资源的充分利用，既弱化了慈善扶贫济困，又未能充分实现社会工作助人自助的目的。

三 北京市社会工作与公益慈善融合发展策略

（一）公益慈善吸纳社会工作者

社区慈善需要跨界融合首先体现在人才的供需不平衡上。近年来，北京市慈善事业发展已经有了较好的基础，在未来的发展中，如何更好地利用慈善资源，让更多民众享受第三次分配的成果是发挥基层慈善功能的重要方向。北京市慈善组织需要整合慈善资源，发掘社区居民的正式需求并将慈善资源与民众需求相结合，因此公益慈善需要大量社会工作专业人才的支持，但是公益慈善与社会工作分立发展的局面加剧了大量专业的社工人才无用武之地的窘境。2022 年，《北京市政府购买社会工作服务预算管理实施细则》中明确要求，购买主体或第三方评估机构应根据项目实际情况组建评估团队，其中，应配备取得中级以上社会工作者职业水平证书或受过硕士研究生及以上社会工作专业教育，且具有 3 年以上相关社会工作实务经验的人员。

这说明，公益慈善组织要储备社会工作专业人员才能参与此类政府购买服务项目。

北京市志愿者规模不断扩大。截至2022年底，在“志愿北京”信息平台累计注册志愿者458.13万人，志愿服务组织（团体）为77574家，累计发布志愿服务项目超60万个，累计志愿服务时间超6亿小时。[①] 志愿服务内容更加多样化，主要内容包括赛会服务、应急救援、文化教育、关爱服务、社区服务、绿色环保等多种类型。

2022年，北京市慈善信托无论是在数量还是质量上都实现了突破性发展，慈善信托规划向长期化发展，服务保障呈现专业化趋势，项目聚焦国家所需和民生所盼。截至2022年底，北京市民政局备案的慈善信托财产总规模为6.26亿元，相较2021年底的3.77亿元，增长66.05%。从慈善信托项目开展来看，2022年，北京市慈善信托共资助慈善项目59个，总支出4435.66万元，八成以上的慈善项目支出规模在1万~100万元，项目地域聚焦北京本地及对口扶贫协作省份，包括甘肃、内蒙古、安徽、福建等。项目的覆盖领域以助学助教和乡村振兴为主，同时也包括大病救助、养老服务等。[②]

近年来，北京市公益慈善发展迅速，对公益慈善相关人才有较大需求，但囿于我国公益慈善类学科建设存在一定的空白，人才的匮乏成为公益慈善发展的瓶颈。

（二）社工人才需要拓宽职业发展路径

北京市公益慈善事业不断发展并需要吸纳专业人才的同时，专业社会工作人才逐年增加，但社工人才队伍建设却面临培养增加与流失严重的尴尬局面。2022年，全国共有16.5万人通过助理社会工作师考试，2.8万人通过社会工作师考试。截至2022年底，全国持证社会工作者共93.1万人，其中

① 《2022年度北京市志愿服务信息统计报告》，北京市民政局网站，https://mzj.beijing.gov.cn/art/2023/2/13/art_371_639110.html。

② 北京师范大学中国公益研究院：《北京市慈善信托2022年度分析报告》，2023年9月。

助理社会工作师72.5万人，社会工作师20.4万人。①

围绕社会工作人才队伍建设，《首都社会工作专业人才队伍建设行动计划（2023—2025年）》提出要提升社会工作专业人才队伍能力素质，到2025年，全市社会工作专业人才达到10万人，取得社会工作者职业水平证书的人数达到6万人。北京市民政局的数据显示，2016年以来，北京市社会工作师和助理社会工作师报考人数逐年攀升，持证社工人数不断增加，截至2022年12月，全市共有社工机构960家、专业社工人才7.96万人，其中持证社工3.91万人，全市社工队伍不断扩大。② 除此之外，北京市各大高校每年也源源不断向社会输送社会工作专业人才，因此，北京市社会工作人才市场潜力较大。

通过实地走访调查，我们发现北京市社区社会工作者的职业流动比较频繁，这与社会工作岗位面对的工作内容、薪资、激励等有关。研究显示，目前社会工作行业的离职率普遍接近或已超过20%。③ 较高的离职率给社会工作专业服务与基层治理带来一定的挑战。社会工作专业人才队伍建设是促进社会工作发展及创新社会治理的内在要求，中国社会工作进入高质量发展时期，人才队伍的稳定是社会工作发展的重要基础。近年来，司法、民政、共青团等相关部门在社会工作专业岗位开发设置与人才激励保障方面进行探索，但总体来看，岗位覆盖领域较窄、人才激励保障措施仍然不够完善。④ 社会工作毕业生及从业者需要更多的就业机会及就业保障，基层慈善的发展需要专业社工人才投身其中。

（三）公益慈善为社会工作注入发展动力

我国慈善机构筹集善款的渠道主要有：慈善基金；接受个人、法人及其

① 中华人民共和国民政部：《2022年民政事业发展统计公报》，2023年10月13日。

② 胡子傲：《北京已有专业社工近八万人！优秀社工名单出炉》，https://baijiahao.baidu.com/s?id=1760970378812718171&wfr=spider&for=pc。

③ 胡荣、石柏林：《工作支持对社会工作者离职意愿的影响研究——基于“中国社会工作动态调查”（CSWLS2019）的实证分析》，《华东理工大学学报》（社会科学版）2022年第3期。

④ 北京市民政局：《北京市关于加强社会工作专业岗位开发设置与人才激励保障的实施意见》，http://mzj.beijing.gov.cn/art/2017/11/3/art_9366_26344.html。

他组织的捐赠；接受国际及港澳台地区民间组织和个人的捐赠；接受民政部、政府有关部门的项目拨款及中国社会福利有奖募捐委员会的彩票收入；兴办和经营符合宗旨的经济实体；组织义演、义卖、义展等多种形式的社会募捐活动等。[①] 北京市基层慈善组织每年接受来自社会各界的捐款，2022年，全市慈善组织接受社会捐赠达130亿元，截至2022年底，全市慈善组织总资产增至160亿元，慈善组织从业人员达5600余人，其中专职工作者有3300余人。[②]

公益慈善组织可以通过项目运作机制与社会工作相融合，当前社区基金会等社区慈善组织大多以项目为载体，通过资助公益项目来发挥自身功能。一方面，社区慈善组织可以在了解社区居民需求的情况下通过自主设立项目或资助社区项目，购买社工服务来回应社区的具体问题，以提供精准化的专业服务和援助；另一方面，社区慈善组织要在明确发展方向和工作内容的基础上，积极追求与其他社会组织的合作，通过争取外部的项目来缓解资金短缺问题。在对北京市公益慈善组织的调研中发现，社区慈善组织采用“双轮驱动”的模式，推动社会工作发展，积极与其他社会力量合作交流，资助公益项目、培育社区组织，用“资助培育+社工服务”的“双支撑”模式推动“五社联动”，形成社区公益生态圈。公益慈善组织在开展服务过程中，内部管理是否规范、组织内部社会工作专业人才任职情况、工作形式项目化程度等都是影响公益慈善组织发展的重要因素。还有一些专门领域的慈善组织直接通过社会工作者提供服务与救助，比如2010年注册成立的北京春苗慈善基金会，将机构筹款与社工服务的过程分开，保证了社工服务能够贴近患者的真实需求。

慈善组织也可以直接对社会工作服务机构进行资助。近年来，北京市部分企业基金会等社会力量加大了对社会工作领域的支持力度，从资金、技术及平台等多个维度，助力一线社会工作服务机构和从业者发展。比如，北京

---

① 朱力：《起步中的中国慈善事业》，《南京社会科学》2000年第12期。

② 《以“十善”兴“首善”共绘“慈善北京”时代画卷》，https：//www.xepaper.com/bjsqb/html/2023-09/14/node_ 139625.htm。

字节跳动公益基金会2022年启动的社会工作公益创投计划，通过设立社会工作发展专项基金、开展社会工作创投的方式支持北京市社会工作服务机构。除此之外，2023年，由腾讯公益慈善基金会捐赠资助的“五社联动·家园助力站”社区养老公益模式创新项目在北京的15个社区开展试点，由符合条件的社会组织实施，许多社会工作服务机构也因此有机会参与到社区养老服务项目的实施过程中。

街道（乡镇）慈善工作站通过对接社会工作服务机构为辖区内的居民提供服务，公益慈善资源与社会工作的合作激发了二者的活力。比如，北京市海淀区东升镇慈善工作站就与社会工作服务机构合作，共同开展公益活动。

融合发展只有通过融合并在此基础上才能实现。社会工作者融入社区是社会工作者参与社区治理的关键一步，在这一过程中需要社工组织主动采取相应的行动策略。基层慈善组织的资金和项目可以有效为社工组织提供帮助，社会工作与社区慈善组织合作能够有效解决社工组织现阶段的发展困境。2019年以来，民政部积极推动基层治理的“五社联动”机制，以社区为平台、社会工作者为支撑、社区社会组织为载体、社区志愿者为依托、社会公益慈善资源为补充，强化协同推进，发挥联动效应。以社区基金会为代表的慈善组织在社区服务的资金供给和服务供给方面发挥了重要作用，慈善组织能够综合性运用“五社联动”的资源链接功能整合社会慈善资源、发掘和培育社区志愿者，驱动社工组织开展项目。慈善资源与社会工作者是“五社联动”的两个重要部分，慈善组织可以调动社会慈善资源，社会工作者通过与社区居民的直接接触将资源直接运用到居民所需的社区服务中，通过专业化来提供精准化的服务，满足居民多样化的需求。

（四）社会工作为公益慈善赋能

无论是慈善组织内的社会工作者还是社区和社工机构的社会工作者，他们都可以在公益慈善的发展中扮演重要的角色。首先，慈善组织的培育需要社会工作者对其进行赋能，发展组织独立生存的基本能力；其次，慈善组织的运营需要专业社会工作者提供技术支持，在评估社区需求、策划社区公益慈善项目等方面，社会工作者具有专业优势。加强专业人才培养，加快培养慈善事业发展急需的理论研究、项目实施和专业服务等人才。通过高等职业教育、海内外研修培训等多种形式，不断提高慈善事业从业人员的专业水平、服务能力和综合素质，逐步建立健全以慈善事业从业人员职称评定、信用记录、社会保险等为主要内容的人力资源管理体系，打造一支职业素质优良、结构合理、具有奉献精神的慈善专业人才队伍。

（五）增强公益慈善组织内部治理能力

建立健全以章程为核心的各项规章制度，健全理事会、监事会制度，完善法人治理结构，恪守民间性、公益性、非营利性原则。以政府购买社会工作服务为杠杆，发挥市场配置资源的决定性作用，促进公益慈善服务机构提升战略谋划、项目运作、资源整合、创新发展和组织管理能力。主动拓宽资金来源，积极争取社会各界资助，增强自身造血功能及提升资金计划、分配与使用的规范性和透明度。培养一批具有社会使命感、掌握现代组织管理知识、拥有社会工作专业能力的公益慈善管理人才。

养老服务篇

B.19
北京市养老助餐服务发展分析报告*

王 敏　薛文慧**

摘　要：　老有所养是重大民生工程之一，大力发展养老助餐服务是支持居家社区养老、提升老年人幸福感和增进老年人福祉的重要措施。北京市作为全国政治、经济、文化中心，在养老助餐领域起步较早、体系较为完善、覆盖范围较广，发挥了良好的带头示范作用。本报告在总结十余年来北京养老助餐服务成就的基础上，系统分析这一民生政策实践当前及可持续发展面临的限制与难题，并对政策进行反思：进一步探索助餐机构持续运营的财务机制；进一步打通配送“最后一公里”，实现服务真正落地；强调多元协同、资源整合。

关键词：　养老助餐　居家养老　北京

* 本文系北京社会科学基金决策咨询项目重大项目“北京扩大不同社会群体消费的政策选择研究”的阶段性成果。

** 王敏，管理学博士，北京工业大学社会学系副教授，北京社会管理研究基地研究员，研究方向为社会保障、社会建设与社会治理；薛文慧，北京工业大学社会管理研究基地研究人员。

一　引言

“老有所养”是重大民生工程之一，大力发展养老助餐服务是支持居家社区养老、提升老年人幸福感和增进老年人福祉的重要措施。截至2022年底，北京共有户籍老年人口414万，占户籍总人口的29%。[①] 随着老年人口基数增加和规模扩大，养老问题已成为全社会关注的焦点与热点问题。北京作为中国老龄化程度不断加深的超大城市，家庭空巢化、少子化趋势上升，高龄、失能、失智、独居老人的数量持续增加，养老助餐服务成为最紧要的居家社区养老服务需求之一。北京在养老助餐领域起步较早、体系较为完善、覆盖范围较广，能够发挥良好的带头示范作用。为贯彻落实党中央、国务院决策部署，自2009年起北京市将养老助餐服务工作纳入市政府重要民生实事项目，解决老年人的吃饭问题被纳入政策考量。北京大力发展养老助餐点，重点解决高龄、失能等行动不便老年人的用餐问题，提出积极发展养老机构网点辐射供、社会餐饮企业分散供、集体用餐配送单位连锁供、老年餐桌补充供等多元化助餐方式。本报告综合运用政策文本分析及实地调研等方法，系统总结北京十余年来在养老助餐领域的经验，并对其可持续发展进行研判。

二　北京市养老助餐服务基本情况

（一）北京市养老助餐点分布情况

截至2024年1月，北京全市共建成养老助餐点1772家，按照运营主体划分为两大类：一类是社区自主经营类，包括养老服务机构、老年餐桌和企

① 北京市老龄工作委员会办公室、北京市老龄协会、北京师范大学中国公益研究院：《北京市老龄事业发展报告（2022）》，2023年10月23日。

事业单位内部食堂；另一类是政府委托企业经营类，主要为社会餐饮企业。在1772家养老助餐点中，养老服务机构为1246家、社会餐饮企业为341家、老年餐桌和企事业单位内部食堂为185家，占比分别是70%、19%、11%（见图1），覆盖4988个城乡社区280余万人，致力于缓解老年人“做饭难”与“吃饭难”的两大难题。

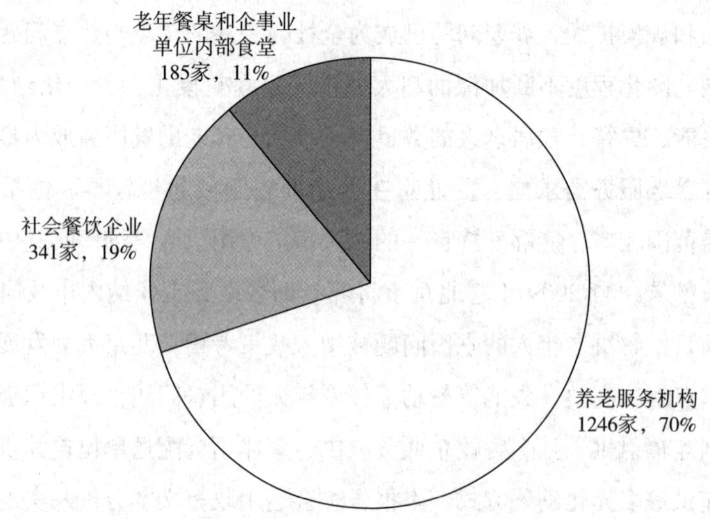

图1　北京市养老助餐点类型分布

资料来源：北京养老服务网，数据截至2024年1月。

从北京市养老助餐点的各区分布情况来看，截至2024年1月，西城区共建设243家养老助餐点，位居第一，占比达到14%；通州区（191家）、朝阳区（188家）、海淀区（157家）、丰台区（137家）和顺义区（129家）紧随其后位列第二至第六，所占比例分别是11%、11%、9%、8%、7%；延庆区（106家）、昌平区（102家）和东城区（100家）拥有的养老助餐点数量在100~110家，所占比例均为6%（见图2）。总的来看，越靠近北京市核心功能区和老年人所占比例越高的区域，养老助餐点的数量也就越多。

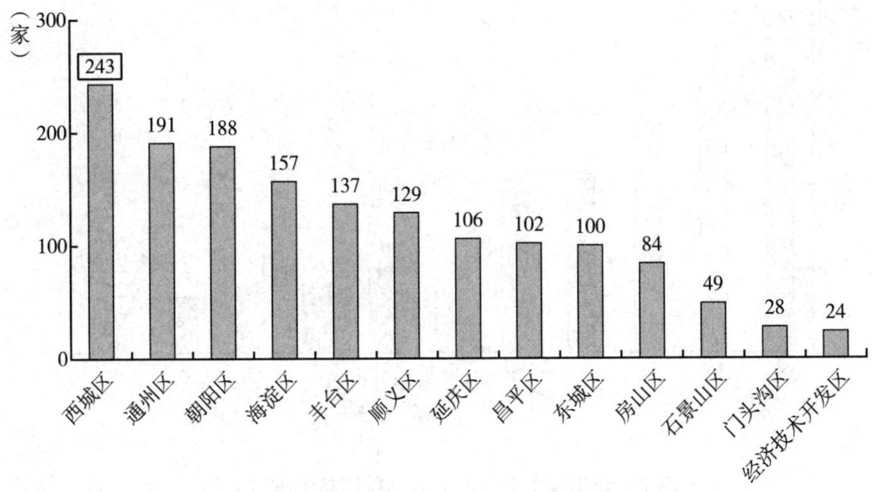

图 2　北京市养老助餐点区域分布

注：在北京市养老助餐点的统计中，有 234 家不便分类的未展示在图 2 中。

资料来源：北京养老服务网，数据截至 2024 年 1 月。

（二）北京市老年人养老助餐需求状况

2024 年北京市统计局面向全市 60 岁及以上的 1152 名老年居民开展调研，了解养老助餐服务发展现状及居民需求，主要针对养老助餐需求量、选择助餐点的主要因素、就餐方式和就餐距离等方面。调研显示，55.1%的被访者表示有养老助餐需求，其中“偶尔需要”及“有时需要”的被访者合计约占四成（39.3%），“经常需要”及“非常需要”合计占比不到两成（15.8%），便利性和性价比是被访者选择养老助餐服务的主要因素；当问及“主要关心养老助餐服务的哪些方面”时，被访者表示主要关注养老助餐服务的食品卫生（74.6%）、就餐距离（59.5%）、菜品定价（48.3%）、菜品口味（47.2%）、营养搭配（41.1%）等方面（见图 3）；有养老助餐服务需求的被访者中，97.6%表示希望就餐距离（步行）在 15 分钟以内；在就餐方式方面，53.9%的被访者期望送餐上门，23.4%的被访者期望固定点自取回家就餐，21.5%的被访者期望堂食用餐。

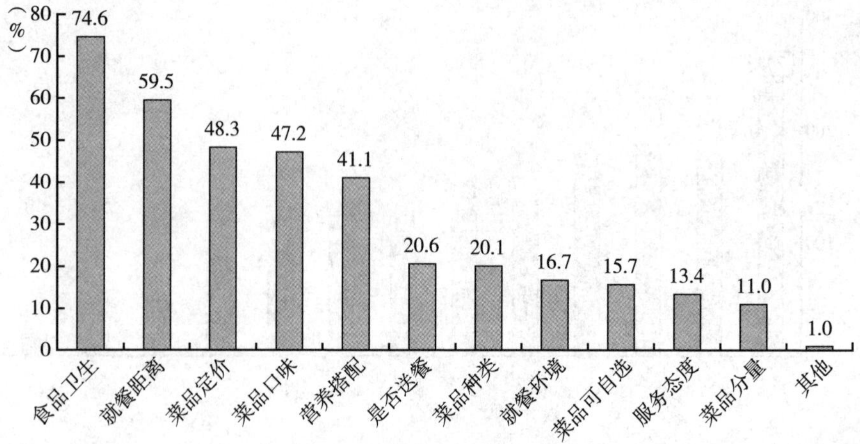

图3　老年人主要关心养老助餐服务的哪些方面

资料来源：北京市统计局。

（三）北京市养老助餐政策的演变

通过对北京市养老助餐政策文本（见表1）进行分析，可以看出北京市政策内容大致经历了四个方面的变化。①覆盖群体扩大化：近几年，北京市养老助餐重点服务人群是三大保障群体，在此基础上再兼顾一般保障群体的需求，由特殊老年人群体扩大至全部老年人。②补贴制度精准化：北京近年来逐步改变补贴方式，将向养老助餐点发放的一次性、单向补贴转变为老年人就餐补贴和助餐点运营补贴相结合的持续性双向补贴。同时，提出给予城区和农村养老驿站一定的补贴。③发展模式多元化：各区养老助餐，从最初市级层面对各区发展模式做出具体规定，转变为各区对众多模式自由组合，发展多元化的助餐方式。④助餐方式智慧化：政府统一搭建集供需匹配、多元支付、统一台账、实时监督等功能于一体的养老助餐平台——北京养老服务网及小程序，将科技手段应用于老年人养老助餐的实际生活中，线上、线下双管齐下助力养老助餐的持久性运营。

表 1　北京市养老助餐相关文件

发布时间	文件名称	发文主体	政策文本
2009 年 11 月	《北京市市民居家养老（助残）服务（"九养"）办法》	北京市民政局、北京市残联	建立城乡社区（村）养老（助残）餐桌。利用城乡社区公益性用房、单位内部设施、居民空闲房屋等社会资源建立养老（助残）餐桌。 采取政府适度补助租金、项目补贴等方式引导社会力量参与，由各级居家养老（助残）服务工作主管部门，选择有资质且具有一定规模的品牌餐饮企业提供社区餐饮服务
2015 年 9 月	《关于 2015 年开展养老助餐服务体系试点建设工作的通知》	北京市民政局、北京市财政局、北京市老龄工作委员会办公室	拟在东城、西城、朝阳、海淀、丰台、石景山、房山、顺义 8 个区开展养老助餐服务体系试点建设工作，满足老年人就餐、配餐、送餐的需求，市级给予每个试点区一次性项目补助支持
2016 年 10 月	《关于贯彻落实〈北京市居家养老服务条例〉的实施意见》	北京市人民政府办公厅	科学布局，按需设点，构建"中央厨房配送+社区配送+集中就餐"服务体系。通过养老照料中心、社区养老服务驿站向区域内老年人提供助餐服务，引导单位食堂向周边社区老年人开放，引进专业餐饮企业建立区域集中配餐中心等方式。采取政府购买服务的方式，建立特殊困难老年人用餐服务补贴制度
2017 年 4 月	《北京市"十三五"时期老龄事业发展规划》	北京市人民政府	支持餐饮企业、养老机构、养老照料中心、社区养老服务驿站、专业送餐机构和单位内部食堂，通过开设老年餐桌、"中央厨房配送+社区配送+集中就餐"等方式，为社区居家老年人提供餐饮服务
2018 年 10 月	《关于加强老年人照顾服务完善养老体系的实施意见》	北京市人民政府办公厅	推进老年餐饮服务的科学规划与布局，在老年人需求较为集中的区域，支持养老服务单位、居（村）委会等积极发展符合老年膳食营养标准的老年餐饮服务，构建"集体用餐配送单位配送+社区配送+集中就餐"服务体系，多渠道满足老年人餐饮服务需求
2019 年 1 月	《关于进一步加强老年人助餐配餐服务工作的意见》	北京市民政局	着力解决三类保障群体特色供餐、就近用餐、营养配餐的需求。同时，为有需求的广大老年人全覆盖提供健康优惠餐食。 统筹考虑地区人口密度、老年人口分布状况、用餐服务需求、服务半径、养老服务驿站分布等因素，由各区政府主导，统一规划老年餐桌的布局设置

续表

发布时间	文件名称	发文主体	政策文本
2020年5月	《关于加快推进养老服务发展的实施方案》	北京市人民政府办公厅	加强老年助餐体系建设。拓宽社会资本参与老年助餐体系建设渠道。经各区民政部门备案的社会餐饮企业,视同社区养老服务驿站享受助餐服务流量补贴
2022年3月	《关于提升北京市养老助餐服务管理水平的实施意见》	北京市民政局、北京市财政局、北京市商务局等五部门	坚持"政府引导、社会化运营、属地责任、公益属性、多元支撑、综合监管"原则,重点满足失能、失智、高龄等确实不具备做饭能力老年人的助餐服务需求,兼顾满足其他老年人就餐的便利性、多样性
2023年11月	《关于完善北京市养老服务体系的实施意见》	北京市人民政府办公厅	发挥街道(乡镇)区域养老服务中心助餐主渠道作用,积极发展养老机构网点辐射供、社会餐饮企业分散供、集体用餐配送单位连锁供、老年餐桌补充供等多元化助餐方式。 强化养老助餐信息化支撑,实现供需精准匹配、动态无感监管和补贴精准发放
2023年12月	《北京市加快养老助餐服务发展的工作方案》	北京市民政局、北京市财政局、北京市农业农村局等五部门	推行"集中配送+社区助餐"服务模式,建立老年餐集中配送机制与服务网络,实现每个街道(乡镇)至少对应1个老年餐集中配送中心

资料来源:北京市人民政府门户网站。

1. 覆盖群体扩大化

北京市最早有关养老助餐(助残)的政策可以追溯到2009年《北京市市民居家养老(助残)服务("九养")办法》,养老餐桌的基本服务对象是老年人(残疾人),为他们提供配餐、就餐、送餐服务。2015年,北京市首个关于养老助餐服务建设的政策《关于2015年开展养老助餐服务体系试点建设工作的通知》中对养老助餐服务的重点服务群体进行了精准定义,具体是指生活窘迫、经济困难的孤寡、失能、高龄等老年人,有条件的可以拓宽政府购买助餐服务的领域和范围,覆盖更广的老年人群体。2019年1月发布的《关于进一步加强老年人助餐配餐服务工作的意见》进一步确定养老助餐的重点服务人群为三类保障群体,另外需要兼顾一般保障群体的需求。由此可以看出，从最初为老年人（残疾人）提供配餐、就餐、送餐服务，到为重点服务人群提供养老助餐服务，再到明确具体服务人群包括保障群体乃至老年人口全覆盖，养老助餐的目标群体一直在扩展。

2. 补贴制度精准化

《关于2015年开展养老助餐试点建设工作的通知》提出北京市开展养老助餐服务体系的试点工作，被选中的试点区域北京市给予一次性项目补助；2017年4月，北京市“十三五”老龄事业规划提出政府通过购买服务的方式为社会餐饮企业和基层社区（乡村）提供改造设施、送餐服务、购买设备等补助；2020年5月开始，各区民政部门备案的社会餐饮企业可享受助餐服务流量补贴，流量补贴的基本原则是“服务越多、补助越多”，以此来激发养老助餐点的发展积极性；2022年3月，北京市民政局等发布《关于提升北京市养老助餐服务管理水平的实施意见》，将补贴拓展至供需双方，对养老服务对象在养老助餐点获取午餐或晚餐的，给予每天5元的就餐补贴；对为北京常住居家养老的老年人提供午餐或晚餐服务的养老助餐点，给予每天3元的运营补贴，不限于基本服务对象。同时，《北京市社区养老服务驿站运营扶持办法》中规定给予城区和农村驿站相关补贴：城区按照实际签约服务的基本养老服务对象人数给予补贴，每人每月180元；农村驿站服务人数超过80人的，按照城区驿站方法补贴；实际人数少于80人的，给予驿站一次性补贴1.4万元。补贴制度从补供方到供需双方，补贴内容既包括一次性补贴，也包括“补人头”的运营补贴，制度精准化，着眼于北京养老助餐模式的持续运营。

3. 发展模式多元化

《关于2015年开展养老助餐试点建设工作的通知》提出在北京市8个试点区开展养老助餐服务体系试点建设工作，首次对各区养老助餐发展模式进行了更具体和细节化的规定；2016年10月，《关于贯彻落实〈北京市居家养老服务条例〉的实施意见》对养老助餐建设试点区域进行调整，将石景山区、房山区、顺义区调整为政府主导建设“中央厨房+社区助餐点”的模式，其余五区继续维持2015年的推广模式；2023年11月，北京市人民政府办公厅印发《关于完善北京市养老服务体系的实施意见》（以下简称《实施意见》），提出健全养老助餐服务体系，发挥街道（乡镇）区域养老服务中心助餐主渠道作用，积极发展养老机构网点辐射供、社会餐饮企业分散供、集体用餐配送单位连锁供、老年餐桌补充供等多元化助餐方式。养老助餐发展模式逐步多样化，在市级层面统筹下，各区充分发挥自主性，打造专业、亲民的养老助餐品牌，吸引更多老年人口用餐。

4.助餐方式智慧化

2022 年 3 月，《关于提升北京市养老助餐服务管理水平的实施意见》在养老助餐点供餐方面，主张开辟养老助餐服务专区，对养老助餐点进行规范管理，推广数字化助餐服务模式，引导和鼓励老年人及其家庭照护人通过社会化平台点餐、订餐；2023 年 11 月，《实施意见》提出强化养老助餐信息化支撑，实现供需精准匹配、动态无感监管和补贴精准发放；2023 年 12 月，《北京市加快养老助餐服务发展的工作方案》提出依托北京养老服务网，推进养老助餐服务数字化，丰富老年人居家用餐选择，支持为老年人配餐送餐，实现精准匹配。老年人及家属可通过北京养老服务网及其小程序订餐，养老助餐点通过工作人员、志愿服务队伍或其他市场化方式提供送餐服务，打通线下线上支付渠道，实现养老助餐支付方式多元化。

三　北京市养老助餐模式发展现状

（一）养老机构网点辐射供

北京市各区主要依托养老照料中心、社区养老服务驿站等养老服务机构开展助餐服务，在所有养老助餐点中的占比达到 70%，是所有运营主体中占比最高的。社区养老服务驿站和养老照料中心为老年人提供助餐、助浴、助洁、助医、助行等 20 多类服务，养老助餐只是其中一项服务，为周边社区老年人提供价格适中、符合口味、方便快捷的餐食。

在养老机构网点供餐模式中，北京部分乡镇积极探索适合本地的供给模式。以大兴区采育镇为例，该镇位于大兴区东南部，是农业大镇，全镇现有60岁及以上老年人10600人，占比达19.5%，养老需求日益凸显。采育镇将养老工作作为重要民生工程，以养老助餐服务为突破口，通过“小早点”链接“小驿站”、托起“大民生”，推进养老服务联合体建设，完善“15分钟养老服务圈”，为破解农村养老难题做出有益探索。该镇形成的采育模式，即党建引领、政府主导、第三方运营，形成了“连锁运营+品牌管理”的专业规模化运营模式。采育镇对70周岁及以上老年人实行餐费补贴，每餐镇级补助2元，村级补助4元。此外，依托养老助餐，采育镇还为村里老年人提供了部分工作岗位，每个村为养老驿站配备的分餐员均是本村村民，共解决当地近50位村民的就业问题。大兴区其余各镇街落地实施的助餐服务中，采育模式作为成功推广的持续运营模式也将得到更多检验。

（二）社会餐饮企业分散供

社会餐饮企业主要解决老年人吃饭的丰富性问题，老字号的社会餐饮企业不仅担起了社会责任，也通过推出符合自身发展特点的优惠措施，找到社会效益和经济效益之间的结合点。社会餐饮企业参与养老助餐服务供给，只有平衡好社会效益和经济效益，充分调动市场主体和社会力量共同参与，才能实现“政府、企业、社会”三方共赢的局面。积极应对人口老龄化已成为国家战略，老字号社会餐饮企业参与老年助餐服务，既树立了良好的企业形象，也承担了一定的社会责任，让北京这座城市的老年人口感受到暖心服务。

以西城区为例，西城区养老助餐模式一大品牌是父母食堂。“西城区父母食堂”是西城区养老助餐服务的总体品牌，各类养老助餐点统一以“父母食堂”品牌对外经营，2022年9月将58家养老驿站和部分养老助餐点整合升级为“父母食堂”，2023年又开启了“父母食堂2.0时代”，养老助餐点一方面在数量上持续增加，另一方面多方社会力量助推品质升级。“父母食堂”聚焦服务对象、核心需求、服务内容、受众规模、年龄层次、口味偏好、价格等因素，从加大政策支持、提升服务品质、强化品牌宣传的多方面发力。位于德胜街道的和合谷、护国寺小吃、庆丰包子铺、玉华台饭庄等8家餐饮单位挂牌“西城区父母食堂”的标识，60岁及以上的老年人持养老助残卡即可享受就餐优惠。

（三）集体用餐配送单位连锁供

各街道（乡镇）科学布局养老助餐集中配送中心，优化“中央厨房加工分装—热链配送至助餐点—志愿者分送到户”全链条服务流程，解决了助餐服务“最后一公里”的问题，打造和完善了“15分钟养老服务圈”。[①]有能力、有资金支持的街道，建设包括“中央厨房”在内的集体用餐配送单位连锁供应模式，不仅满足了标准化生产、规范化管理、工艺技术稳定等需要，更是实现助餐点规模经济效益的重要途径，以此助力养老助餐可持续运营与发展。

以海淀区西三旗街道为例，街道下辖28个社区，共有60岁及以上老年人口3.2万余人，占街道总人口的19%。西三旗街道针对老年人做饭愁、吃饭难突出问题，在分析辖区老年人口规模、分布状况、服务需求、社区助餐服务能力、存在困难等基础上，探索构建了以街道为单元的助餐服务体系。街道在前期深入调研后，组建了一支“专业团队+社会组织+社区+志愿者”的养老助餐服务团队，实现助餐服务网点区域全覆盖。西三旗养老助餐中央厨房委托“曜阳养老”品牌旗下的北京慈汇佳养老服务有限公司运营管理，面向28个社区的老年人提供集中配送餐服务；同步开展了“中央厨房+社区助餐服务网点+配餐/送餐入户”的多层次社区养老助餐服务体系建设。

除以上三种模式外，还有补充供应模式——老年餐桌。特指在偏远的街道和社区，或由于不具备设立养老驿站和养老照料中心标准，或由于机构不具备现场制作的能力而产生的单独助餐选项，专门设立只具备分餐功能的老年餐桌，不具备制餐、用餐功能。

---

① 林菡卿：《中式餐饮连锁企业构建中央厨房的困境与对策》，《岳阳职业技术学院学报》2013年第6期。

四　北京市养老助餐服务发展面临的问题

（一）财务可持续问题突出

现阶段北京市各区在养老助餐模式下，不同程度运用了各种补贴政策和手段，但大部分助餐点依然达不到收支平衡或盈利。在调研中发现，部分社区养老驿站将助餐作为引流的重要方式，目标在于让辖区老人更熟悉驿站、充分运用养老驿站提供的其他养老服务，希望以多元服务供给盘活驿站，而不强调助餐业务的盈利效果。养老助餐点的运行存在两个难以调和的矛盾。①扩大经营规模与瞄准刚需群体之间的冲突。对市场运营主体而言，薄利多销是一种盈利的正确方式，用餐需求量越大利润越大，如果低于一定的数量利润空间会被大幅压缩。养老助餐作为兜底性保障政策，服务对象包括困境老年人群体和基本养老服务对象，兼顾一般群体的就餐需求，而老年人用餐的定价往往很难实现运营点收支平衡，因此，将就餐规模扩大到一般群体，区分不同服务群体的差异化定价策略成为很多助餐点持续运营的重要保障。在实际运行中，瞄准政策目标群体在一定程度上也限制了就餐规模的扩大，部分助餐点也面临积极拓宽市场就餐对象的难题。②政府补贴是否可持续的问题。政府期望以补贴的方式弥合社会公益性和市场营利性之间的张力，然而各区政府财政能力显然是有限的，且各区之间的财政负担能力也存在差异。一方面补贴的有限性与第三方扩大规模的需求相冲突，另一方面也很难做到常态化、持续性补贴。养老助餐点盈利低、人工成本高、收支难以平衡，成为持续发展过程中面临的最大问题。

（二）各种供给模式优缺点并存

北京市积极发展“服务平台集成供、养老服务机构网点辐射供、社会餐饮企业分散供、中央厨房等集体用餐配送单位连锁供、老年餐桌补充供”等多元化助餐方式，但各种模式也各自面临不同的优势和问题。养老服务机构的优势在于嵌入社区，对服务对象比较了解和熟悉，服务供给的满意度相对较高，但助餐往往作为重要的引流方式，只是服务内容之一，相对缺乏餐饮服务的专业性，且服务辐射对象有限；社会餐饮企业的优势在于提高老年餐丰富程度，但是监管机制可能相对难以落实。中央厨房的核心竞争力是通过集中规模性的采购、集约生产来实现产出的规模效益，通过降低生产成本、完备的食品卫生管理以及专门的营养配餐技术等，保证提供高品质、稳定安全的商品。但同时也存在建造成本高、投入人力多、前期花费高等难点，因此只有部分中心城区街道推广了中央厨房供给模式。另外，北京市农村地区养老助餐点不充足，只能覆盖有限的农村地区和居民，中央厨房供给模式在农村社区实施难度大，需要探索适应农村地区的养老助餐模式。老年餐桌最大的优点就是可以延伸至其他养老助餐点覆盖不到的社区，作为补充性供应点让所有老年人享受助餐服务，但是老年餐桌不具备制餐能力，功能性较弱。

（三）政策目标、运行逻辑和解决路径有待进一步厘清

政府掌握社会资源，社区具备动员能力，而企业则是最具有活力的主体。从协同治理的视角来看，三者责任边界分明，有利于养老助餐服务效能充分发挥。[①] 养老助餐服务是一种公益性、福利性的居家社区养老服务之一，在推行过程中，政府着眼的是兜底老年弱势群体的福利，社区考虑的是提升居民的幸福感，企业考虑的是获取经营利润，三者存在目标导向差异。将政府和市场放置到实际养老助餐点情境中发现，在北京的政策导向下，给予社会餐饮企业的自主性并不大，市场主导的养老助餐点仅占全部养老助餐点的19%。此外，政府对养老助餐的实施细则做出了一系列具体规定，社会餐饮企业即使被纳入养老助餐点，介入程度和自主程度也相对较弱。因此，需要进一步明确养老助餐服务的政策目标，才能厘清政策运行的底层逻

① 钟慧澜：《理论融合视阈下的城市社区老年助餐多元供给研究——以上海个案为例》，《兰州大学学报》（社会科学版）2017年第5期。

辑，是着眼于兜底还是老年人群甚至是一般人群普享福利，目标不同，解决的路径和依靠的主体也不同。

（四）运营过程面临其他问题及风险

养老助餐点运营过程中面临的风险问题主要包括两个方面：首先是老年人到养老助餐点用餐的风险，如果老年人身边无子女陪伴，需要考虑到老年人去助餐点路途中可能出现的意外情况；其次是送餐过程面临的问题，采用何种方式送餐也成为运营主体需要考量的问题。调研中发现，部分社区养老驿站等助餐点受人员不足限制，只能满足辖区较集中的基本养老服务对象的小区集中送餐需求，按时按点在小区集中点分发餐品，无法保证上门入户送餐，对部分有较大比例行动不便高龄老年人的社区来说，这也是运营中可能面临的难题。

五　北京市养老助餐服务发展的政策反思

养老工作是民生大事，是社会各界广泛关注的热点问题。老有所养、老有所为、老有所安是人民盼望和追求的美好愿望，养老助餐服务既是老年人关心的“关键小事”，也是关乎千家万户的“民生大事”。扎实做好北京养老助餐工作，要加大统筹力度，整合各项力量和资源，促进多元协同、共同发展，实现养老助餐服务的可持续发展。

首先，进一步探索助餐机构持续运营的财务机制。在当前财政补贴和经费支持老年助餐服务的基础上，通过有效的成本控制、科学定价、规模经营，实现助餐机构社会效益和经济效益双赢，是服务可持续发展的基础。财务机制上，可以积极探索多元共担的模式，探讨老年人和子女主动“分摊一点”、具备条件的党支部运用集体收入补贴等方式支持养老助餐点运营，鼓励各类公益慈善组织、爱心企业、爱心人士开展慈善捐赠等方式落地的合理性与可行性。服务业态上，创新服务方式，提高社会对养老助餐点的认知度和信任度。在实现服务老年人口就餐的基本目标基础上，面向全年龄段的市民提供其他性价比高的菜品，保证稳定的客流量，从而有利于实现财务的稳定性。此外，立足于老年人慢性病多发的现实情况，满足老年人对餐点食物的特殊需求，保证营养丰富全面的基础上，可以推出专门低盐、低糖的食物供特殊老年人群体选择。任何业态，只有实现真正的供需匹配，才能焕发持久活力与生命力。

其次，进一步打通配送“最后一公里”，实现服务真正落地。养老助餐作为一项特殊服务，既涉及有形商品（餐食）的供给，也涉及如何保障餐食安全的服务供给问题。对于政策强调和兜底的高龄、失能及行动不便的老年人，其是养老助餐服务锚定的重点服务对象，但由于配送的“最后一公里”问题，恰恰又容易保障不到位。虽然北京提出对于行动不便、家中确实无人到助餐点取餐的基本养老服务对象家庭，应落实送餐到家的政策，但在实践中依然存在无法保证的现实情况。在调研中，部分助餐点探索过与第三方平台合作开展配送，但运营中面临一些风险点，影响了“最后一公里”交给社会化平台的实际落地。

最后，强调多元协同、资源整合。实现养老助餐服务长效运行，需要坚持市场化和公益性相结合，整合社区内外各类要素，实现政府、市场、社会、家庭的多元协同和资源整合。政府要注重老年人养老助餐需求，发动社会力量的参与，促进餐饮企业良性竞争；社区要争取更多的政策和资源支持，改造养老助餐点的就餐平台和环境；社会组织应积极拓展助餐渠道，链接各类资源，组织志愿者队伍开展爱心送餐等活动。此外，政府在服务供给体系中要加强监督和管理，避免市场失灵。通过建立规范的运营机制和管理制度，以养老助餐点服务的满意度、便利性、多样性、覆盖率等为重点指标，定期对其进行考核和评估，确保就餐老年人的安全和保障；对养老助餐点的就餐流程、便老设施、订餐平台、送餐流程实施规范化管理，实现在统一平台对老年人订餐、取餐、送餐、就餐的全程留痕和数据追溯，促进养老助餐服务高质量发展。

B.20

北京市智慧养老服务研究报告*

"养老服务供需精准对接实施路径研究"课题组**

摘　要：　本报告基于对政府养老主管部门及养老服务机构的实地调研，对北京市智慧养老服务的政策与应用现状进行了阐述和分析。研究表明，北京市近年来不断完善养老服务体系，加大政策支持力度，以试点先行探索智慧养老服务的落地应用。尽管如此，随着北京市老龄化程度加深，养老照护服务需求和智慧化日益迫切，面向服务供需精准对接和养老服务联合体建设目标，迫切需要促进数智化技术与养老服务深度融合，推进智慧养老服务模式创新和升级增效。

关键词：　老龄化　智慧养老　精准对接　养老服务联合体

一　北京市老龄化需求与政策现状

2023年6月，北京市老龄办、北京市老龄协会发布《2022年北京市老龄事业发展概况》，截至2022年底，在本市常住人口中，60岁及以上人口为465.1万人，占总人口的21.3%，比2021年增加23.5万人，增幅为5.3%，是近五年增量最多、增长幅度最大的一年，高于同期常住总人口增幅。百岁老年人共计1629人，比2021年增加212人。老年抚养系数也持续

---

* 本报告系北京工业大学服务首都重大战略决策咨询项目"养老服务供需精准对接实施路径研究"的成果之一。

** 课题组负责人为北京工业大学计算机学院林绍福教授，课题组成员为北京工业大学计算机学院石宇良、何坚、陈建辉、刘希亮，北京工业大学社会学院杨荣、邢宇宙、葛灵、朱赫。

上升，为近十年增幅最大。[①] 北京市已经跨入中度老龄化社会，同时高龄老年人口数量持续增加，中心城区和郊区老龄化程度不一，老年抚养系数的增速高于少儿抚养系数。

与此对应，养老服务政策工具应用面临结构调整，如从经济类政策手段视角来看，北京市养老服务政策手段差异供给机制有待完善。[②] 从评估现有政策和完善政策体系的角度来看，北京市现有养老服务政策供给与实践需求存在对接偏差，政府应该强化自上而下的政策信息机制。[③] “十四五”时期，北京市政府制定和出台了多项养老服务政策（见表1），重点在于通过设施建设、组织领导、法律法规、政策扶持等政策工具营造良好的发展环境，优化供给方式，精准匹配需求，推动养老服务产业的发展，着力完善养老服务体系。

表1　“十四五”时期北京市养老服务政策

序号	文件名称	文号	发布时间	主要内容
1	《北京市老龄工作委员会关于印发〈北京市“十四五”时期老龄事业发展规划〉的通知》	京老龄委发〔2021〕2号	2021年11月	北京市“十四五”时期老龄事业规划背景、指导思想、基本原则和发展目标、主要任务以及保障措施
2	《中共北京市委办公厅　北京市人民政府办公厅印发〈关于推进街道乡镇养老服务联合体建设的指导意见〉的通知》	—	2022年4月	推进联合体建设的总体要求、重点任务、运行机制以及工作要求

① 王琪鹏：《本市常住老年人达465.1万人　2022年增幅为5年来最高》，《北京日报》2023年6月30日。

② 宗世法：《对于北京市养老服务事业与产业协同推进的思考——政府推动养老服务业发展的经济类政策手段视角》，《北京城市学院学报》2018年第5期。

③ 王军强、李兵：《城市养老服务政策基层实践偏差、困境及其治理——以北京市为例》，《社会保障研究》2018年第3期。

续表

序号	文件名称	文号	发布时间	主要内容
3	《北京市民政局　北京市财政局　共青团北京市委员会关于印发〈北京市养老志愿服务“京彩时光”工作规范（试行）〉的通知》	京民养老发〔2023〕183号	2023年8月	养老志愿服务“京彩时光”工作规范的总则、服务对象、养老服务志愿者、养老志愿服务组织方、养老志愿服务“京彩时光”信息平台、养老志愿服务活动以及附则
4	《北京市民政局关于印发〈北京市养老机构“风险+信用”综合评价实施方案〉的通知》	京民养老发〔2023〕233号	2023年10月	养老机构“风险+信用”综合评价实施方案的总体要求、工作目标、主要内容以及保障措施
5	《北京市民政局关于印发〈北京市养老服务质量和安全重点监测点实施办法〉的通知》	京民养老发〔2023〕247号	2023年11月	养老服务质量和安全重点监测点实施办法的背景、机制定义、目标、监测点设立标准、监测期和措施以及整改和评估方法
6	《北京市人民政府办公厅印发〈关于完善北京市养老服务体系的实施意见〉的通知》	京政办发〔2023〕25号	2023年11月	完善养老服务体系的总体要求、重点工作以及组织保障
7	《北京市民政局关于印发〈北京市综合为老服务平台建设工作方案〉的通知》	京民养老发〔2023〕251号	2023年11月	综合为老服务平台建设工作方案的总体要求、重点任务以及组织保障
8	《北京市民政局关于印发〈北京市养老机构备案管理办法（试行）〉的通知》	京民养老发〔2023〕266号	2023年11月	养老机构备案管理的总则、备案主体、备案申请、备案办理、备案变更及撤销、备案监管以及附则
9	《北京市民政局　北京市经济和信息化局关于印发〈北京市志愿服务信用信息管理办法〉的通知》	京民社工发〔2023〕276号	2023年11月	志愿服务信用信息管理办法的总则、信息分类、信息管理、信息应用以及附则

续表

序号	文件名称	文号	发布时间	主要内容
10	《北京市民政局关于印发〈关于加强养老机构重大安全生产风险防范若干措施〉的通知》	京民养老发〔2023〕277 号	2023 年 12 月	强化安全生产责任、强化安全生产风险隐患常态化排查整治、创新安全生产监督手段、强化安全生产支撑保障
11	《北京市民政局　北京市财政局　北京市农业农村局关于印发〈北京市农村邻里互助养老服务点建设管理办法（试行）〉的通知》	京民养老发〔2023〕279 号	2023 年 12 月	农村邻里互助养老服务点的基本含义、设置标准、建设程序、服务主体、服务对象、服务内容、权利义务、服务终止、纠纷化解、补助支持、培训支持、部门职责、服务监管、信息管理、政策衔接以及鼓励创新
12	《北京市民政局关于印发〈关于进一步推进老年人居家适老化改造工程的实施意见〉的通知》	京民养老发〔2023〕282 号	2023 年 12 月	推进老年人居家适老化改造工程的总体要求、重点任务、经济困难老年人家庭适老化改造程序以及工作要求
13	《北京市民政局等五部门关于印发〈北京市加快养老助餐服务发展的工作方案〉的通知》	京民养老发〔2023〕290 号	2023 年 12 月	加快养老助餐服务发展的总体要求、重点任务以及组织保障
14	《关于印发〈北京市居家养老服务网络建设工作方案〉的通知》	京民养老发〔2023〕292 号	2023 年 12 月	居家养老服务网络建设工作的总体要求、重点任务以及组织保障
15	《北京市民政局等六部门关于印发〈北京市加快推进养老服务人才队伍建设行动计划（2023 年—2025 年）〉的通知》	京民养老发〔2023〕291 号	2023 年 12 月	加快推进养老服务人才队伍建设行动计划的总体目标、重点任务以及组织保障

续表

序号	文件名称	文号	发布时间	主要内容
16	《北京市民政局等七部门关于印发〈关于加强失能失智老年人照护服务支持的意见〉的通知》	京民养老发〔2023〕293号	2023年12月	加强失能失智老年人照护服务支持的总体要求、重点任务以及工作要求
17	《北京市民政局关于进一步完善老年人能力评估复评及处置工作的通知》	京民养老发〔2023〕296号	2023年12月	高度重视老年人能力评估复评工作、做好复评工作中特殊情况的处理以及加强预警提示人员核查及处置工作
18	《关于印发〈北京市"精康融合行动"实施方案(2023—2025年)〉的通知》	京民福发〔2023〕271号	2024年1月	"精康融合行动"实施方案的总体要求、重点任务以及保障措施
19	《北京市民政局等十部门印发〈关于开展特殊困难老年人探访关爱服务的实施方案〉的通知》	京民养老发〔2024〕1号	2024年2月	开展特殊困难老年人探访关爱服务的实施方案的总体要求、主要任务以及工作要求
20	《北京市民政局关于印发〈北京市养老机构星级评定管理办法〉的通知》	京民养老发〔2024〕13号	2024年3月	养老机构星级评定管理办法的总则、评定对象条件、评定组织、评定程序、星级管理、监督管理以及附则
21	《北京市民政局关于印发〈北京市社区养老服务驿站星级评定管理办法〉的通知》	京民养老发〔2024〕14号	2024年3月	社区养老服务驿站星级评定管理办法的总则、评定对象条件、评定组织与评定程序、星级管理、监督管理以及附则
22	《关于印发〈关于推进京津冀养老政策协同的若干措施〉的通知》	京民养老发〔2024〕18号	2024年4月	建立京津冀养老机构等级评定结果互认机制、建立京津冀老年人能力评估结果互认机制以及强化京津冀养老服务质量协同监管机制

续表

序号	文件名称	文号	发布时间	主要内容
23	《关于印发〈关于进一步深化京津冀养老服务协同发展的实施方案〉的通知》	京民养老发〔2024〕17 号	2024 年 4 月	进一步深化京津冀养老服务协同发展的实施方案的总体要求、工作目标、重点任务以及工作要求
24	《北京市民政局关于印发〈北京市街道（乡镇）区域养老服务中心建设管理指引（试行）〉的通知》	京民养老发〔2024〕21 号	2024 年 4 月	街道（乡镇）区域养老服务中心的概念定义、设置原则、功能布局及规模要求、设施条件、设施保障、名称标识、运营模式、建设程序和其他支持措施
25	《北京市民政局关于印发〈北京市街道（乡镇）区域养老服务中心建设验收指引（试行）〉的通知》	京民养老发〔2024〕22 号	2024 年 4 月	街道（乡镇）区域养老服务中心建设验收指引的验收对象、验收主体及方式、验收内容及标准、工作程序以及验收结果
26	《北京市民政局关于印发〈北京市街道（乡镇）区域养老服务中心运营管理效能评估实施方案（试行）〉的通知》	京民养老发〔2024〕23 号	2024 年 4 月	养老服务中心运营管理效能评估的总体要求、评估实施以及评估结果应用

第一，居家养老仍然是我国老年人的主要选择，完善居家养老服务模式也是我国积极应对人口老龄化挑战的有效举措之一。2023 年北京市社工委的调查显示，北京市 99%以上的老年人选择居家养老。北京市逐步聚焦发展居家养老服务，形成以家庭为基础、以社区为依托、以社会保障制度为支撑、由多元责任主体依据自身特点提供社会服务的居家养老服务新格局。①已有研究指出，北京市居家养老服务体系发展经历了三个阶段：由社区主导的互助服务阶段、由社区社会组织运营养老餐桌和托老所的社会化助老阶

① 施巍巍、任志宏：《北京市居家养老服务制度的变迁与走向——以新制度经济学为视角》，《北京行政学院学报》2020 年第 5 期。

段、以专业机构运营养老驿站的专业化居家养老服务阶段。[①] 同时，随着区域养老服务联合体的建立，北京市正在推动居家养老服务转向普惠性。

当前居家养老服务存在的问题主要表现为：一是服务质量不高；二是供给难以满足老年人的需求。实地调研结果表明，北京市老年人主要居家养老服务需求为助餐服务、家政服务、助医服务、适老化改造服务、文化娱乐服务、精神关怀服务以及咨询服务。[②] 根据北京市统计局调查结果，排在前五项的为就餐不便利（30.3%）、出行和上下楼不方便（26.4%）、紧急的救援服务比较少（23.5%）、社区或居家养老机构数量不够（23.5%）和拿药不方便（20.9%）。[③] 同时，高龄、有健康问题、独居等基本养老服务对象是服务关注的重点，[④] 其中独居老人的服务需求主要表现在生活服务和法律教育方面；失能和部分失能老人更关注福利补贴、医疗和家政服务；高龄老人更重视精神慰藉服务，并且认为养老驿站收费较高。[⑤] 其他如低龄和身体健康的老年人，则在精神文化层面有更加丰富的需求。

此外，2022 年基于北京市西城区老年人养老需求的调研数据指出，目前养老服务中存在的问题排在前三位的为缺失专业服务人员、服务标准不高、服务对象涵盖范围小。[⑥] 供求失衡率高则是居家养老服务面临的最主要问题，其供给量远无法满足老年人需求。[⑦] 同时，近年来老年人对精神关怀

---

① 刘妮娜、朱茜茜：《回归与成长：中国城市居家社区养老服务体系构建——以北京市为例》，《老龄科学研究》2021 年第 3 期。

② 丛春霞、彭歆茹：《城市居民居家养老服务供需问题研究》，《东北财经大学学报》2017 年第 1 期。

③ 北京市统计局：《居家养老备受关注　供需对接尚需完善——北京市居家养老服务状况及需求调查报告》，http://www.beijing.gov.cn/gongkai/shuju/sjjd/202007/t20200721_1953627.html。

④ 陆杰华、周婧仪：《基于需求侧视角的城市社区居家养老服务满意度及其对策思考》，《河北学刊》2019 年第 4 期。

⑤ 北京市统计局：《居家养老备受关注　供需对接尚需完善——北京市居家养老服务状况及需求调查报告》，http://www.beijing.gov.cn/gongkai/shuju/sjjd/202007/t20200721_1953627.html。

⑥ 北京市西城区统计局、西城区经济社会调查队：《养老需求，数据揭示区域老年人群养老新趋势》，《数据》2022 年第 9 期。

⑦ 丛春霞、彭歆茹：《城市居民居家养老服务供需问题研究》，《东北财经大学学报》2017 年第 1 期。

的需求有所上升。虽然有85%以上的老年人表示愿意参与互助养老模式，[①]但时间银行等互助养老模式还处于试点阶段。

第二，通过养老服务联合体建设加强服务资源整合，提升服务递送效能。《北京市“十四五”时期老龄事业发展规划》提出，到2025年，北京市老年健康服务体系、养老服务体系进一步完善，初步建立具有首都特色的与国际一流和谐宜居之都相适应、与首都城市战略定位及京津冀协同发展战略相协调的老年友好型城市。2022年4月，中共北京市委办公厅、北京市人民政府办公厅印发《关于推进街道乡镇养老服务联合体建设的指导意见》（以下简称《指导意见》），将“养老服务需求未诉先办”列为五大重点建设任务之一，将“完善联合体效能实现机制”列为四个核心机制之一，明确要求“建立老年人需求发现、专业化需求对接、综合解决问题和评估反馈机制”。

在实践层面，北京早在2016年就提出构建“三边四级”的居家养老服务体系，即构建市、区、街乡、社区四级养老服务体系，有效满足老年人居家养老“床边”、社区响应“身边”、能力活动范围内“周边”的“三边”服务需求。与此同时，建立市、区两级养老服务指导中心，发挥指挥、枢纽和监督作用，在街乡一级设立街道乡镇养老照料中心，实现信息管理、居家助老、社区托老、专业支撑、机构养老、技能实训六大功能。在社区一级设立养老服务驿站，发挥为老年人提供居家养老服务综合平台的作用。[②] 截至2022年底，累计建成运营社区养老服务驿站1429家、养老照料中心293家。[③] 2022年发布的《指导意见》中，明确提出统筹辖区内养老服务机构、社区卫生服务中心（站）及各类服务商等资源，为辖区内全体老年人提供

---

① 孙鹏飞：《北京市社区时间银行互助养老模式实地调研与分析》，《河北农业科学》2020年第3期。

② 《北京市人民政府办公厅印发〈关于贯彻落实《北京市居家养老服务条例》的实施意见〉的通知》（失效），https：//www. beijing. gov. cn/zhengce/gfxwj/sj/201905/t20190522_ 59609. html。

③ 北京市老龄工作委员会办公室、北京市老龄协会：北京师范大学中国公益研究院：《北京市老龄事业发展报告（2022）》，2023年10月23日。

就近精准养老服务的区域养老模式。[①] 通过养老服务联合体模式加强资源整合，提升服务递送效能，为辖区老年人提供精准化、多层次为老服务。

第三，数字智能技术赋能养老服务精细化和智能化发展是重要趋势。随着互联网以及信息技术的快速发展，云计算、物联网和智能设备等新技术的广泛应用，促进了居家、社区、机构养老方式的整合发展。2015 年国务院印发《关于积极推进“互联网+”行动的指导意见》，明确提出了“促进智慧健康养老产业发展”的目标任务，标志着智慧养老成为解决老年人养老难题新的政策选择和发展趋势。2023 年国家数据局等部门印发《“数据要素×”三年行动计划（2024—2026 年）》，提出“打造 300 个以上示范性强、显示度高、带动性广的典型应用场景”，其中“数据要素×城市治理”提及“推动城市人、地、事、物、情、组织等多维度数据融通”“助力城市规划、建设、管理、服务等策略精细化、智能化”“深入推动就业、社保、健康、卫生、医疗、救助、养老、助残、托育等服务‘指尖办’‘网上办’‘就近办’”。2024 年 5 月，《国家发展改革委　国家数据局　财政部　自然资源部关于深化智慧城市发展　推进城市全域数字化转型的指导意见》提出，推动打造低成本、高体验、交互式的社区、居家智慧养老服务场景。从“互联网+”到“数据要素×”，逐步推进信息技术和数据赋能养老服务发展。

二　北京市智慧养老服务应用场景

北京市较早开展智慧养老服务应用场景的探索，早在 2013 年市级“智慧养老”基地落户北新桥街道，就从家庭服务、紧急求助、医疗保健、安全监控、精神慰藉五大场景入手，为辖区内老年人搭建智能化、信息化的综合服务平台。比如，老年人通过社区服务热线获得购物、送餐、家电维修、

① 《中共北京市委办公厅　北京市人民政府办公厅印发〈关于推进街道乡镇养老服务联合体建设的指导意见〉的通知》，https://www.beijing.gov.cn/zhengce/zhengcefagui/202204/t20220414_2676387.html。

洗衣、理发等多项服务；通过多参数生命体征检测仪对血压、血氧、心电、体温等进行综合检测等。经过近年来不断探索发展，北京从“智慧+”养老照护、运营管理、健康监测、应急救援等业务层面构建了智慧养老服务应用场景，推动信息技术与养老服务融合发展。[①] 当前，北京智慧养老服务主要针对三大类应用场景，推动信息技术与养老服务融合发展，包括智慧居家养老服务、智能机构养老服务和智慧城市养老服务。

其中，智慧居家养老服务依托不同智能终端设备（如智能手环、一键呼叫器、智能手机、机器人等）和现代信息技术，以老年人住所为基础，构建智能高效的家居设施（包括配套软、硬件）和养老服务体系，实现老年人通过各种适合居家养老使用的智能设备，便可享受智能社区养老服务，也是目前探索智慧养老最普遍的模式。如石景山区 24 小时智慧养老中心为老年人提供的智能手表，提供了定位、健康监测等服务；西城区为 70 岁及以上老年人提供的“一键呼”应急呼叫智能终端，发挥双向通话、紧急报警等功能；民政部社会福利中心也通过开发手机应用软件——“养老通”为老年人及家庭提供机构养老服务详细信息，以及经开区上线的微信小程序“老年餐桌”帮助老年人更好地享受养老助餐服务；海淀区北航社区为老年人家庭安装了 AI 智能语音全交互机器人“小联”，海淀区燕园街道也试点了“智能机器人管家”；北科智慧养老也已开发包括智能电视服务在内的多项适合居家养老使用的智能设备。

智慧机构养老服务是老年人在居住的专业养老机构中，利用各种智能设备，实现订餐送餐、清洁打扫、健康监测、预警提醒等专业服务，如昌平区光大汇晨老年公寓等养老机构通过智能设备为老年人提供多项特色服务；朝阳区寸草春晖养老护理院作为专业护理型养老院为失能、半失能老人提供日常看护、科学进餐、医疗监测、康复治疗等服务。

此外，智慧城市养老服务是建设智慧城市时，将智慧养老服务列入城市设施和公共服务内容，在城市高度智能化的同时实现养老服务的智慧化和效

① 郭汉桥：《科技创新　智慧赋能　助推北京养老服务提质增效》，《中国民政》2023 年第 18 期。

率化。如北京通—养老助残卡，在智慧社保方面推进了“一卡通”建设，整合现有社保卡、居民健康卡、城市一卡通集成金融 IC 卡功能，在医疗卫生、社区服务、民政补贴等多个领域推进一卡多用；整合社保信息资源，开发集网上申报、社保缴费、移动执法及各类个人信息查询于一体的移动客户端。智慧社区方面，依托社区管理系统和社区综合数据库，结合地理信息系统（GIS），建设完善社区管理和服务综合信息系统，推广智能家居、社区医疗、物业管理、家政护理等多领域应用，建设以智能邮件快递箱为主的终端自提网络等服务。

三 北京市智慧养老服务平台发展

近年来，北京各区尝试通过搭建养老服务平台，整合各类养老服务。早在 2015 年，作为全国首个社会化养老服务指导中心，朝阳区养老服务指导中心开通了养老服务热线 96083，辖区内老年人拨通热线电话或直接点击网页即可随时定制看护、家政、送餐等各类服务。

截至 2023 年，北京市最具代表性的是北京市委社会工委北京市民政局上线运行的智慧养老服务供需对接数字化平台——北京养老服务网，涵盖居家养老、机构养老、养老助餐、养老政策、养老人才、养老志愿服务、京津冀养老、养老在线办事、适老化产品、养老信息公示、养老课堂、养老合作资源等多个不同用途的服务板块。该平台目前汇集了北京市 576 家备案养老机构、11.3 万张养老机构床位、1469 家养老服务驿站、1476 家养老助餐点的详情介绍，以提供从“查找”“预约”到“咨询”“办理”的一站式、全过程服务，方便老年人及其家人及时了解养老服务主体、产品、服务政策与资讯，以实现养老服务“一网通查”、服务信息“一网展现”、政务服务“一网通办”、服务诉求“一网通答”。

总体上，智慧养老服务在城乡和区域之间的推进有着较大的差异，尤其是在广大农村社区的街镇落地实施不够。与此同时，正在推进的养老服务顾问制度在明确法律责任、岗位职责、任务分工、业务边界等方面有待完善。

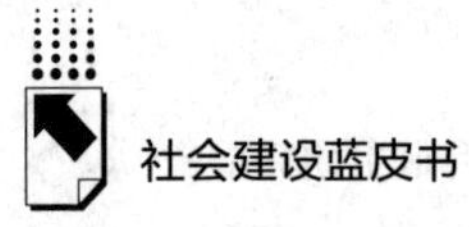

此外，还面临养老服务数据资源整合难、政社协同不充分、社会共识度低，以及潜在的伦理风险等困境。

四　数智化技术与养老服务深度融合的建议

根据国家层面《国务院关于加强数字政府建设的指导意见》（国发〔2022〕14号）、《“数据要素×”三年行动计划（2024—2026年）》（国数政策〔2023〕11号）、《关于深化智慧城市发展　推进城市全域数字化转型的指导意见》（发改数据〔2024〕660号）和北京市《关于完善北京市养老服务体系的实施意见》（京政办发〔2023〕25号）等文件，结合对北京市朝阳区、东城区、密云区等城区和郊区社区养老服务需求的实地调研，围绕《北京市综合为老服务平台建设工作方案》（京民养老发〔2023〕251号）的重点任务拓展和深化建设，提出以下建议。

（一）加强综合为老服务平台数智化升级的顶层设计

落实城市全域数字化转型和“数据要素×”战略任务，结合新阶段北京市养老服务新特征，着眼于老年人多层次、多样化、品质化养老服务需求，紧紧围绕“新场景新体验、新模式新业态、新应用新融合”三个维度，综合运用数据科学和人工智能科学的范式与养老服务模式的交叉融合方法，加强综合为老服务平台数智化升级的顶层设计，推进大数据、人工智能、物联网等新一代信息技术与养老服务融合应用，推进养老服务领域智改数转网联，打造跨区域、跨层级数智化养老新生态。

（二）建设养老服务供需精准对接的数智化支撑平台

围绕老年人生活照料、康复保健、安全守护、文化休闲、精神关爱、法律援助、慈善救助等需求，采用大数据、人工智能、物联网等新一代信息技术创建数智化服务模式和应用场景，推动打造低成本、高体验、交互式的社区、居家智慧养老服务场景。推进养老服务供需精准对接数智化支撑平台的运行管理机制、标准规范和平台系统建设。围绕老年人能力评估、需求与风险感知识别、服务资源布局与供给、服务供需匹配等环节，重点结合老年人能力、需求和风险的分类分级，服务机构服务能力和信用的分类分级，服务供需匹配和智能推荐等，推进数智化算法模型的建设和管理，以智能分析算法模型支撑养老服务供需精准适配、精准调度和精准触达。聚焦服务过程与服务质量数字化监管需求，建立养老服务资源和风险源台账，建立健全“风险+信用”数据融合的监管规则模型，实施分类分级智能监管，加强养老服务信息自动归集、自动核验、自动预警，实现事前事中事后的全流程、无感、动态、闭环监管。

（三）整合建设多渠道数智化养老服务触达体系

结合北京养老服务门户网站（北京养老服务网）及移动门户的升级建设，面向不同用户群体，在统一服务入口、统一服务事项、统一用户管理的基础上，加强老年一卡通、数字身份、视频图像等的信息融合与智能识别，加强养老服务的个性化智能推荐。深化智能手机与移动 App、可穿戴设备、数字人、智能机器人、无人化装备等养老服务智能终端应用，完善“一键呼”和“一号通”等终端的服务响应，实现养老服务零距离精准触达与智能交互。应用大语言模型及智能代理等技术打造养老服务智能交互模式，赋能养老服务“一网通查”、服务信息“一网展现”、政务服务“一网通办”和服务诉求“一网通答”。推进公共场所、社区公共空间和居家环境及设施的数智化适老化改造，打造线上线下融合的数智化养老服务环境，助力老年人跨越数字鸿沟，实现养老服务“指尖办”“网上办”“就近办”。深入推进“高效办成一件事”基本覆盖城市养老服务高频事项。

（四）推进养老服务数据专区建设

加强养老服务机构、社区和居家养老服务视频监控、可穿戴设备监测、智能终端交互感知、环境设施智能传感器感知等感知体系建设，确保服务数据无感记录，推进多渠道多模态数据的采集获取和规范化建设。基于“京智”平台和北京市民政局数据资源平台，建设完善北京养老服务数据资源库，开展老年人基础数据、机构数据、人才队伍数据、服务过程数据、资金监管数据的归集、清洗、治理和应用。加强养老服务数据资源目录体系建设，基于全市统一的北京养老服务管理信息系统平台，构建养老服务全要素记录、全数据互通、全流程监管、全口径分析的数据治理机制，探索养老数据确源、确权、确责、定价和流通的机制和业务应用场景建设，推进养老服务数据资产化。强化数据共享开放，根据各区需求将北京养老服务数据资源下沉到基层，并视情况开放给养老服务机构、助餐点等各类养老服务商按需流通使用。推进居家养老、机构养老、养老助餐、养老政策、养老人才、养老志愿服务、京津冀养老、养老在线办事、适老化产品、养老服务公示、养老课堂、养老合作资源等数据增值应用服务，打造养老服务数据服务市场。

（五）加强复合型专业人才培养

依托首都高校科研和人才培养力量，加强数字智能技术与社会科学交叉融合，推进数智化养老相关课题研究和课件研发，支持数字化养老人才培养和引进等各类公益项目及活动，促进数智化养老人才交流合作。遵循专业导向、学用结合、协同发展原则，依托市属高等学校资源和首都科技资源，组织实施“百千”数智化养老人才培养工程，储备高层次数字养老复合型人才。

总之，随着新一轮科技革命和产业变革深入发展，数据正成为关键生产要素，可优化资源配置，赋能实体经济，发展新质生产力和数字经济。我国数字经济快速发展，数字基础设施规模能级大幅跃升，数字技术和产业体系日臻成熟，为更好发挥数据要素作用奠定了坚实基础。新时代新阶段，要充分利用新一代信息技术，创新医养结合模式，改革传统养老方式，推动“数据要素×”“人工智能+”与养老服务产业深度融合发展，发挥数据要素乘数作用和人工智能赋能作用，推动养老服务模式创新和应用场景创新，建设信息化、智能化的养老服务人才队伍，提升养老服务质量、水平和效益，增进老人福祉。

B.21

“脱耦化外包”：北京养老驿站服务外包模式的政策—实践问题研究

孙弋帏　吴　越*

摘　要：　为了应对老龄化进程的不断加速，中国政府试图汇聚政府、社会、市场的多元力量，构建社区居家养老服务体系。当前，北京市为这一体系的重点社区养老驿站花费大量时间、精力和金钱，驿站却遭遇“叫好不叫座”的困境。本报告试图从政策实践的过程出发，分析其中的问题及成因。研究发现，基层政府往往采取服务外包的方式建设驿站，这使得驿站的运转容易陷入政策逻辑和市场逻辑的冲突中。在此过程中，基层政府和市场机构各自通过三重行动策略构成了“脱耦化外包”的运作机制，最终导致本应嵌入社区的养老驿站逐渐脱嵌化和养老院化。因此，加强社区居家养老服务体系的建设，需要强化基层政府的属地连带责任和监督激励机制，加强社区与居家服务的制度衔接，引导市场形成以义为利的经营理念。

关键词：　社区居家养老服务　养老驿站　脱耦　服务外包　基层治理

一　引言

当前北京市老龄化程度持续深化，老年抚养系数快速上升，传统家庭养老负担进一步增加。根据《北京市老龄事业发展报告（2022）》，截至2022

* 孙弋帏，北京大学社会学系博雅博士后；吴越，北京工业大学社会学院/北京社会管理研究基地讲师。

年底，北京市 60 岁及以上常住人口为 465.1 万人，占常住总人口的 21.3%。[①] 截至 2022 年底，按 15~59 岁劳动年龄户籍人口抚养 60 岁及以上户籍人口计算，北京市老年抚养系数为 51.1%，比上年增长 3.8 个百分点，这意味着每 2 名户籍劳动力要抚养 1 名老人。在此情境下，北京市政府非常重视社区居家养老服务体系建设，并以社区养老驿站结合服务外包制的方式完成养老服务。服务外包制是指将市场机制引入服务供给中，以市场化管理手段取代传统行政命令式管理，[②] 其中养老驿站主要负责承接政府外包的兜底性养老服务和普惠性养老服务。[③] 近 7 年来，北京市已建设运营近 1500 家养老驿站。《北京市老龄事业发展报告（2022）》指出，截至 2022 年底，北京市发放驿站补贴 9974 万元；评定星级驿站 814 家，其中三星级 13 家、二星级 427 家、一星级 374 家。全市 26 万居家养老的基本养老服务对象中已签约老人 13.4 万；发展养老助餐点 153 家，累计建成 1489 家。[④]

养老驿站作为政府在居家养老领域大力建设的重点，却在政策落实中面临“叫好不叫座”问题，这背后反映出政策与实践“脱耦”（decoupling）的问题。“脱耦”是指名义上政府大力建设养老驿站以满足绝大多数老年人居家养老的需求，但实际上养老驿站脱离了政策最初的治理目标，不仅老年人的使用频率和使用意愿较低，市场也遭遇了盈利微薄、关停倒闭等问题。北京市统计局调查显示，“增设养老驿站”是居民关注最高的养老政策。不过，受访居民表示自身居住地周边有养老驿站的比例仅为 16.2%，这远低于真实的养老驿站覆盖比例。同时，这部分居民中有 55.4%认为养老驿站在服务方面存在诸多问题，如“收费贵”“工作人员少、不专业、态度差”

① 《北京市老龄事业发展报告（2022）》，北京卫生健康委员会网站，https://wjw.beijing.gov.cn/wjwh/ztzl/lnr/lljkzc/lllnfzbg/202310/P020231023507927451629.pdf，2023 年 10 月 23 日。

② 王锴：《嵌入与脱嵌：政府购买养老服务中的双重管理逻辑》，《北京社会科学》2023 年第 10 期。

③ 乔晓春、伍小兰：《北京市居家养老设施状况分析》，华龄出版社，2018，第 80 页。

④ 《北京市老龄事业发展报告（2022）》，北京卫生健康委员会网站，https://wjw.beijing.gov.cn/wjwh/ztzl/lnr/lljkzc/lllnfzbg/202310/P020231023507927451629.pdf，2023 年 10 月 23 日。

"服务内容少、质量差"等。[①] 因此，尽管政府在养老驿站建设上投入了大量资源，并且是老年人最受关注的养老政策，但是大多数老年人仍旧不知道、不使用或不认可养老驿站的服务。

针对这一"叫好不叫座"的问题，本研究通过北京市两家具备典型性的养老驿站开展实地调研，运用深入访谈法（81 位）、参与式观察法（两个街道）收集了大量一手资料，呈现基层政府外包居家养老服务的治理特征、养老驿站的基层治理逻辑及市场机构的应对策略，进而分析社区居家养老服务"叫好不叫座"的深层原因及其政策启示。

二　弱激励与弱监督：基层政府养老服务外包的治理特征

当前，基层政府即街道与居委会在外包社区居家养老服务的过程中存在弱激励、弱监督等治理特征，这些特征给市场留下了较大的运作空间，造成政策设计—市场运营的脱耦化和过度市场化等问题。

（一）弱激励的治理特征

这种社区居家养老服务的弱激励特征主要反映为三个方面：有限的财权和人力资源、注重平等而非公平的绩效考核、风险导向而非质量导向的问责压力。

1. 有限的财权和人力资源

每年街道和居委会的养老服务经费都极为有限，在完成兜底性养老服务后很难再满足老人的多样化、个性化养老需求。一般来说，居委会的经费主要有以下三个来源。首先是党组织服务群众经费，一般在社区年度经费中占比最高，主要用于党员活动和本年度重要任务如"12345"接诉即办等，但

① 《居家养老备受关注　供需对接尚需完善——北京市居家养老服务状况及需求调查报告》，北京市人民政府网站，https://www.beijing.gov.cn/tjsj_31433/sjjd_31444/202007/t20200720_1953210.html，2020 年 7 月 21 日。

其中用于养老服务的比例较低。其次是居民活动经费以支持各社区解决居民迫切需要解决的服务事项。不过，这笔经费在实际使用过程中还有不少规范和制约，因此实际下发到社区的经费远低于规定额度。最后是居委会想方设法“磨”出来的少量补充经费。可以说，这三项来源中专门用于养老的经费较少，很难满足老人的养老需求。

在人力资源方面，每个街道和社区负责养老工作的人员也较为有限，Q街道主任（jxs20211227）在访谈中谈及基层政府负责养老工作的职员极为有限：“街道没有固定管养老的，民政就一个人，还身兼数职，现在几大科室合并，民政管得太多了，人的精力是有限的。”

2. 注重平等而非公平的绩效考核

各区针对养老服务的绩效考核更注重考察硬件设施等客观指标，而非满意度、投诉率等主观指标，并且考核与排名并不直接与基层工作人员的工资、晋升和评价挂钩。当前，北京市养老服务工作主要通过“七有”“五性”监测评价指标中的“老有所养”指标进行绩效考核，这一考核指标最初创建是为了让“吹哨报到”“接诉即办”机制更好地服务民生，推动社会治理和服务重心向基层下移。①

在2023年最新的指标中，更是进一步删除了基本养老服务对象投诉解决率等主观指标。我们访谈了市级民政的相关人员（mzkz20231012），获得了如下解答：“该考核最终要进行各区总排名，为了公平起见，删除了主观指标，因为各地区差异大，如果按照客观指标统一考核，对老龄化程度高的区域不公平。”这段话中的“公平”概念是政府视角下对于养老服务工作性质的理解，事实上这更像一种“平等”而非“公平”的逻辑，反映出基层政府在执行工作时更为注重政府内部的均等化，而非老人内部的公平感。此外，2023年北京市各区“老有所养”领域的指数除了昌平、大兴和通州等地区，基本在98~100，这也反映出养老考核指标的均等化特征。

① 王海燕：《主动治理　未诉先办——践行初心围绕“七有”“五性”抓好民生保障》，北京市人民政府网站，https://www.beijing.gov.cn/ywdt/yaowen/201911/t20191128_1821028.html，2019年11月28日。

3. 风险导向而非质量导向的问责压力

基层政府在承接上级发包的公共服务过程中会面临各种治理风险，因此会将公共服务的供给压力让位于社会治理的风险压力，比如针对老年餐桌等普惠性养老服务产生一系列消极行为，以避免自身的治理风险。在推行老年餐桌的过程中，基层政府基于食品安全的考虑而产生诸多焦虑，相对忽视老人的核心诉求。A 社区福利委员提到，这种风险意识最初源于居委会举办社区活动的经验，因为哪怕是完全免费的公益性活动，也会有人投诉或举报，所以基层政府多不提供半公益性的普惠性养老服务，怕做不好被投诉。

（二）弱监督的治理特征

这种社区居家养老服务的弱激励特征，需要相应的强监督特征以保障政策的顺利落地，然而无论是街道还是居委会在监督过程中都存在一定问题，使得养老服务出现弱监督特征。街道层面弱监督的治理特征，首先受到企业登记政策的影响。早期养老驿站登记注册的类型主要分为养老服务企业、民办非企业单位和事业编养老服务组织。其中，养老服务企业（以下简称“工商企业”）在工商管理部门登记，民办养老服务组织（以下简称“民非企业”）在民政部门登记，事业编养老服务组织在机构编制部门登记。由于非营利性养老服务组织比营利性养老服务组织适用更多的扶持性政策，因此机构倾向于注册为民非企业。[①] 同时，早年间各街道还有明确的指标限制，如每个街道只有一个养老院名额，因此很多养老院也登记为民非企业以获得生存空间。2021 年北京市民非养老机构超过 800 家，占总数的 40%以上，成为养老服务供给的主力军。[②]

近年来，补贴政策发生转向，政府对工商企业和民非企业一视同仁地发放补贴，这就让街道夹在其中左右为难。一方面，街道不得不监管这类民非

① 李芳：《我国养老服务组织的分类管理》，中国公益研究院网站，http：//www.bnu1.org/show_ 897.html，2018 年 11 月 7 日。

② 《关于〈北京市民办非营利养老服务机构财务管理办法〉的政策解读》，https：//mzj.beijing.gov.cn/art/2021/3/21/art_ 10690_ 552.html，2021 年 3 月 12 日。

性质的养老驿站，严格限制其服务规模、信用记录、风险程度等，并且要求市场不能分配剩余利润，禁止营利性质的养老服务；另一方面，街道又非常清楚地知道机构也有获得合理回报的盈利需求，如果严格监管就会大大限制养老驿站的生存发展，因此街道在监督过程中进退两难。

而居委会作为自治组织并没有实权监督平行的养老驿站。其中老旧单位制社区的监督问题最为严重，因为这类社区的老人比例较高，相应地特殊困难老人数量较多，当政府将这类老人所需的兜底性服务外包给养老驿站后，就需要居委会实际监督驿站的服务质量。然而，居委会很少有多余的时间精力认真监督驿站的上门服务。

三　“脱耦化外包”：养老驿站的治理逻辑与市场应对策略

（一）第一重行动策略：“精简式外包”对应“大包连小包”

前文提到的治理特征的后果之一就是基层政府在面对各类工作时会优先选择强激励、强监督的工作，比如接诉即办、疫情防控、文明城市建设、网格化管理等，而相对后置兜底性以外的养老服务，比如普惠性养老服务。作为普惠性养老服务的重要代表，老年餐桌（包括送餐服务）的推进也体现出这种滞后性。根据国家统计局数据，2022 年末，60 岁及以上人口已占全国人口的 19.8%。同时空巢老人占比已超过一半，部分大城市和农村地区空巢老人比例甚至超过 70%。[①] 因此，城市空巢高龄老人、半失能老人日常就餐难的问题愈加严峻。

然而，基层政府却很少有动力推进这项老人迫切需要的普惠性养老服务，因为相关政策没有明确的绩效考核指标，同时经营和管理老年餐桌等服务还存在各种社会风险，因此基层政府通常会不断后置老年餐桌的建设。同

① 《我国老年人口超一半为空巢老人！这些风险需警惕》，《南方都市报》2022 年 10 月 27 日。

时，居委会也不愿意经营或帮忙宣传老年餐桌，因为这类服务可能带来一些隐患，需要承担较大的社会风险，并且操作起来也十分不易，不仅涉及食品价格和安全，还需是适合老年人吃的清淡软烂食物。

可以说，这是一种“精简式外包”，具体指基层政府在完成兜底性养老服务的基础上，尽可能精简普惠性养老服务，以减少风险。同时，基层政府还会在面对各类工作时，优先完成那些强激励、强监督的工作，而相对后置公共服务类工作。而公共服务中的重点一般放在教育、医疗等方面，这挤占了养老工作所需的时间、金钱和精力。

市场在盈利导向下，也不愿意承包这类利润较低的普惠性养老服务，并且将普惠性和兜底性养老服务统称为“补贴型服务”，因为这些服务一般很难通过市场自主定价提升盈利空间，只能通过政府补贴的方式保证基本收支平衡，并且政策规定下很多驿站不得不承接这类服务。因此，市场在获得政府补贴后，通常通过一系列行动策略应对政府外包的“补贴型服务”，以实现利益最大化的目标。具体来说，市场会将这类服务通过“大包连小包”的方式再发包给第三方，以降低自身经营管理和人力资源等成本。

然而，这些第三方往往是规模较小、抗风险能力较弱并且正规性较差的家庭作坊，所以常使老年餐桌等面临倒闭风险。再加上政府直接监督的是承接外包服务的养老驿站，而很少与第三方打交道，就算发现第三方存在问题，比如第三方采取变相提价或者降低质量等手段提升盈利，政府也需要先与驿站沟通，这不仅降低了政府监督的时间效度，也增加了监督的实际难度。Q 街道副主任（wjf20230220）就对这种“大包连小包”的市场策略感到极为头疼，并且在访谈中明确表达了这种行为导致老年餐桌接连倒闭的问题：“大企业不见得看得上，都包给小企业了，那种不稳定性强，倒闭了不少，2019 年街道引进了不少老年餐桌，现在就剩两三个了。”

另外，这种“大包连小包”还体现为市场承包老年餐桌，赚取政府补贴和各项优惠政策后，直接向市场大量批发预制食物，然后简单加工处理后卖给老年人，这既影响了口感，也并非为老年人专门定制的食物，更不能保证食品安全，最终影响了客流量而难以持续运营。同时，市场机构还试图为这类普惠性养老服务引入市场化运营方式，例如拓展服务人群，在低价卖给老年人的同时以市场价售卖给社区附近的其他人群，但这一设想受到政策的限制。此外，一些老年餐桌直接向小餐馆预定盒饭，等“第三方”在其他地方制作完成餐品后，再将外卖送到老年餐桌，这大大影响了食物的口感和新鲜程度，降低了老年人的购买欲望。

除了老年餐桌，市场还会对其他“补贴型服务”使用“大包连小包”的应对策略，比如养老驿站负责的兜底性养老服务中针对特殊困难老年人的上门服务，A 养老驿站就和第三方在该服务项目中发生了严重纠纷，使得政府削减了原定分配给 A 驿站的上门服务人数。

（二）第二重行动策略："区分式外包"对应"封闭化承包"

基层政府还对市场有一种“区分式外包”的治理逻辑，反映为将居家养老服务外包给机构后，就迅速拉开与其的距离，防止市场化过程中出现任何问题，或者老年人对这种服务感到不满后，影响街道和居委会的公信力和治理稳定性。不过基层政府也并非一开始就强调区分逻辑，而是在适当帮助养老驿站开展前期的宣传工作后，再与市场方保持一定界限。

事实上，不少居委会工作人员都很了解本社区老年人的核心需求，并且通常最快发现养老驿站在经营过程中的各种问题，但是居委会很少主动帮驿站实现社区融入。B 社区居委会书记在访谈中不止一次地提及 B 养老驿站的问题，并且承认养老驿站存在社区融入难题，但不希望老年人将居委会和养老驿站“捆绑”在一起，避免共担责任。而现在其已经提前向居民做好“示警”工作，撇清与市场的勾连，避免居民的迁怒和举报。进一步来看，街道和居委会还经常将养老驿站和养老照料中心、养老院统称为养老机构，认为它们只属于市场一端，而不是政府的延伸或者社区的一部分，因此更加致力于构建“区分感”，进而维系治理稳定性。

然而，这种“区分感”和主动保持距离的态度，还会反过来影响基层政府监督市场的效力，因为市场还有一种“封闭化承包”的行动策略可能导致政府外包的养老服务难以实现最初的治理目标。具体来说，“封闭化承包”指市场在经营养老驿站并且承接政府外包的养老服务时，通过将这种公办民营、民办公助的经营方式，转换成一种纯粹民营的经营方式，以最大限度提升自身收益，比如市场一般将政策规定的开放式、融入社区并且仅能提供短期照料和日间托管的养老驿站，变成封闭式、悬浮于社区并且主要服务于长期居住老人的养老院的运营方式。而当基层政府的负责人来沟通时，养老驿站的负责人一般会通过规避风险的话术说服基层政府，最终实现一种各退半步的状态。例如，A驿站站长以疫情期间不能开放驿站的社区活动空间，以及老人离开驿站可能带来安全隐患为由，婉拒了政府的整改提醒，这就导致养老驿站负责的兜底性养老服务的定位日益模糊，长期托管逐渐取代了短期托管功能，实际收费也越来越高，最终走向与社区没有深刻联系的封闭式管理的独立运营养老院。

A养老驿站的副经理（yh20230301）还从市场视角补充了“驿站养老院化”的原因，其中最根本的原因就是针对长期入住的老人提供服务的盈利空间较大，如果老人只是短期居住或不定期日常托管，反而可能让驿站亏损，毕竟老人一个月也就来三五天，但是驿站的护工却是按月结算基本工资。当笔者直接问道“您说为什么养老驿站会越来越像机构”时，副经理坦言道：“驿站模式其实不太好经营管理，不收长期老人，就没有生存空间。”副经理还特别分享了大型驿站和小型驿站的区别：“有些小驿站空间小、床位少，那就不容易收到长住老人，只能想别的法子生存。不像我们驿站空间大能让老人集中长住。”可以看出，当驿站规模和床位数量较为有限时，很少有老人愿意过来长期居住，此时这些驿站如果还继续保留床位，就会被迫接纳那些选择短期居住和日常托管的老人，进而减少了驿站的盈利空间。笔者在调研中还发现规模较小的C养老驿站（最多能放置10张床位）一般会找各种理由取消床位，并且在其他方面创建营收。

（三）第三重行动策略：“连锁式外包”对应“连锁化调包”

此外，当前政府还有“连锁式外包”的治理逻辑，而市场对政府外包的“补贴型服务”还有“连锁化调包”的应对策略来提升自身盈利空间。

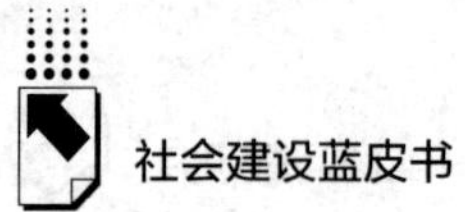

当前，北京市养老驿站、养老院和养老服务中心正在形成连锁化态势。2020年，北京市接近2/3的养老驿站是其他机构下属（连锁）机构。从养老驿站与其他机构的关联情况来看，64.1%的社区养老服务驿站是其他机构下属（连锁）机构。[①]《北京市社区养老服务驿站管理办法（试行）》规定运营主体的基本条件之一是“应为连锁运营的养老服务机构”，不符合的则需要区民政局通过一事一议的方式解决，以证明该企业的运营能力突出。

“连锁式外包”正是指这种政策鼓励市场通过连锁式经营的方式，同时经营养老驿站、养老照料中心和养老院的现象，符合政府的治理逻辑，因为连锁式经营可以形成规模效应，降低企业倒闭风险。而一些小型养老驿站为了实现利润最大化，通常在这种连锁式经营之下，采取“连锁式调包”策略将本来想来驿站短期居住的老人，通过各种策略说服其入住旗下独立经营的大型养老照料中心或者民营养老院，因为驿站的兜底保障性质和非营利性定位不利于市场自由定价和收取高额费用，再加上自身规模较小，很难吸引老人在驿站长期居住。B养老驿站的站长（szn20210109）在访谈中提到该驿站过去设置了少量床位，但是老人都是过来短期入住或白日托管，这使得驿站入不敷出，因此站长想办法撤了所有床位，并且把这几位老人劝说到自家旗下的养老院。站长说：“驿站一般是短期托养，但是我们驿站撤了床位，不收老人，我认为驿站不如养老院有专业度，因为那边都是专业的人，硬件设施及功能比较健全，所以我们会引导老人去养老院而不建议他在驿站住。我的比较先进的经营理念就是在驿站收老人是不负责任的，不如把老人转到机构，因为我是学医出身，我认为驿站有医疗风险，比如当老人突发疾病，而驿站没有医生护士时，那么收住老人我不放心。如果老人有需求，我就让他转接到养老院了。”此外，B驿站经理（mbjl20210329）还提到自家旗下经营的多个养老驿站都有这种行动策略。可以说，当前不少小型驿站都主动弱化了低盈利性、高风险性的短期照料和日间托管服务，同时将前来询问相关服务的老人，大力推荐到自家旗下连锁经营的养老照料中心和养老院

① 根据2020年养老服务设施建设和运营状况摸底调查整理。

中长期居住，这不仅降低了驿站的实际经营成本，还可以将老人推荐到营利性机构确保企业利润的最大化。

综上，本部分主要揭示了基层政府的治理特征，以及市场逻辑介入背景下的基层治理逻辑和市场应对策略，并且提出"脱耦化外包"概念来形容这种将养老服务"外包"给市场后政策设计—市场后果脱耦化的社会现象及其运作机制（见图1）。

四　政策建议

（一）强化基层政府的属地连带责任与考核激励机制

城市社区居家养老服务的发展方向首先是压实街道乡镇的属地连带责任，实施养老服务质量"提质工程"，开展安全监管"阳光工程"。当前，养老服务的属地责任最终落实在街道及居委会一级。因此，基层政府应该健全养老服务监管体系，加强养老服务日常监管和工作人员考核激励，设置养老专员专职负责养老工作，尤其是监管兜底性养老服务和普惠性养老服务。政府还应该围绕社区居家养老服务质量，持续开展专项整治提升行动，清理整顿一批问题突出、群众反映强烈的养老驿站。同时，建立完善养老服务市场主体考核退出机制。加强街道乡镇养老驿站等政府提供设施、给予建设补助的养老服务机构绩效考核，督促属地与设施利用率低、服务质量差的运营主体解约退出，指导各区统一招标引进优质养老服务市场主体。建立行业优劣通报机制，每半年在行业内进行情况通报等。

（二）厘清机构养老与社区居家养老的区别，加强社区和居家养老的制度衔接

养老驿站朝着机构养老模式发展，背离了社区居家养老模式的独特内涵。首先，政府应该做好社区养老和家庭养老的制度衔接，为与老人同住的子女实行税收减免等，同时重建城市伦理观念，宣传表彰子女在家庭中的孝

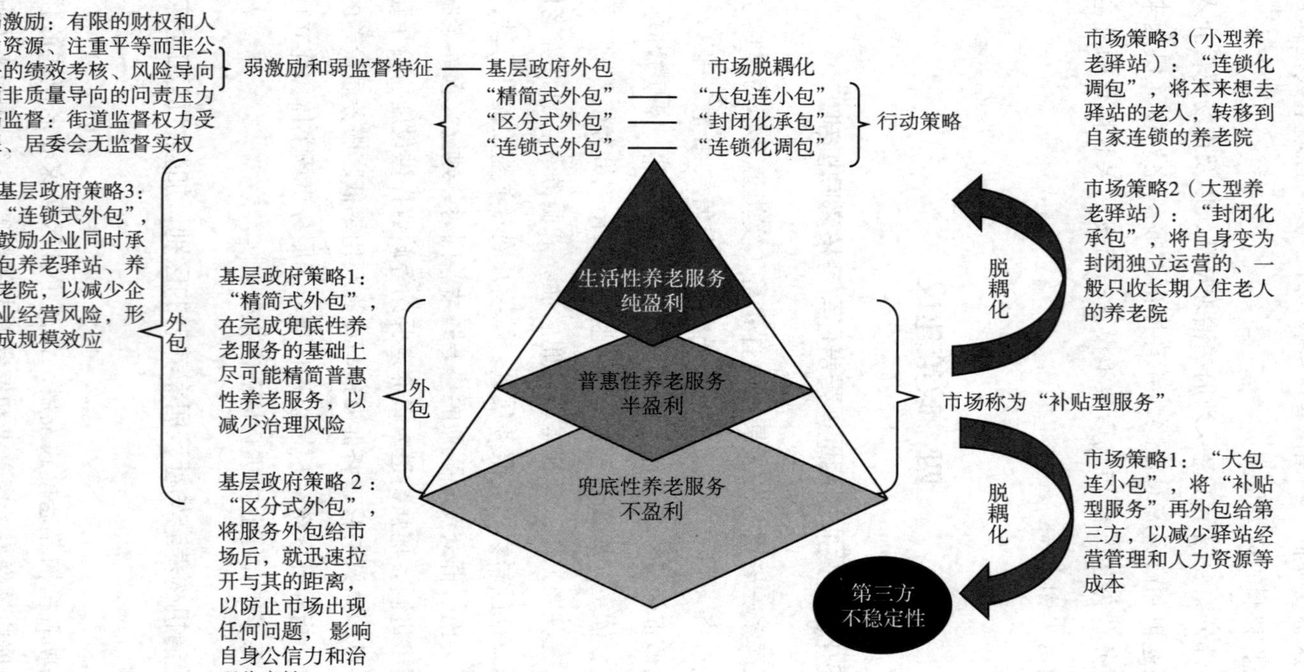
弱激励：有限的财权和人力资源、注重平等而非公平的绩效考核、风险导向而非质量导向的问责压力
弱监督：街道监督权力受限、居委会无监督实权
弱激励和弱监督特征
基层政府外包
市场脱耦化
“精简式外包”
“区分式外包”
“连锁式外包”
“大包连小包”
“封闭化承包”
“连锁化调包”
行动策略
基层政府策略3：“连锁式外包”，鼓励企业同时承包养老驿站、养老院，以减少企业经营风险，形成规模效应
外包
基层政府策略1：“精简式外包”，在完成兜底性养老服务的基础上尽可能精简普惠性养老服务，以减少治理风险
外包
基层政府策略 2：“区分式外包”，将服务外包给市场后，就迅速拉开与其的距离，以防止市场出现任何问题，影响自身公信力和治理稳定性
生活性养老服务
纯盈利
普惠性养老服务
半盈利
兜底性养老服务
不盈利
市场称为“补贴型服务”
脱耦化
脱耦化
第三方
不稳定性
市场策略3（小型养老驿站）：“连锁化调包”，将本来想去驿站的老人，转移到自家连锁的养老院
市场策略2（大型养老驿站）：“封闭化承包”，将自身变为封闭独立运营的、一般只收长期入住老人的养老院
市场策略1：“大包连小包”，将“补贴型服务”再外包给第三方，以减少驿站经营管理和人力资源等成本

图 1　社区居家养老服务“脱耦化外包”的运作机制

道行为。而养老驿站应该与家庭打成一片，弥补居家养老的不足，开展面向家庭成员的多种服务，比如针对孩子的托管服务，或者针对上班族的理疗服务。同时，基层政府也应该适当放宽对盈利的约束，允许养老驿站在完成外包服务的基础上开展多元的服务项目。其次，养老驿站应该将自身视为社区营造工作的主体，提供公共场地和社会文化活动，让大家能够聚在一起吃饭聊天，或者积极参与社区的各项活动，以此结识社区内的各种主体如居委会、社区医院和非营利组织，真正成为社区的一部分，使得社区养老与居家养老有机结合起来。另外，城市社区里的家庭和居委会之间虽然没有乡土社会那种连带关系，但是人们对居委会有一种天然的信任心理，因此市场应该积极配合居委会的监督工作和社区工作，在此基础上尝试与居委会建立更深的关系，在居委会的带领下更好地嵌入社区。最后，养老驿站应该尽可能独立完成承接的养老服务而非频频借助第三方的外来力量，增强服务供给的稳定性，让老人能够与服务人员建立长久稳定的私人关系，并且发挥自身独特优势，着力于政策规定的短期和日间照料项目而非长期照料项目。

（三）从以利为利走向以义为利，共建多层次养老服务体系

当前，市场机构秉持以利为利的行动逻辑，将“补贴型服务”转换为纯盈利的生活性养老服务，这就导致原本立体多层次的养老服务体系出现扁平化趋势，无力完成兜底保障和普惠于民的政策目标。以利为利具体体现为：市场秉持纯粹盈利导向，将多层次养老服务类型按照补贴力度和盈利机会，重新划分为“赚 0 次钱”的服务、“赚 1 次钱”的服务和“赚 n 次钱”的服务，并且致力于将“赚 0 次钱”的服务和“赚 1 次钱”的服务转变为“赚 n 次钱”的服务。[①] 实际上养老驿站作为半公益半营利性机构，应在政府补贴的基础上让利于民、以义为利，先通过不太赚钱的服务和老人

① “赚 0 次钱”的服务是兜底性养老服务，盈利完全来自政府补贴，而不能从老人手里赚钱；“赚 1 次钱”的服务是普惠性养老服务，盈利部分来自政府补贴，但也能从老人手里适当赚钱；“赚 n 次钱”的服务是生活性养老服务，没有政府补贴，盈利来自完全市场化的运营。

及其家庭建立互信关系，打下自己的口碑，赢得老人和基层政府的信任，然后再开拓更加多元、完全盈利的生活性养老服务，即机构需要将以利为利的行动逻辑转换为以义为利的行动逻辑，与政府共同构建多层次养老服务体系。

B.22
北京智慧社区和居家养老的融合发展研究报告

朱　赫*

摘　要：　本报告对北京市智慧社区和居家养老的现状、经验及发展趋势进行了深入分析，凸显了在应对人口老龄化挑战中智慧社区和居家养老的重要作用。通过融合物联网、大数据、人工智能等尖端技术，这些服务不仅显著提升了老年人的生活质量，也极大提高了养老服务的效率与质量。北京市的政策支持和技术积累为智慧养老发展奠定了坚实基础。本报告通过分析北京地区智慧社区和居家养老服务的典型案例，归纳了其难点、成功要素和可复制性，梳理出智能社会社区和居家养老的发展路线，以期为未来的智慧社会建设和居家养老服务发展提供参考。

关键词：　智慧社区　居家养老　融合发展

一　引言

（一）北京的人口老龄化

北京市面临的老龄化问题日益严重，这一趋势通过几个关键数据得以清晰展现。截至2022年，北京市60岁及以上常住人口已达到465.1万人，相比上一年增加23.5万人，这是近五年来的最高增幅。更为明显的是老年抚

---

* 朱赫，博士，北京工业大学文法学部社会学系讲师，研究方向为劳动就业和养老政策。

养比的上升。2022 年，北京的老年抚养系数达到 51.1%,[①] 较上年增长 3.8 个百分点，意味着每两名劳动年龄人口需要抚养一名老年人。此外，按 15~64 岁劳动年龄人口抚养 65 岁及以上人口计算，老年抚养系数为 32.7%，较上年也增长 2.7 个百分点。这些数据反映出北京老年人口数量快速增长，以及老年人口在总人口中所占比重持续提高，从而对社会、经济和养老服务体系提出了新的挑战和要求。[②]

老龄化对社会福利、医疗保健和经济产生了显著影响。在社会福利方面，需扩大养老金、退休福利、养老服务的覆盖范围，增加政府和社会的财政负担。医疗保健领域，老年人数量的增加导致其对医疗资源和长期护理服务的需求增长，加重医疗系统的压力。经济层面，劳动力市场可能面临劳动力短缺，尤其是在特定行业，同时老年人的消费模式也可能改变，影响经济增长的动态。因此，老龄化是一个综合性挑战，需要采取多方面的策略和措施来应对。

（二）智慧社区和居家养老

1. 智慧社区和居家养老的结合

将居家养老融入智慧社区的设计中，不仅是应对老龄化问题的创新举措，更是提升老年人生活质量的关键举措。社区养老的优势在于，社区内集中的健康检查、日常护理和紧急救助服务优化了资源配置，降低了成本，并促进了老年人的社交互动，减少其孤独感，促进其心理健康。通过智慧技术的辅助，居家养老可以更有效地满足老年人的多样化需求。智慧社区通过集成先进的信息技术，如物联网、大数据和人工智能，使老年人在熟悉的环境中安度晚年，获得极大便利和安全保障。这不仅降低了对机构的依赖，还减轻了家庭成员的照护压力，使传统中国式家庭文化中的“儿女子孙膝下承欢”成为可能，提升了老年人的获得感、幸福感和安全感。

---

① 按 15~59 岁劳动年龄户籍人口抚养 60 岁及以上户籍人口计算。

② 具体数据均来自北京市老龄办、市老龄协会等发布的《北京市老龄事业发展报告（2022）》，https：//wjw.beijing.gov.cn/wjwh/ztzl/lnr/lljkzc/lllnfzbg/202310/P020231023507927451629.pdf，2023 年 6 月 29 日。

2. 政策支持和养老服务的发展方向

近三年来，北京市在应对人口老龄化的挑战中，发布了一系列重要的科技应用和社区养老的政策和规划，旨在通过整合资源、提升服务质量与效率以及推动技术创新和应用，全面布局智慧养老领域。《北京市“十四五”时期老龄事业发展规划》聚焦人口老龄化的趋势，提出构建全生命周期健康服务体系，强调养老服务与健康服务的融合，推动智能化、精准化服务的发展。① 此外，《北京市养老服务专项规划（2021 年—2035 年）》致力于发展居家、社区和农村养老服务，设立“15 分钟服务圈”，以确保老年人享受便捷、高品质的养老服务，同时规划包括完善社区资源和建立农村养老服务网络等措施。② 《智慧健康养老产业发展行动计划（2021—2025 年）》由多个部门共同制定，旨在推动智慧养老产业的技术支持和网络基础发展。③ 《北京市卫生健康委员会关于印发 2022 年北京市老龄健康工作要点的通知》则聚焦医养结合机构的远程协调行动，探索医养康养联合体模式，并完善老年健康服务体系，包括安宁疗护服务、老年医疗护理服务试点和失能失智管理项目。④ 这些政策和规划体现了北京市应对老龄化问题的深思熟虑，推动现代化新技术在养老服务中的应用，促进社区养老和居家养老的发展。

二　北京智慧社区和居家养老的探索

（一）北京的智慧社区

智慧社区是一个综合应用现代信息技术，特别是物联网、大数据、云

---

① 《北京市“十四五”时期老龄事业发展规划》，https：//www. beijing. gov. cn/zhengce/gfxwj/sj/202111/t20211126_ 2545746. html。

② 《北京市养老服务专项规划（2021 年—2035 年）》，https：//www. beijing. gov. cn/zhengce/zhengcefagui/202109/W020220118588954060439. pdf。

③ 《智慧健康养老产业发展行动计划（2021—2025 年）》，http：//www. nhc. gov. cn/lljks/zcwj2/202110/597c48d327744dc1976cf9b6972e5a4f/files/329d2a2bf9ca425a916b2e69ae8f4735. pdf。

④ 《北京市卫生健康委员会关于印发 2022 年北京市老龄健康工作要点的通知》，https：//wjw. beijing. gov. cn/zwgk_ 20040/zxgk/202203/t20220325_ 2639975. html。

计算和人工智能等，以提升社区管理效率和居民生活质量的先进社区模式。其核心目的是通过智能化手段，实现社区服务、管理和生活的全面升级，从而促进形成更加和谐、便捷和可持续的社区环境。智慧社区的特点主要包括社区信息化建设以实现对社区环境、安全、能源使用等的实时监控和管理；智能化便民服务，包括但不限于在线预约、电子支付、远程医疗咨询等；以及建立电子社区平台，鼓励居民参与社区治理和活动，增强社区凝聚力。

北京智慧社区的发展历史是中国城市化和信息化的缩影，其沿革体现了科技与城市生活的融合，其发展历程可分为两个阶段。起步阶段（2012~2020年）：北京市政府在这一阶段发布了一系列重要政策，如2012年的《北京市人民政府关于印发智慧北京行动纲要的通知》（失效），[①] 以及2016年的《北京市“十三五”时期信息化发展规划》，[②] 这些政策文件为智慧社区建设提供了明确的指导和规划，共认定北京市星级智慧社区782个，其中，2014年新建星级智慧社区508个，升星建设星级智慧社区274个[③]，探索了智慧社区建设的有效路径和模式，智慧社区的建设内容变得更加丰富，涵盖“智慧物业、智慧生活、智慧治理”，逐步形成了综合的智慧社区体系。发展阶段（2021年至今）：进入2021年，北京市智慧社区建设步入发展阶段。2021年发布的《北京市“十四五”时期智慧城市发展行动纲要》[④] 和2022年实施的《智慧小区建设技术规程》[⑤] 提出了更为详细和深入的建设目标，强调到2025年将北京建设成为全球新型智慧城市的标杆城市。

---

① 《北京市人民政府关于印发智慧北京行动纲要的通知》（失效），https://www.beijing.gov.cn/zhengce/zfwj/zfwj/szfwj/201905/t20190523_72559.html。

② 《北京市人民政府关于印发〈北京市“十三五”时期信息化发展规划〉的通知》，https://www.beijing.gov.cn/gongkai/guihua/wngh/sjzdzxgh/201905/t20190522_60007.html。

③ 《关于认定2014年北京市星级智慧社区的通知》，https://www.beijing.gov.cn/zhengce/zhengcefagui/201905/t20190522_58192.html。

④ 《北京市“十四五”时期智慧城市发展行动纲要》，https://www.beijing.gov.cn/hudong/gfxwjzj/zjxx/202011/P020201123406057449149.pdf。

⑤ 《智慧小区建设技术规程》，https://dbba.sacinfo.org.cn/attachment/downloadStdFile?pk=6ec1eeb52280c8a5c29d7a42ef5e0ed27be9dda8d011b0da782b786dba6d0f43。

2022年发布的《北京市“十四五”城乡社区服务体系建设规划》[①] 对智慧社区建设提出了更为明确的标准和要求。这些阶段不仅展示了北京市智慧社区建设的积极进展，也反映了科技进步与城市社区生活紧密结合的趋势，展现了北京在建设现代化国际大都市过程中的探索和实践。

（二）北京的居家养老服务模式

居家养老是指老年人在自己熟悉的家庭环境中接受的一系列养老服务和照护，其主旨在于使老年人能在家中安心、舒适地度过晚年，同时满足其身体、心理和社交需求。这种养老模式强调老年人的自主性和独立性，兼顾情感联系和生活习惯的延续。其核心要素包括生活照顾、健康管理、情感和社会支持、专业服务。生活照顾涵盖日常生活中的基本需求，如饮食、清洁、购物和服药管理；健康管理则侧重定期的健康检查、疾病预防、治疗和康复服务；情感和社会支持强调通过家庭、邻里和社区网络提供的情感慰藉和社交活动；专业服务则由专业养老机构或社区驿站提供短期服务，包括专业护理、心理咨询和康复治疗。居家养老的目标是保障老年人在自己的家庭环境中的安全、舒适，并享有尊严和自主权，保障其身心健康和社会福祉。这要求社会、政府和家庭共同努力，构建一个全面、多元和可持续的居家养老服务体系。

在北京这样一个人口密集、经济发达的大都市中，居家养老服务在提供便利和舒适的生活环境方面发挥了重要作用，但也面临一系列挑战和需要改进的空间。一方面，尽管北京的居家养老服务在资源配备和服务质量上相比其他地区有较大优势，但在服务的均衡性、专业人员配备以及个性化服务方面仍有不足。尤其是在老年人口迅速增长的背景下，专业护理人员的缺乏以及服务标准的不统一成为突出问题。另一方面，面对日益增长的老年群体，如何满足他们多样化和个性化的需求成为一大挑战。老年人不仅需要基本的生活照护，还期望得到更多关注其心理健康、社交活动以及紧急医疗救护的服务。

---

① 《北京市人民政府办公厅关于印发〈北京市“十四五”城乡社区服务体系建设规划〉的通知》，https：//www.beijing.gov.cn/zhengce/zfwj/zfwj2016/bgtwj/202209/t20220921_2819861.html。

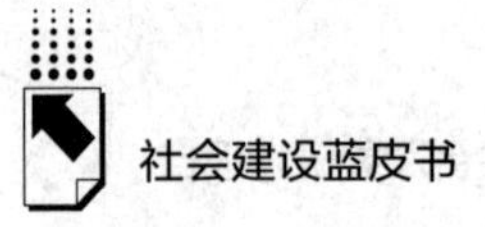

（三）智慧社区和居家养老的实践场景

智慧养老手段在北京的居家养老服务中变得尤为重要。利用物联网、大数据、人工智能等技术，可以实现对老年人健康状况的实时监测，促进其居家安全和提高舒适度，以及提供更加个性化的服务。这些技术的应用极大地提升了老年人的生活质量和居家养老服务的效率，同时也降低了家庭和社区的照护负担。随着技术的不断发展和创新，未来智慧社区和居家养老服务将更加智能和人性化。智慧技术在改善老年人生活质量方面发挥了显著作用，具体应用体现在以下几个方面。

健康监测和紧急响应。运用物联网技术的智能穿戴设备能够实时监测老年人的生命体征，如心率、血压和睡眠质量。例如，某智慧社区为老年人配备了智能手表，这些手表能够监测心律不齐和跌倒等紧急情况，并在异常发生时立即通知家庭成员和医疗服务提供者，确保及时得到救治，这大大降低了老年人居家生活的风险。

智能家居系统。利用智能家居系统，老年人可以更容易地控制家中的电器，如灯光、暖气和窗帘。例如，在一些改造过的家庭中，通过语音命令就能控制灯光和温度，避免老年人频繁起身造成的风险。智能门锁和安全摄像头增强了家庭的安全性，让老年人和他们的家庭成员感到更加安心。

远程医疗服务。通过云计算和大数据分析，医疗服务提供者能够远程监控老年人的健康状况，并提供远程诊断和咨询服务。例如，一些社区通过建立远程医疗服务中心，使老年人可以在家中通过视频通话接受医生的咨询，减少了去医院的需求，特别是对行动不便的老年人来说，这极大地提高了他们获取医疗服务的便利性。

智能社交和娱乐平台。人工智能技术支持的社交和娱乐平台能够根据老年人的兴趣和偏好推荐相应的活动和内容，有助于减少他们的孤独感。例如，平板电脑和智能电视可以提供定制化的娱乐节目，如音乐、电影和健身视频，同时允许老年人与远方的家人和朋友保持视频通话，增加他们的社交互动。

家庭护理机器人。在某些先进的智慧社区中，家庭护理机器人被用于协助老年人的日常生活，如提醒用药、提供简单的生活服务和陪伴交流。这些机器人通过学习老年人的行为习惯和偏好，提供更加个性化的服务。

三　案例研究

（一）实践案例介绍

案例1　北京市海淀区燕园街道智慧社区暨智慧养老服务中心

项目概况：北京市民政局与海淀区人民政府签订《关于在海淀区开展全市“智慧养老”试点工作合作框架协议》，海淀区智慧养老项目是北京市在智慧社区和居家养老领域的一个重要探索，旨在利用高科技手段为老年人提供优质的居家养老服务。燕园街道智慧社区暨智慧养老服务中心依托互联网与大数据的优势，搭建了一个能够覆盖北京大学周边社区的智能化、信息化智慧服务平台，包括一个调度指挥中心、一套智慧养老暨社区服务管理系统和首期700套家庭智能服务终端。

技术应用：项目的核心在于运用一系列高科技手段，如物联网、人工智能、大数据等，实现对老年人生活的智慧化管理和服务。家庭智能服务终端充分利用互联网和大数据的优势，采用线上和线下相结合的模式，即时响应老年人的服务需求，包括紧急救援、家政服务、休闲娱乐等。智能终端还能对这些服务进行全程监控，确保服务质量和安全性。此外，为应对老年人的突发紧急情况，特别配备了拉绳警报器，老年人只需拉动拉绳或按下紧急呼叫按钮，设备就能及时将紧急情况通知到家属。无论家属身在何处，都能第一时间得知老人的情况，及时提供帮助。

运营模式：该项目由街道政府牵头，联合北京大学和相关部门共同参与。在运营方面，项目整合了医疗、养老和社区服务资源，建立了一个覆盖全区的多层次服务网络。此外，项目还提供定制化服务，根据每位老年人的具体需求，提供个性化的照护方案。

案例2　北京市石景山区八角街道智慧养老平台

项目概况：石景山区八角街道智慧养老平台作为北京市应对老龄化社会挑战的一项创新举措，代表了智慧养老服务的新方向。该项目的核心是利用先进的信息技术，为街道大约1/4的60岁以上老年人提供全面而便捷的养老服务。街道通过这个平台，实现了养老服务的智慧化、系统化和个性化，有效地改善了老年人的生活质量。

技术应用：八角街道智慧养老平台的技术应用涉及多个方面。主要包括养老数据的互联互通、智能健康监测设备、自助式养老服务预约平台等。例如，老年人可以通过刷脸技术在养老驿站就餐，同时智慧腕表等设备用于健康监测，可以在紧急情况下快速定位和提供救助。这些技术的应用大大提高了养老服务的效率和质量。

运营模式：项目运营采用"政府—企业—个人"协同模式，即政府主导建设和管理，企业参与服务提供，个人即老年人和家庭作为服务的直接受益者。政府在资金、政策支持和监管方面发挥关键作用，而企业则通过提供技术和服务来满足老年人的具体需求。

案例3　北京市西城区什刹海街道智慧养老项目

项目概况：西城区什刹海街道的"智慧养老·科技助残"项目是一个精心设计的居家养老模式，旨在为老年人提供智慧化、个性化的养老服务。项目包括智慧养老小屋和安居体验间，通过引入国内外的先进智慧科技产品，提升老年人及其家庭成员的科技素养和安全意识。

技术应用：项目中的关键技术包括智能水表、智能煤气表等实时监控设备，以及智能烟感、水浸、门磁、红外线、视频监控、智能网关等智能监测设备。这些技术用于监测家中的异常情况，如水、煤气泄漏，以及老年人的健康状况，如跌倒、心梗等紧急情况，能够及时发出报警并通知监护人或其他指定人员。

运营模式：项目以街道为中心，结合数字应用和人工服务、线上监测和线下响应机制。已经有20多户高龄、独居老年人家庭安装了智慧养老小屋的系统和设备。街道还打造了“15分钟为老服务圈”，通过一键打车、一键救援、智能守护等举措，提供全面的养老服务。

（二）案例分析

本报告通过分别分析北京三个智慧养老项目（海淀区燕园街道智慧社区暨智慧养老服务中心、石景山区八角街道智慧养老平台和西城区什刹海街道智慧养老项目）的成功要素和可复制性，为北京智慧社区和居家养老的有效结合提供经验。

1. 成功要素

成功要素涵盖了集成先进技术、协作运营模式、注重人性化服务以及个性化和全面的护理四个关键方面。首先，集成先进技术。海淀区项目实施综合家庭智能服务终端，用于健康监测和智能家居管理；石景山区项目利用数据互联和智能健康监测设备；西城区项目更关注为老年人，尤其是独居老人量身定制的智能居住环境。其次，协作运营模式。海淀区项目主要是“政府—高校”协作；西城区项目是“政府—科技公司—服务提供商”的合作；石景山区项目则通过“政府—企业—个人”协作模式有效整合资源，提高服务效率和扩大覆盖面。再次，注重人性化服务。每个项目都强调方便老年人使用，使技术更容易获得和更方便用户。最后，个性化和全面的护理。基于个人需求和健康状况的定制服务是这些项目的核心内容。

2. 可复制性

这些项目展示了适应性强的技术框架、可扩展的运营模式以及社区参与和教育的重要性。技术框架的灵活性允许项目根据不同地区的具体人口需求进行定制，确保了技术解决方案的高度适应性。特别是石景山区项目中的合作运作模式，展示了如何有效整合政府、企业和个人的资源，这种模式不仅可以在其他地区复制，还可以根据当地的具体情况进行相应的调整，以确保项目的可持续性和效率。此外，对老年人进行技术使用教育被证明是成功实施这些项目的关键，通过提高他们的技术接受度和使用能力，确保技术解决方案在各种社区环境中的有效实施和广泛应用。

3. 项目实施的难点和经验

在智慧养老项目的实施过程中，主要面临以下三大挑战（见图1）。首先，老年人对新技术的接受度和适应性问题。很多老年人对新兴的智慧技术感到陌生，难以快速适应。为了解决这一问题，项目方开展了专门的智慧科技使用培训和教育活动，旨在提高老年人的科技接受能力和安全意识。通过举办科普讲座、培训班和体验活动，帮助老年人更好地理解和使用智慧设备。

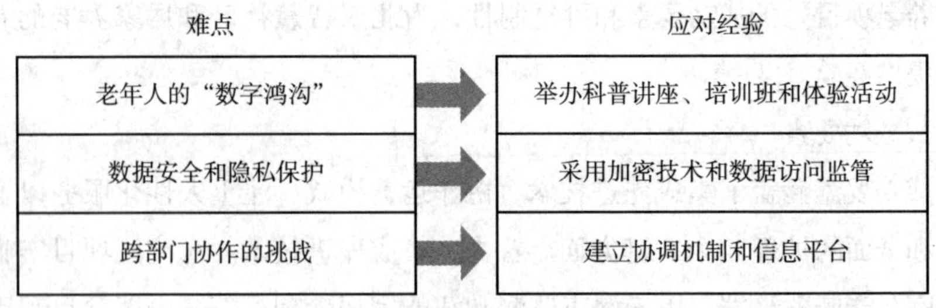

图1 项目难点和应对经验

其次，数据安全和隐私保护问题。随着智慧养老服务对个人数据的依赖性增强，数据安全和隐私保护成为重要挑战。为此，项目方加强了数据管理和保护措施，采用加密技术和严格的数据访问控制，确保老年人的个人信息安全。同时，通过教育活动提升老年人对个人数据的保护意识。

最后，养老项目在实施过程中面临跨部门协作的复杂协调和沟通挑战。项目的落地需要整合政府、医疗机构、技术供应商和社区组织的资源，应确保各方目标一致，减少信息不对称。项目通过建立统一的协调机制和定期召开跨部门会议，明确各方职责和任务，并设立数字信息沟通平台进行信息共享和资源整合，来应对这些难点。定期的协调会议和反馈机制能够有效并及时解决问题，优化合作方式，提升项目的整体效率和效果。

（三）北京智能社会社区和居家养老的发展路线

通过追踪这些项目的发展，可以总结出北京智能社会社区和居家养老的发展路线，北京智能社会社区和居家养老的发展路线勾勒出未来老年人护理和生活的蓝图。整体而言，北京智能社会社区和居家养老的发展路线是一个从技术应用开始，逐步深入社会融合和全面服务的渐进过程（见图 2），旨在为老年人提供全面、高质量的智慧养老服务。

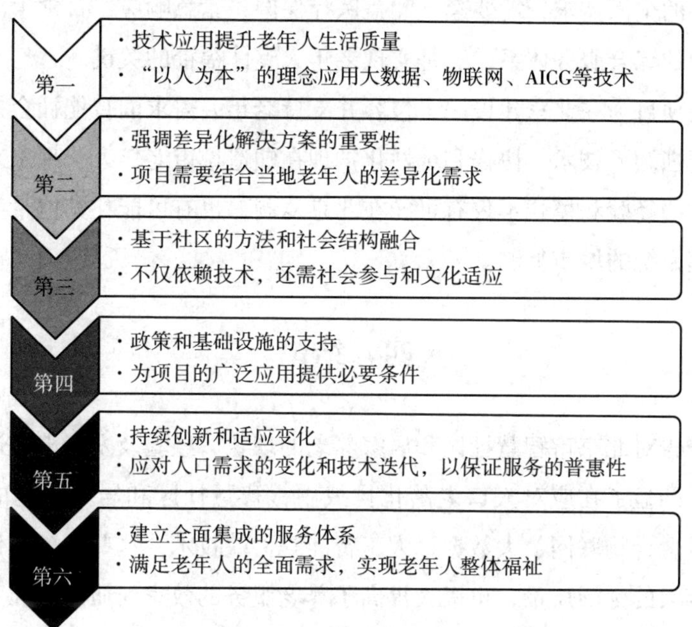
第一
·技术应用提升老年人生活质量
·“以人为本”的理念应用大数据、物联网、AICG等技术
第二
·强调差异化解决方案的重要性
·项目需要结合当地老年人的差异化需求
第三
·基于社区的方法和社会结构融合
·不仅依赖技术，还需社会参与和文化适应
第四
·政策和基础设施的支持
·为项目的广泛应用提供必要条件
第五
·持续创新和适应变化
·应对人口需求的变化和技术迭代，以保证服务的普惠性
第六
·建立全面集成的服务体系
·满足老年人的全面需求，实现老年人整体福祉

图 2　北京智能社会社区和居家养老的发展路线

第一，技术应用提升老年人生活质量。作为起点，智慧社区和居家养老项目通过技术应用，如物联网、大数据等，致力于提高老年人的生活质量，特别是在智能社会背景下能产生显著效果。第二，强调差异化解决方案的重要性。随着技术应用的深入，项目的成功逐渐凸显出为满足老年人多样化需求而设计的定制化服务和设施的重要性，这强调了服务的个性化和针对性。第三，基于社区的方法和社会结构融合。项目发展需要采取基于社区的方法，并与当地社会结构深度融合，这意味着项目不仅依赖技术，还需社会参与和文化适应。第四，政策和基础设施的支持。项目的进一步推广和成功依赖政策支持和强大的基础设施建设，这些为项目的广泛应用提供必要条件。第五，持续创新和适应变化。为了应对人口需求的变化和技术发展，项目需

要持续创新和适应，这保证了服务的持续性和时代性。为了确保所有老年人都能从技术进步中受益，项目需要解决数字鸿沟问题，并提供无障碍服务，这保证了服务的普及性和公平性。第六，建立全面集成的服务体系。为了满足老年人的全面需求，需要建立涵盖医疗保健、紧急响应、日常生活援助和社会活动的综合服务体系，这是实现老年人整体福祉的关键。

这些项目为在北京建设一个包容并支持老年人需求的智能社会提供了路线。它们强调了技术、协作和个性化护理在塑造城市老年人护理未来中的重要性。这些经验和模式不仅有可能在北京复制，也有可能在其他希望完善老年人护理系统的城市复制。

四　结论

本报告对北京市智慧社区和居家养老的现状、经验及发展趋势进行了深入分析，凸显了在应对人口老龄化挑战中，智慧社区和居家养老的重要作用。通过融合物联网、大数据、人工智能等尖端技术，这些服务不仅显著提升了老年人的生活质量，也极大提高了养老服务的效率与质量。北京市的政策支持和技术积累为智慧养老的发展奠定了坚实基础。本报告通过分析北京地区智慧社区和居家养老服务的典型案例，归纳了其难点、成功要素和可复制性，梳理出智能社会社区和居家养老的发展路线，以期为未来的智慧社会建设和居家养老服务发展提供参考。

展望未来，北京智慧社区和居家养老的发展将更加迅速和深入。技术融合与创新，如人工智能、物联网和大数据的应用，预计将进一步提高老年人的生活质量，使养老服务更加个性化和高效。政策和市场的协同推动，特别是政府的持续支持和私营部门的参与，将加速智慧养老服务的普及和创新。同时，服务模式将趋向多样化和定制化，以满足老年人的不同需求。此外，提高服务的普及性和可及性，确保所有老年人均能享受到高质量的智慧养老服务，将是未来发展的重点。社区的积极参与和社会融合也将在智慧养老服务中发挥关键作用，其不仅提升了老年人的社会参与度，还提高了他们的生活满意度。

Abstract

This book is the research result of the "Beijing Society-building Analysis Report" Research Group of Beijing University of Technology from 2023 to 2024. It is divided into six parts: General Report, Special Report, Social Governance, Livelihood and Welfare, Social Work, and Elderly Care Services. The report analyzes the main achievements and challenges faced by Beijing's Society-building in 2023 based on statistical data released by the Beijing Municipal Party Committee, Municipal Government, and relevant departments, as well as observations and survey by members of the research group. Policy recommendations are proposed for future society-building.

In 2023, Beijing adhered to the best good standard, strengthen the construction of the "four centers" function, improve the level of the "four services", deepen the "five sub" linkage services, and integrate into the new development pattern. On the basis of coordinated development and security, Beijing has focused on boosting confidence, strengthening innovation, optimizing functions, promoting coordination, promoting governance, and benefiting people's livelihoods, achieving economic recovery and overall social stability. Continuously improving quality and efficiency in employment, education, healthcare, elderly care, protection for vulnerable groups, urban renewal, and other areas, strengthening party building to lead social governance and the construction of social work talent teams, empowering smart city construction through digitization, and promoting scientific, democratic, and lawful decision-making. At present, there are still some difficulties and challenges in employment, education, elderly care, and other aspects of society-building in Beijing. The governance of "big city diseases" requires long-term efforts, grassroots social governance needs to be improved, and public safety risks still exist. In the future, Beijing needs to further improve people's livelihood, implement the requirements of the "Seven You and Five Xing", focus on public demands, strengthen grassroots social governance, and strive to enhance the sense of gain, happiness, and security of the people.

Keywords: Social Construction; Social Governance; People's Livelihood; Social Work; Elderly Care Service

Contents

I General Report

Abstract: In 2023, Beijing adhered to the standard of the first good, continuously improve quality and efficiency in the fields of employment, education, health care, elderly care, protection for vulnerable groups, urban renewal, and cultural development. Party building will lead social governance, strengthen the development of social work professionals, build smart cities empowered by digitization, promote scientific, democratic, and law-based decision-making, and focus on key livelihood demands. At present, there are still some problems and challenges in Beijing's social construction in employment, education, elderly care and other aspects, the "big city disease" control needs a long time to work, grass-roots social governance needs to be improved, and public security risks still exist. In the new era, Beijing needs to further improve people's livelihood, implement the requirements of the "seven accesses and five expectations", focus on public demands, strengthen primary-level social governance, and strive to enhance the people's sense of gain, happiness, and security.

Keywords: Social Construction; People's Livelihood; Social Governance; Beijing

Ⅱ Special Report

B.2 Deeply Promote the Reform and Development of the Capital's Civil Affairs Stablize the Inclusive and Basic Work of Social Construction

Qiu Weiwei, Zhang Zehua and Li Jiaona / 023

Abstract: In 2023, as Beijing Cival Affairs followed the guidance of Xi Jinping Thought on Socialism with Chinese Characteristics for a New Era, implemented the guiding principles from the Party's 20th National Congress and the spirit of the 13th Beijing Municipal Party Congress, proactively took responsibility and redoubled efforts to promote the development of Beijing as the capital of the nation in the new era, deepened the reform and innovation in key areas, all work has reached a new level. After the new round of institutional reform, the civil affairs department will further return to its traditional functions, focus on its main responsibilities, and stablize the inclusive and basic work of social construction such as aging and elderly care services, child welfare and protection, social assistance, social welfare, social organizations, and charity.

Keywords: Social Construction; People's Livelihood Security; High-Quality Development

Ⅲ Social Governance

B.3 The Report on the Conference on Multiple Dialogue and Communication Resolve the Dilemma About the Renewal on the Aging Facilities in Community

Li Haiying, Han Xiuji, Cheng Bowen and Yang Xingxing / 032

Abstract: The management about property is a difficult problem of social governance in community. *Danwei* system in 1950 –1990s was vanished after the reform on the social management of grassroots in2000s. The social differentiation under the push from market make a change into new cooperation structure of multi-agents in community. However, the boundaries of behavior and the division of rights and responsibilities between multiple agents always fall into disputes.

The paper takes the repair of the elevators caused by the aging and damage in a community, in Changping District, Beijing, as a typical case to illustrate that the renewal of community public facilities is more faced with the problem of public opinion integration than the construction technology. Based on the analysis of whole elevator-repair process, it is found that the process of the elevator-repair includes four steps from propose the problem, reach on consensus, stagnate in halfway, and to finally solve the problem. Based on coordination of the Party in grassroots, the conference on multiple dialogue and communication in the case community can work in function derived by different motions in two stages. There is a good reference significance for other regions to carry out the conference on multiple dialogue and communication.

Keywords: Renewal on the Aging Facilities in Community; the Conference on Multiple Dialogue and Communication; Coordination of the Party in Grassroots; Multiple Agents; Division and Cooperation

Abstract: As a platform for community residents to participate in community governance, community self-organisations play an important role in cultivating residents' awareness of participation, expanding residents' participation, providing community services and promoting community harmony. In this paper, we take a representative urban community in Beijing with better social capital as an example, and investigate the current situation of community self-organisations, their relationship with ordinary residents, their relationship with neighbourhood committees, and their participation in community governance. This study finds that Beijing's urban community self-organisations mainly suffer from a lack of resources and professional support, a single type of organisation with limited coverage of groups, and a narrow space for improvement and difficulties in sustainable development. Based on this, this paper puts forward the suggestions of arranging professional staff and strengthening the guidance of social workers, expanding the scope of services to meet different needs, and introducing external resources and strengthening exchanges and co-operation, with a view to providing useful references for the development of urban community self-organisations and community governance in Beijing.

Keywords: Community Self-Organisation; Resident Participation; Community Governance; Beijing

B.5 Community Mobilization and Property Service: A Study on the Strategy of Community Garbage Classification in Beijing

Abstract: In the 2023 Beijing Municipal Government Work Report, it is proposed to continue to do a good job in garbage classification and property management. The community is the main field of property services and domestic waste classification and collection. This paper selects seven communities, including old communities, commercial housing communities, and mixed communities, to conduct field research. It is found that although different types of communities have certain differences in resource endowments, specific strategies adopted, and the power relationship structure of the participants, there is a gradual convergence trend in the garbage classification strategy-taking into account the mobilization of residents and market services. The core mechanism of residents ' mobilization is human-driven differential mobilization, performance-driven potential energy accumulation, and procedural mobilization of residents' deliberation. The market service subject with property enterprises as the main body has shifted from the mobilized to the management responsible person, and the property form is directly related to the level of property service. Therefore, on the basis of continuous mobilization of residents, we should promote the property alliance model, strengthen the guidance and management of property enterprises, and promote the flow of information and resources among property enterprises, so as to activate and enhance the role of property enterprises in grassroots governance such as community domestic waste classification.

Keywords: Domestic Waste Classification; Residents Mobilization; Property Service

Abstract: The construction of a complete residential community is an important measure to address the inadequate reflection of community services and the insufficient convenience of community life in urban community construction, and to improve the quality of community life. As the capital and a super large city, Beijing has explored different models of complete residential community construction based on the renovation and urban renewal of old residential areas, the construction of a 15 minute service circle and community service system. This not only helps to achieve the goal of becoming an international first-class harmonious and livable city, but also brings experience and reference for future urban community construction in China.

Keywords: Complete Residential Community; Community Construction; Community Service; Beijing

Abstract: The development of Marxism with Chinese characteristics in the contemporary context must be deeply rooted in our cultural heritage. Community governance, as an essential living community, should align with the logic of people's daily lives. The abundant social resources closely linked to modern governance are embedded within the rich traditional Chinese culture, which can provide materials and support for current community governance while continuously integrating and evolving. Drawing on an overview of the integration of grassroots community governance with excellent traditional culture in the capital, this article analyzes the integration mechanism and refines the path for enhancement, aiming to further promote high-quality integrated development of traditional cultural inheritance and innovative grassroots community governance.

Keywords: Grassroots Community Governance; Traditional Culture; Integrated Development; Beijing

Ⅳ People's Livelihood

B.8 Analysis of Household Consumption of Beijing Residents in 2023

Zhao Weihua, *Wang Zihao* / 101

Abstract: 2023 is a new starting point for economic growth after the Epidemic, and also a crucial year for economic and social development during the 14th Five Year Plan period. Based on data from the Beijing Municipal Bureau of Statistics and other authoritative statistical data, this article analyzes the consumption situation of households in Beijing. Research has found that the recovery trend of household consumption in 2023 is significant, with a recovery in household consumption levels, a rebound in consumption tendencies, and new changes in consumption structure, such as a decrease in Engel's coefficient and an increase in the proportion of education, culture, and entertainment consumption. As a result, there have been some new hot spots in household consumption. The reason for the recovery of consumption is attributed to factors such as improved employment situation, restorative growth in household income, and gradual recovery of consumer confidence. However, the large income gap among residents, unstable employment expectations, and Rationalization of consumer psychology are not conducive to the faster growth of household consumption. Based on research findings, the following policy recommendations are proposed: expanding employment capacity and ensuring quality, paying attention to the employment issues of young people; Improve the income of middle and low-income groups and narrow the income gap; Strengthen social security and promote the upgrading of consumer spending ; Adjusting economic and social policies to unleash more consumption potential; Adjusting the vacation system and expanding leisure consumption etc.

Keywords: Expand Domestic Demand; Household Consumption; Consumption Level ; Consumption Structure

Abstract: The "Double Reduction" policy aims to create a healthy educational ecosystem and effectively alleviate parental anxiety. Although the policy has achieved some initial success, it has also led to unanticipated consequences, with educational anxiety among middle-income parents remaining unresolved. The study finds that middle-income parents in Beijing continue to experience educational anxiety under the "Double Reduction" policy. This anxiety manifests in various forms, including anxiety over exam scores, access to high-quality educational resources, competition between families, and concerns about educational tracking. Fundamentally, this educational anxiety stems from class anxiety, reflecting parents'concerns about their children's future socioeconomic status in a competitive society. Therefore, ensuring baseline educational equity, improving the basic education ecosystem, advancing the reform of educational tracking, and strengthening parenting education guidance services are essential measures to alleviate the educational anxiety of middle-income parents and to effectively achieve the goals of the "Double Reduction" policy.

Keywords: "Double Reduction" Policy; Parental Anxiety; Middle-income Group

B.10 Research on the Perception of Gain and Complaint Behavior of Residents in Beijing's Equity-based Affordable Housing

Li Xi / 130

Abstract: Equity-based affordable housing represents a significant strategy in China's accelerated establishment of a multi-provider supply system, diversified safeguards, and a combined rental and purchase housing model, serving as an innovative approach to secure and improve people's livelihoods amidst development. As a national testbed for the shared ownership housing policy, Beijing shoulders the vital mission of exploring new policy experiences. This research, grounded in primary data collected from a 2024 questionnaire survey, assesses policy effectiveness using Beijing's shared ownership housing residents' subjective perception of gain and objective complaint behaviors. The findings indicate two key points: Firstly, shared ownership policy contributes to an overall enhancement of homebuyers' sense of gain, although administrative burdens somewhat undermine residents' perception of the adequacy of governance resources. Secondly, residents of shared ownership housing exhibit a heightened tendency for collective complaints, exacerbated in the digital era by the potent policy feedback from younger, more educated buyers amidst less responsive local governance, leading to the online dissemination of grievances within the group. Accordingly, megacities like Beijing would significantly elevate residents' sense of satisfaction and enhance community governance performance, if they could intensify the post-delivery governance investments in affordable housing, facilitate interdepartmental collaboration among departments of housing construction department, civil affairs and social services, nurture the co-governance capabilities of multiple stakeholders through an integration of online and offline mechanisms. In this way, the affordable housing construction could transfer from merely ensuring basic accommodation to promoting truly livable residences.

Keywords: Policy of Shared Ownership Housing; Perception of Gain; Livable Residences; Micro-governance Performance of Megacities

Abstract: Maintaining a favorable state of population fertility serves as the foundation for a country's sustained high-quality development and its progression towards modernization. In response to the declining birth rates in our nation, enhancing fertility levels and promoting high-quality population development have emerged as key strategies in the new era of population development. Actively advancing the construction of a fertility-friendly society has thus become a vital and necessary endeavor. This report focuses on the Beijing-Tianjin-Hebei region, constructing a Fertility-Friendliness Index from three dimensions-social policies, economic safeguards, and population structure-and conducting calculations to analyze the level and changes in the construction of a fertility-friendly society within this region. The study reveals that the efforts towards building a fertility-friendly society in the Beijing-Tianjin-Hebei region exhibit positive development trends, albeit with noticeable disparities. Beijing consistently ranks at the forefront in terms of the fertility friendliness index, whereas Tianjin has surpassed Hebei after initially lagging. Considering the practical challenges confronted in fostering a fertility-friendly environment, this report proposes that the Beijing-Tianjin-Hebei region must not only further refine the policy system encompassing childbirth subsidies, maternity insurance, childcare services, and parental investment but also tailor these measures to local realities. Leveraging regional resource advantages, a classified and phased approach to advancing the construction of a fertility-friendly society should be adopted, ensuring comprehensive and effective support for families and individuals.

Keywords: Beijing-Tianjin-Hebei Region; Fertility-Friendliness Index; Society-building

B.12 A Survey on Resident Satisfaction with the "Seven Possesses" goal and the "Five Qualities" Needs of Beijing Urban Sub center

Chen Feng, Chang Rui, Xu Hongyu and Yan Zehua / 163

Abstract: The degree of achievement of the "Seven Possesses" goal and the "Five Qualities" demand is the basis for Beijing to improve its livelihood security system. This study focuses on the basic situation of shared services in Beijing's urban sub centers, collecting and analyzing data through online distribution and questionnaire filling, and scientifically and objectively evaluating the progress of social basic public services in Beijing's urban sub centers during the 14th Five Year Plan period. Research has found that residents are more satisfied with the "Seven Possesses" goal and the "Five Qualities" needs, with the satisfaction score of the "Five Qualities" needs slightly higher than the "Seven Possesses" goal. The overall public service system has achieved tremendous results. However, there are still issues that need to be addressed, such as low satisfaction in the fields of income for labor and medical care for illness, imbalanced spatial supply and demand, limited spatial resources, and policy obstacles. On this basis, this study suggests that by focusing on overcoming pain points, improving policy guarantees, and adhering to planning guidance, existing problems should be systematically addressed to consolidate and develop the level of public services in Beijing.

Keywords: "Seven Possesses" Target; "Five Qualities" Demand; Resident Satisfaction

V Social Work

Abstract: In recent years, there are some new changes in juvenile delinquency, such as younger age, mobility and extreme violence. It is urgent to explore a special judicial work mode for minors involved in delinquency in the judicial field. In this context, the juvenile judicial department introduced social work services for the minors involved in illegal cases. It has been further promoted of the justice social work in terms of theoretical research and professional practice in Beijing, and it has been achieved for the systematically combination of professional case handling and social services, thus, the social protection for juveniles can be carried out effectively. Through participatory observation and in-depth interview of juvenile judicial social work in one district of Beijing, this paper aims to analyze the difficulties of judicial social work for juveniles in terms of work orientation, service concept and service mode. Then, the corresponding countermeasures are put forward from the level of legislation, mechanism and practice, so as to promote the professional protection of juveniles in the judicial field and to build a harmonious society.

Keywords: Minors Involved in Illegality and Deliquency; Judicial Social Work; Legal System Construction

Abstract: The integration of the Party's social work, Quntuan social work and Professional social work is the general trend of coping with social transformation, implementing the party's leadership, developing social work and improving the relationship between the party and the masses. By examining the new employment group service practice of Communist Youth League of Beijing Chaoyang District, and the General Federation of Trade Unions of Jiangtai Town, found that the party's social work, quntuan social work and professional social work were more and more integrated. the party organization and quntuan social work constantly absorb and cultivate professional talents; the party's social workers and quntuan social workers increasingly professional; Party's and quntuan social work absorb professional ideas and methods of social work; professional social workers and professional organizations to undertake a lot of the party's social work and Quntuan social work task, expand the scope of social work. The integrated development of social work of the Party and the Quntuan and professional social work, the employment of professional social workers, the use of professional organizations, and the ideas and methods of professional social work will help to strengthen and improve the social work of the Party and the Quntuan, and also contribute to the development and expansion of professional social work.

Keywords: Social Work of the Party; Quntuan Social Work; Professional Social Work; New Employment Group

Abstract: Under the background of digital economy transformation, the individualized employment status of online contract workers has weakened their social support and resulted in a lack of various protection rights. It is necessary for labor unions to empower them. This article summarizes the new work model of

"Party building leadership and digital empowerment" in labor union organizations by conducting a survey on the new employment forms of online contract workers in Beijing. The new model has obvious advantages in developing online contract workers, expanding organizational coverage, establishing warm-hearted stations, providing considerate services, and safeguarding legitimate rights and interests. However, due to some contradictions between the employment of online contract workers and traditional union work, union work faces some difficulties. On this basis, this article proposes policy recommendations to promote labor union organizations to better serve new employment groups.

Keywords: Labor Union; Online Contract Workers; Rights Protection

Abstract: Party building in commercial buildings is a key measure to consolidate the primary-level party building in the city, and it is also the main challenge of the primary-level party building. Beijing's commercial building economy is developed, and a series of reforms and innovations have been carried out in the field of party building in commercial buildings, and it is of great significance to summarize and sort out the current situation and major difficulties of party building in Beijing and put forward targeted countermeasures and suggestions, which is of great significance for promoting the further development of party building in commercial buildings. It is found that the party building of commercial buildings in Beijing has gone through four stages: exploration and creation, consolidation and improvement, typical refinement, and deepening and expansion, and has formed practical innovation from four aspects: setting up the model first, borrowing other patterns, starting with the demand, and providing services as a support, and is also facing difficult problems such as difficulty in concept transformation, difficulty in setting up party organizations, difficulty in service improvement, and insufficient guarantee capacity. In this regard, this study puts forward countermeasures and suggestions such as summarizing and refining the building party building work model that can be promoted, reasonably setting up party organizations with multiple adjacent buildings as units, relying on building party organizations to actively expand service functions, and combining financial support and social mobilization to improve the security capacity.

Keywords: Party Building of Commercial Buildings; Party Building of New Economic Organizations and New Social Organizations; Beijing

Abstract: This report focuses on children in difficulties registered in the Youth League system of District A, Beijing. It analyzes their current status and needs in areas such as school education, family care, social security, safety protection, and physical and mental health. The study categorizes and examines the characteristics and issues of the social support for these children. It proposes the establishment of a social support information sharing system based on a database ledger, the formation of a collaborative social support system for children in difficulties based on individualized plans, and the creation of a risk management system for social support based on risk levels.

Keywords: Children in Difficulties; Social Support System; Growth Needs; Risk Management

Abstract: Social work professionals are one of the social forces participating in grassroots governance, with alignment in professional values, working methods, and service areas with the development of public welfare and charity. Public welfare and charity play a vital role in enhancing the modernization of governance capabilities and improving grassroots governance systems, serving as an essential form of providing social services to residents in the community. However, there are challenges such as unclear integration paths, insufficient resource sharing, and lack of professional talents between social work and public welfare and charity. Fostering social work professionals to enter the field of public welfare and charity, guiding public welfare and charity resources into social work services through innovative cooperation mechanisms, bi-directional talent development, and shared resource platforms, is a proactive strategy to promote the integration and development of social work with public welfare and charity. Key words: community charity Social work Integrated development。

Keywords: Charity; Social Work; Integrated Development

Ⅵ Elderly Care Services

Abstract: Providing for the elderly is one of the major livelihood projects, and vigorously developing the elderly meal assistance service is an important measure to support the home-based community elderly care and improve the well-being of the elderly. Beijing, as the national political, economic and cultural center, has played a leading and exemplary role in the field of assisted meals for the elderly, with a relatively complete system and wide coverage. On the basis of summarizing the achievements of assisted meal service for the elderly in Beijing in the past ten years, this report systematically analyzes the current and sustainable development constraints and problems faced by this livelihood policy practice, and reflects on the policy.

Keywords: Assisted Meals for the Aged; Home Care for the Elderly; Beijing

Abstract: Based on the fieldwork conducted with the governmental authorities and institutions for elderly care service, this report analyzes and explores the policy implemented and the application of intelligent elderly care services in Beijing. It shows that the system and policy has been improved quickly in recent years, to support the increased pilot projects of intelligent elderly care services. Nevertheless, with the fast aging in Beijing, there's a drmatic increasing demand of elderly care. Given that Beijing aims to establish the service consortium of elderly care so as for a more precise docking of service supply and demand, it is essential to promote the integration of digital technology and elderly care services, as well as the upgraded and applied intelligent elderly care services.

Keywords: Aging; Intelligent Elderly Care; Precise Docking of Service Supply and Demand; Service Consortium of Elderly Care

Abstract: To address the accelerating aging process, the Chinese government is attempting to harness the diverse forces of government, society, and the market to construct a community home-based eldercare service system. Currently, Beijing has invested considerable time, energy, and funds into "community eldercare stations" within this system, yet these stations frequently face the issue of "being praised but not patronized". This study attempts to start from the process of policy practice to analyze the problems and the causes. The research finds that grassroots governments often adopt the method of service outsourcing to build these eldercare stations, which makes the operation of the stations prone to conflicts between policy logic and market logic. In this process, grassroots governments and market institutions each adopt a triple-action strategy to form a "decouplized outsourcing" mechanism, ultimately leading to the eldercare stations, which should be embedded in the community, gradually becoming decoupled and institutionalized like nursing homes. Therefore, to strengthen the construction of the community home-based eldercare service system, it is necessary to enhance the local joint responsibility and supervision incentive mechanism of grassroots governments, strengthen the institutional connection between the community and home services, and guide the market to form a business philosophy that prioritizes righteousness over profit.

Keywords: Community Home-based Eldercare Service System; Community Eldercare Stations; Decouplization; Service Outsourcing; Grassroots Governance

Abstract: This report provides an in-depth analysis of the current state, experiences, and development trends of smart communities and home-based elderly care in Beijing. It highlights the significant role of smart communities and home-based elderly care in addressing the challenges of an aging society. By integrating advanced technologies such as the Internet of Things (IoT), big data, and artificial intelligence (AI), these services not only significantly enhance the quality of life for the elderly but also greatly improve the efficiency and quality of elderly care services. Beijing's policy support and technological accumulation have laid a solid foundation for smart elderly care. Through the analysis of typical cases of smart communities and home-based elderly care services in the Beijing area, the report summarizes their challenges, key success factors, and replicability, and outlines a development roadmap for smart social communities and home-based elderly care. The aim is to provide a reference for the future construction of smart societies and the development of home-based elderly care services.

Keywords: Smart Communities; Home-based Elderly Care; Integrated Development

皮 书

智库成果出版与传播平台

✤ 皮书定义 ✤

皮书是对中国与世界发展状况和热点问题进行年度监测，以专业的角度、专家的视野和实证研究方法，针对某一领域或区域现状与发展态势展开分析和预测，具备前沿性、原创性、实证性、连续性、时效性等特点的公开出版物，由一系列权威研究报告组成。

✤ 皮书作者 ✤

皮书系列报告作者以国内外一流研究机构、知名高校等重点智库的研究人员为主，多为相关领域一流专家学者，他们的观点代表了当下学界对中国与世界的现实和未来最高水平的解读与分析。

✤ 皮书荣誉 ✤

皮书作为中国社会科学院基础理论研究与应用对策研究融合发展的代表性成果，不仅是哲学社会科学工作者服务中国特色社会主义现代化建设的重要成果，更是助力中国特色新型智库建设、构建中国特色哲学社会科学“三大体系”的重要平台。皮书系列先后被列入“十二五”“十三五”“十四五”时期国家重点出版物出版专项规划项目；自2013年起，重点皮书被列入中国社会科学院国家哲学社会科学创新工程项目。

皮书网

（网址：www.pishu.cn）

发布皮书研创资讯，传播皮书精彩内容
引领皮书出版潮流，打造皮书服务平台

栏目设置

◆ **关于皮书**

何谓皮书、皮书分类、皮书大事记、
皮书荣誉、皮书出版第一人、皮书编辑部

◆ **最新资讯**

通知公告、新闻动态、媒体聚焦、
网站专题、视频直播、下载专区

◆ **皮书研创**

皮书规范、皮书出版、
皮书研究、研创团队

◆ **皮书评奖评价**

指标体系、皮书评价、皮书评奖

所获荣誉

◆ 2008 年、2011 年、2014 年，皮书网均在全国新闻出版业网站荣誉评选中获得“最具商业价值网站”称号；

◆ 2012 年，获得“出版业网站百强”称号。

网库合一

2014年，皮书网与皮书数据库端口合一，实现资源共享，搭建智库成果融合创新平台。

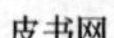

皮书网

“皮书说”
微信公众号

S 基本子库
SUB DATABASE

中国社会发展数据库（下设 12 个专题子库）

紧扣人口、政治、外交、法律、教育、医疗卫生、资源环境等 12 个社会发展领域的前沿和热点，全面整合专业著作、智库报告、学术资讯、调研数据等类型资源，帮助用户追踪中国社会发展动态、研究社会发展战略与政策、了解社会热点问题、分析社会发展趋势。

中国经济发展数据库（下设 12 专题子库）

内容涵盖宏观经济、产业经济、工业经济、农业经济、财政金融、房地产经济、城市经济、商业贸易等12个重点经济领域，为把握经济运行态势、洞察经济发展规律、研判经济发展趋势、进行经济调控决策提供参考和依据。

中国行业发展数据库（下设 17 个专题子库）

以中国国民经济行业分类为依据，覆盖金融业、旅游业、交通运输业、能源矿产业、制造业等 100 多个行业，跟踪分析国民经济相关行业市场运行状况和政策导向，汇集行业发展前沿资讯，为投资、从业及各种经济决策提供理论支撑和实践指导。

中国区域发展数据库（下设 4 个专题子库）

对中国特定区域内的经济、社会、文化等领域现状与发展情况进行深度分析和预测，涉及省级行政区、城市群、城市、农村等不同维度，研究层级至县及县以下行政区，为学者研究地方经济社会宏观态势、经验模式、发展案例提供支撑，为地方政府决策提供参考。

中国文化传媒数据库（下设 18 个专题子库）

内容覆盖文化产业、新闻传播、电影娱乐、文学艺术、群众文化、图书情报等 18 个重点研究领域，聚焦文化传媒领域发展前沿、热点话题、行业实践，服务用户的教学科研、文化投资、企业规划等需要。

世界经济与国际关系数据库（下设 6 个专题子库）

整合世界经济、国际政治、世界文化与科技、全球性问题、国际组织与国际法、区域研究 6 大领域研究成果，对世界经济形势、国际形势进行连续性深度分析，对年度热点问题进行专题解读，为研判全球发展趋势提供事实和数据支持。

法律声明